Robert Vorholt

Flucht in der Bibel

topos premium
Eine Produktion der Verlagsgemeinschaft topos plus

Robert Vorholt

Flucht in der Bibel

Zwölf Geschichten von Not und Gastfreundschaft

topos premium

Verlagsgemeinschaft topos plus
Butzon & Bercker, Kevelaer
Don Bosco, München
Echter, Würzburg
Matthias Grünewald Verlag, Ostfildern
Paulusverlag, Freiburg (Schweiz)
Verlag Friedrich Pustet, Regensburg
Tyrolia, Innsbruck

Eine Initiative der
Verlagsgruppe engagement

www.topos-taschenbuecher.de

Bibliografische Information der Deutschen Nationalbibliothek
Die Deutsche Nationalbibliothek verzeichnet diese Publikation in der Deutschen Nationalbibliografie; detaillierte bibliografische Daten sind im Internet über http://dnb.d-nb.de abrufbar.

ISBN: 978-3-8367-0018-4
E-Book (PDF): ISBN 978-3-8367-5062-2
E-Pub: ISBN 987-3-8367-6062-1

Einband- und Reihengestaltung: Finken & Bumiller, Stuttgart
Satz: SATZstudio Josef Pieper, Bedburg-Hau
Herstellung: Friedrich Pustet, Regensburg
Printed in Germany

Inhalt

VIII. „Bringst du dich nicht in Sicherheit, wirst du umgebracht" (1 Sam 19,11)

IX. „Nimm das Kind und seine Mutter, und flieh" (Mt 2,13)

X. „An jenem Tag brach schwere Verfolgung herein" (Apg 8,1)

XI. „Petrus aber klopfte immer noch" (Apg 12,16)

Vorwort

Die Bilder sprechen ihre eigene Sprache: ertrunkene Menschen, deren Leichen das Mittelmeer an die Strände seiner Urlaubsparadiese spülte; Flüchtlinge, eingepfercht in Kleintransporter; Frauen und Männer, die an den Bahnhöfen der europäischen Metropolen stranden; Kinder, die zu Fuß an der Hand ihrer Mütter und Väter über Autobahnen ziehen; Soldaten und Grenzpolizisten, die Stacheldrähte errichten und Grenzzäune sichern. Mit zum Teil entsetzlichen Nachrichten kehrt ein Problem zurück ins Bewusstsein der Öffentlichkeit, das lange Zeit weithin unbeachtet blieb: Die ungezählte Not von Menschen, die vor Gewalt fliehen oder sich durch den Verlust ihrer Existenzgrundlagen gezwungen sehen, ihre Heimat zu verlassen.

Migration ist ein Menschheitsthema seit Anbeginn. Durch alle Epochen hindurch kam es zu Fluchtbewegungen, ausgelöst durch Krieg, Klimaveränderung, Hunger und andere Katastrophen. Zu Beginn des dritten Jahrtausends christlicher Zeitrechnung hat sich daran nichts Wesentliches geändert. Es zeichnet sich jedoch deutlicher denn je ab, wie sehr Migrationsbewegungen zu einem globalen strukturellen Problem geworden sind. Gemessen an jüngsten statistischen Erhebungen gibt es auf der Welt zwischen 200 und 300 Millionen Migranten; das entspricht gut 4 % der Weltbevölkerung. Die Zahlen haben sich in den zurückliegenden Jahren fast verdoppelt. Ungefähr die Hälfte der Flüchtenden sind Frauen und Kinder.

Die vielbeschworene Globalisierung ließ die Welt fraglos näher zusammenrücken. Das Bild, das sie gegenwärtig bietet, ist aber fragiler und zersplitterter denn je. Den wohlhabenden und einflussreichen Nationen des globalen Nordens stehen die Länder des globalen Südens entgegen, die nicht selten im wirtschaftlichen Elend zu versinken drohen. Für die einen sind weltweite Vernetzung und Mobilität Grundbedingungen für ihr hochflexibel gewordenes Leben. Für die anderen bleibt es ein Traum, wenigstens ein sicheres Zuhause zu haben. Ihr Los sind Flucht oder Vertreibung. Auf die deutsch-amerikanische Philosophin Hannah Arendt (1906–1976) geht der Gedanke zurück, dass Flüchtlinge immer auch symbolisieren, wie nahe Zivilisation und Barbarei beieinander liegen können. Menschen, die fliehen, haben oft nichts außer das blanke Leben. Ihre Existenz ist zurückgeworfen auf das, was die Staatstheorie als „Naturzustand" beschreibt: Ein rechtloser Raum, ohne Schutz und ohne Sicherheit. Solchen Menschen ist das Recht genommen, Rechte zu haben, wie Hannah Arendt es nennt.

Allen, die Hilfe brauchen und Schutz suchen, mit Respekt, Anstand und Solidarität zu begegnen, ist ein ethischer Grundsatz. Er ist viel älter als das Christentum – und wird doch gerade von Christinnen und Christen eingefordert und gesellschaftlich wachgehalten. Die jüngeren und jüngsten Initiativen Papst Franziskus' belegen das auf eindrucksvolle Weise. Die meisten Weltreligionen unterstützen ihn dabei, ebenso wie verschiedene humanistisch orientierte Gruppen. In seiner Antrittsenzyklika *Redemptor hominis*, die 1979 weltweite Beachtung fand, formuliert Papst Johannes Paul II. eine programmatische Rückbesinnung und zugleich einen Marschbefehl auf das dritte Jahrtausend zu, indem er einladend und ermutigend festhält: „Der Weg der Kirche ist der Mensch." Der päpstliche Leitsatz bewegt sich auf biblisch vorgeprägten Bahnen. Die Heilige Schrift erzählt „die Geschichte Gottes mit den Menschen in Geschichten von Menschen mit Gott" (Heinz Zahrnt). Die Bibel erzählt diese Story nicht als Unheils-, sondern als Heilsgeschichte – und so als eine Hoffnungsgeschichte, deren letzter Grund das Geheimnis der Liebe Gottes ist, das insbesondere den notleidenden, flüchtenden, recht- und heimatlosen Menschen zugesprochen ist. Zwölf Beispielgeschichten des Alten und Neuen Testaments rund um Flucht und Vertreibung, Rettung und Gastfreundschaft wollen den Zusammenhängen nachspüren und gerade so ein Zeichen der Ermutigung und der Solidarität setzen: „Wir schaffen das" (Angela Merkel) – vor allem dann, wenn dieses Wir in der Tiefe auch die Gemeinschaft von Gott und Mensch umfasst.

Der Idee zur Entstehung dieses Buches verdanke ich meinem verehrten Lehrer Prof. Dr. Thomas Söding. Nicht nur, aber auch bei der technischen Umsetzung unterstützte mich einmal mehr mein wissenschaftlicher Assistent Dipl. theol. Carsten Mumbauer, dem ich für vieles zu danken habe. Herzlicher Dank gilt auch Herrn Dr. Berthold Weckmann für die freundliche Betreuung des Buchprojektes vonseiten der Verlagsgemeinschaft topos plus. Gewidmet jedoch ist diese biblische Geschichtensammlung den Flüchtlingen auf der ganzen Welt und ihren Helferinnen und Helfern.

Luzern, Pfingsten 2016
Robert Vorholt

I.
„Weil du das getan hast …“
(Gen 3,14)

Vertreibung aus dem Paradies

Der biblische „Garten Eden“ wird in griechischer Übersetzung „Parádeisos“ – zu Deutsch „Paradies“ – genannt. Ursprünglich stammt dieser Begriff aus der persischen Sprache und diente zur Bezeichnung eines umfriedeten Gartens. In dieser praktischen Bedeutung gelangte der Ausdruck auch in die griechische Sprachwelt. Xenophon (430–355 v. Chr.) benutzt ihn zum Beispiel zur Beschreibung von Parkanlagen persischer Großkönige. Gestaltete Gärten haben für die Menschen aller Zeiten eine besondere Bedeutung gehabt. Sie bringen Natur und Kultur zusammen. Es wundert daher kaum, dass sie leichthin zum Realsymbol kosmologischer Weltbilder wurden. Zahlreiche Mythen sprechen von einem urzeitlichen Garten und verbinden mit solch einem Paradies vollkommene Glückseligkeit. Dort leben die Götter; Helden und andere ausgezeichnete Sterbliche werden dorthin entrückt. Kronos, der Herr des Goldenen Zeitalters, wohnt nach der Vorstellung griechischer Mythologie auf den rosenumrankten Feldern Elysions, einer Traumlandschaft fortwährenden Frühlings.

Gottes Garten

Von einem Gottesgarten spricht auch das Alte Testament. Das zweite Kapitel der Genesis erzählt seine Geschichte:

> 4b Zur Zeit, als Gott, der Herr, Erde und Himmel machte, 5 gab es auf der
> Erde noch keine Feldsträucher und wuchsen noch keine Feldpflanzen;
> denn Gott, der Herr, hatte es auf die Erde noch nicht regnen lassen, und
> es gab noch keinen Menschen, der den Ackerboden bestellte; 6 aber
> Feuchtigkeit stieg aus der Erde auf und tränkte die ganze Fläche des Ackerbodens.
> 7 Da formte Gott, der Herr, den Menschen aus der Erde vom
> Ackerboden und blies in seine Nase den Lebensatem. So wurde der
> Mensch zu einem lebendigen Wesen. 8 Dann legte Gott, der Herr, in Eden,
> im Osten, einen Garten an und setzte dorthin den Menschen, den er geformt hatte.
> 9 Gott, der Herr, ließ aus dem Ackerboden allerlei Bäume

wachsen, verlockend anzusehen und mit köstlichen Früchten, in der Mitte des Gartens aber den Baum des Lebens und den Baum der Erkenntnis von Gut und Böse. 10 Ein Strom entspringt in Eden, der den Garten bewässert; dort teilt er sich und wird zu vier Hauptflüssen. 11 Der eine heißt Pischon; er ist es, der das ganze Land Hawila umfließt, wo es Gold gibt. 12 Das Gold jenes Landes ist gut, dort gibt es auch Bdelliumharz und Karneolsteine. 13 Der zweite Strom heißt Gihon; er ist es, der das ganze Land Kusch umfließt. 14 Der dritte Strom heißt Tigris; er ist es, der östlich an Assur vorbeifließt. Der vierte Strom ist der Eufrat. (Gen 2,4b–14)

Ausgehend von einer Art Urzustand, berichtet der biblische Text von der Erschaffung des Menschen. Das Ganze wird in das Licht einer kunstvollen Handlung getaucht. Der Ausdruck „formen" ist in der hebräischen Bibel – ähnlich wie „erschaffen" – allein Gott vorbehalten. *Er* ist der Künstler, der Mensch ist Gottes Kunstwerk. Es ist bezeichnend, wie groß hier vom Menschen gedacht wird. Der Mensch ist mit unermesslicher Würde ausgestattet seit Anbeginn. Er ist viel mehr als eine nur zufällig ins Dasein geworfene Kreatur – er ist von Gott gewollt, ein wahres Meisterstück.

Kurz zuvor fiel noch der Hinweis, es habe niemanden gegeben, der den vorhandenen Ackerboden hätte bestellen können – der Mensch sei schließlich noch nicht geschaffen worden (Gen 2,5). Jetzt ist er da – doch überraschenderweise stellt Gott die Krone seiner Schöpfung nicht gleich hinter den Pflug, wie folgerichtig zu erwarten stünde, sondern setzt ihn in einen Garten. Eden mag früher einmal tatsächlich der Name eines Landstrichs gewesen sein.[1] Für die biblische Erzählung ist Eden ein Programmwort. Im Hebräischen erinnert das Wort an Freude und Wonne.[2] Darum geht es. Die grundlegende Schöpfungswirklichkeit des Menschen ist sein Geschaffensein aus Gott. Diese Ursprünglichkeit in unermesslicher und ewiger Liebe ist Grund lebendiger Fröhlichkeit und tiefer Freude.

Dass die Bäume des Gottesgartens schön und seine Früchte köstlich sind, weist ihn als etwas Besonderes aus. Zwei Bäume werden eigens erwähnt: der „Baum des Lebens" und der „Baum der Erkenntnis von Gut und Böse". Sie markieren nicht nur die geografische Mitte des Gartens. Im „Baum des Lebens“ scheint ein Motiv auf, das sich in vielen altorientalischen Mythen findet. Immer geht es um Sorglosigkeit und Unsterblichkeit. Die Genesis erwähnt den Baum zunächst nur ganz kurz. Seine besondere Rolle in der Dramaturgie der Erzählung erklärt sich erst vom Ende der biblischen Paradiesgeschichte her. Ähnlich verhält es sich mit dem „Baum der Erkenntnis von Gut und Böse“. Für ihn sind keine außerbiblischen Vorbilder bekannt. Aber es ist klar, dass Erkenntnis im Vorstellungsraum der Heiligen Schrift weit mehr bedeutet als menschliche Fassungsgabe und Intelligenz. Vielmehr geht es um das auch spirituelle Erfassen dessen, was diese Welt im Innersten zusammen hält.

Jeder Garten braucht eine ausreichende Bewässerung. Im Garten Eden entspringt ein breiter Strom, der zugleich als Ursprung der lebenspendenden Wasserläufe der Erde vorgestellt wird. Die Vierzahl dieser Flüsse entspricht den vier Himmelsrichtungen und steht für die ganze Schöpfung. Auf der Symbolebene wird so eine Verbindungslinie gezogen zwischen den unzählbar vielen vitalisierenden Rinnsalen dieser Welt und ihrem einen und einzigen mystischen Ursprung, aus dem sie hervorgegangen sind. Wasser ist die Quelle des Lebens. Und dieses Leben überströmt die Erde. Man kann sicher fragen, ob dem biblischen Autor konkrete Flüsse vor Augen gestanden haben. Das ist durchaus möglich, aber durch moderne Bibelwissenschaft kaum rekonstruierbar. Eufrat und Tigris sind bis in die Gegenwart hinein bekannt. Die restlichen Angaben verlieren sich im Nebulösen. Das Land Hawil könnte Arabien sein, der Pischon vielleicht der Indus. Wenn das Land Kusch Äthiopien sein sollte, wäre der Gihon möglicherweise der Nil, dem die antike Welt einen geheimnisvollen Ursprung zusprach. Entscheidend ist, dass der zweite Schöpfungsbericht dem Wasser eine hohe Bedeutung beimisst. Nicht sein lebensbedrohliches Potenzial steht im Vordergrund, sondern seine Leben schaffende und ermöglichende Kraft. Die aber ist auf das Engste mit Eden verbunden.

In diesen Garten hinein platziert Gott den Menschen:

15 Gott, der Herr, nahm also den Menschen und setzte ihn in den Garten
von Eden, damit er ihn bebaue und hüte. 16 Dann gebot Gott, der Herr,
dem Menschen: Von allen Bäumen des Gartens darfst du essen, 17 doch
vom Baum der Erkenntnis von Gut und Böse darfst du nicht essen; denn
sobald du davon isst, wirst du sterben. 18 Dann sprach Gott, der Herr: Es
ist nicht gut, dass der Mensch allein bleibt. Ich will ihm eine Hilfe ma-
chen, die ihm entspricht. 19 Gott, der Herr, formte aus dem Ackerboden
alle Tiere des Feldes und alle Vögel des Himmels und führte sie dem Men-
schen zu, um zu sehen, wie er sie benennen würde. Und wie der Mensch
jedes lebendige Wesen benannte, so sollte es heißen. 20 Der Mensch gab
Namen allem Vieh, den Vögeln des Himmels und allen Tieren des Feldes.
Aber eine Hilfe, die dem Menschen entsprach, fand er nicht. 21 Da ließ
Gott, der Herr, einen tiefen Schlaf auf den Menschen fallen, sodass er ein-
schlief, nahm eine seiner Rippen und verschloss ihre Stelle mit Fleisch.
22 Gott, der Herr, baute aus der Rippe, die er vom Menschen genommen
hatte, eine Frau und führte sie dem Menschen zu. 23 Und der Mensch
sprach: Das endlich ist Bein von meinem Bein und Fleisch von meinem
Fleisch. Frau soll sie heißen, denn vom Mann ist sie genommen. 24 Darum
verlässt der Mann Vater und Mutter und bindet sich an seine Frau, und sie
werden ein Fleisch. 25 Beide, Adam und seine Frau, waren nackt, aber sie
schämten sich nicht voreinander. (Gen 2,15–25)

Es lohnt sich, einen Blick auf die genaue Formulierung zu werfen. Die Bibel sagt, dass Gott den Menschen „nahm" und ihn dann „in den Garten von Eden setzte" (Gen 2,15). Diese Wendung hat Gewicht. Im Kontext des ganzen Alten Testaments zeigt sie eine besondere göttliche Erwählung an (vgl. Gen 24,7 im Blick auf Abraham; Ps 78,70 im Blick auf David und Am 7,15 im Blick auf Amos). Die Tatsache, dass der Schöpfer dieser Welt sein vornehmstes Geschöpf, den Menschen, vom Ackerboden weg hinein in den Paradiesgarten verlegt, ist erneut Ausdruck seiner einzigartigen Würde. Dem widerspricht nicht, dass es von nun an Aufgabe des Menschen sein sollte, den Paradiesgarten zu hegen und zu pflegen (vgl. Gen 2,15). Der kultivierte Garten ist offenkundig Gottes anvisiertes Ziel. Das ist nicht nur eine Aussage über die Schöpfung, es ist auch eine über den Menschen. Es obliegt ihm von seinen Ursprüngen her, sich nach dem je Höheren, Schöneren, Größeren auszustrecken. Der Mensch kommt zu sich selbst, wo er die Kultivierung seiner Welt betreibt.

Warnende Worte

Gott ist großzügig. Er erlaubt dem Menschen, von allen Bäumen seines Gartens zu essen – offenkundig auch vom „Baum des Lebens". Eine Einschränkung gibt es allein beim „Baum der Erkenntnis von Gut und Böse". Von seinen Früchten darf der Mensch nicht essen. Zum ersten Mal fallen warnende Worte: „Am Tag, an dem du davon isst, musst du sterben." (Gen 2,17) Dass das Verbot nicht einfach im Blick auf irgendeinen Baum, sondern auf den der Erkenntnis von Gut und Böse ausgesprochen wird, ist wichtig.[3] Sonst ginge es vielleicht nur um ein nicht näher begründetes Verbot Gottes, dessen Zweck in der Warnung läge und dessen Absicht es wäre, den Menschen vor dem Tod zu bewahren. So aber wird ein größeres Kapitel aufgeschlagen: Die Warnung vor dem Sterbenmüssen hängt auf das Engste mit dem Wissen um Gut und Böse zusammen. Was aber ist mit dem Wissen um Gut und Böse gemeint? Nach Martin Buber ist damit ein Wissen angesprochen, das die Gegensätzlichkeit in allem betrifft.[4] Der Mensch soll davor bewahrt werden, sich ein Wissen von den Kräften anzueignen, die in der Schöpfung Gottes gebändigt sind, da er sonst an diesem Wissen zugrunde gehen müsste. Ein überlegen-vertrautes Umfangen der Gegensätze ist laut Buber dem nur am Geschöpfsein, nicht an der Schöpfung beteiligten Menschen versagt. Er kann zeugen und gebären, aber nicht erschaffen. Diese Deutung hat das Potenzial zu erklären, warum Gott dem Menschen die göttliche Erkenntnis von Gut und Böse nicht zubilligt. Gott wollte den Menschen ursprünglich in einer Sphäre der Geborgenheit bewahren, die zerstört würde, wenn der Mensch gottgleich an den Kräften der Schöpfung rührte, ohne Schöpfermacht zu haben, und das Böse so entfesselte. Die Warnung Gottes ist dann keine überzogene

Strafandrohung, sondern zielt darauf, den Menschen vor dem unweigerlichen Tod zu bewahren. Auf gleicher Linie, aber dichter und zugespitzter formuliert Eugen Drewermann: Es soll aufscheinen, „wie das Leben des Menschen in der Nähe Gottes und wie es in der Trennung von Gott beschaffen ist. Das, was der Mensch ist, ist für ihn gut, solange er mit Gott verbunden ist, es ist für ihn schlecht, sobald er von Gott getrennt ist. Dies zu wissen ist die Erkenntnis von Gut und Böse, vor der Gott den Menschen bewahren wollte, weil sie nur durch den Abfall von Gott zu erwerben ist. Sobald dieser Abfall eintritt, zeigt sich, dass die wesentlichen Bestimmungen des Menschen unter dem Vorzeichen der Schuld eine entgegengesetzte Qualität bekommen. Der Mensch bleibt, was er ist; aber das, was er ist, erhält eine besondere Bedeutung und Wertung; es wandelt sich von Segen in Strafe. Insofern hat die Sünde ihre Strafe in sich; indem sie erreicht, was sie will, verwandelt sie das, was ist, in sein Gegenteil. In dieser Art wird die Auseinandersetzung des Menschen mit dem Bösen weitergehen: Der Mensch wird von sich aus immer wieder in einen endlosen Kreislauf im Kampf mit dem Bösen hineingezogen werden, das er zu besiegen meint, während er in Gefahr gerät, davon besiegt zu werden."[5]

Es war wie der Blitz einer Verkehrskontrolle. Kein Wort von dem Unheil, das noch kommen wird. Stattdessen kehrt die Bibel zur Beschreibung des Gartens von Eden zurück. Zur geschaffenen Welt des zweiten Schöpfungsberichts gehören nicht nur Bäume und Pflanzen, sondern auch die Vögel des Himmels und die Tiere des Feldes. Gott schafft sie und übergibt sie dem Verantwortungsbereich des Menschen, was das zweite Kapitel der Genesis in bildhafter Sprache zum Ausdruck bringt, indem es festhält, dass der Mensch alle Lebewesen mit Namen versah. Natürlich geht es hier um einen Akt aneignenden Ordnens[6], aber nicht weniger um die erzählerische Darstellung der Erschaffung von Sprache. Denn Schöpfung ist Sprachgeschehen. In ihr spricht Gott sich aus, in ihr teilt Er sich der Schöpfung in seinem Schöpfersein mit. Das Benennen von etwas oder jemandem bedeutet vor dem Vorstellungshorizont des Alten Orients immer auch die Ausübung eines Hoheitsrechtes. Auch das wird hier im Blick auf den Menschen festgehalten, allerdings so, dass deutlich wird, was Psalm 8 später im Blick auf Schöpfer und Geschöpf geradezu jubilierend zur Sprache bringt: *„Was ist der Mensch, dass du, Gott, an ihn denkst, des Menschen Kind, dass du dich seiner annimmst? Du hast den Menschen nur wenig geringer gemacht als Gott, hast ihn mit Herrlichkeit und Ehre gekrönt. Du hast ihn als Herrscher eingesetzt über das Werk deiner Hände, hast ihm alles zu Füßen gelegt."* (Ps 8,5ff.)

Nach der Beschreibung des Gartens, die mit der Erwähnung des Baumes der Erkenntnis von Gut und Böse die Dramatik der fortschreitenden Erzählung nur anklingen lässt, wird der Faden von der Erschaffung des Menschen wieder aufgenommen. Der auf sich selbst bezogene Mensch ist nicht der, den Gott für gut befindet. Er soll auf ein Gegenüber bezogen sein und in Einheit mit ihm leben. Der Mann wird vollgültig zum Menschen in der Begegnung mit der Frau, die ihm entspricht. Damit wird der Frau eine für den Orient erstaunlich hohe Stellung in der ursprünglichen Schöpfungsordnung zugewiesen. Die Unheilsmacht der Sünde wird das Gleichgewicht zerstören: Dann wird der Mensch über den Menschen, der Mann über die Männin herrschen (Gen 3,16). Doch vorerst herrschen Freude und Jubel. Beides wird durch Gen 2,23 hervorgehoben. Jubilierend vor Glück bricht aus Adam hervor, was Martin Buber durch seine pointierte Übersetzung auf den Punkt bringt: „Diesmal ist sie's!"[7]

Die Erzählung von der Erschaffung des Menschen klingt aus mit einem nur scheinbar unscheinbaren Hinweis: „Die beiden waren nackt, der Mann und seine Frau, aber sie schämten sich nicht voreinander." (Gen 2,25) Die Harmonie ist umfänglich. Nichts, dessen sie sich schämen müssten. Denn die Geschöpflichkeit des Menschen ist in den Augen Gottes nicht erniedrigend. Adam und Eva können in vollkommener Offenheit zu- und füreinander leben, ohne sich verbergen zu müssen. Zugleich ist jedoch der Kontrast aufgestellt, der das Dunkel des dritten Kapitels fühlbar macht. War bislang Gott der Handelnde (Gen 2), ist es jetzt der Mensch

(Gen 3). Sehr schnell wird sich zeigen, dass die ursprüngliche Ordnung, die im Sinne Gottes war, durch das Tun des Menschen in ihr Gegenteil verkehrt wird. Die Schöpfung bleibt dieselbe. Die ganze Tragik liegt darin, dass das, was in ihr zum Segen geraten sollte, nunmehr zum Fluch wird.[8]

Das zweite Kapitel der Genesis steht dem dritten aber nicht einfach dualistisch wie Weiß und Schwarz, Licht und Finsternis gegenüber. Dies zu sehen ist immens wichtig; es konditioniert den gesamten Sinnhorizont des Zweiten Schöpfungsberichtes. Gen 2 beschreibt, was durch menschliche Schuld unwiederbringlich verloren ging, gleichwohl es doch im Ursprünglichen aus Gottes Schöpferwillen heraus gültig gesetzt und grundgelegt war. Hätte das in Gen 3 Geschilderte nicht diese strahlende Vorgeschichte und wäre also der Sündenfall des Menschen das Erste, was es im Blick auf seine innere Verfasstheit zu erzählen gäbe, so könnte er von nichts und niemandem für sein Tun und Lassen zur Verantwortung gezogen werden. Erblickte nämlich der Mensch im Zustand des dritten Kapitels der Genesis das Licht der Welt, wäre er kein ursprünglich reines und unschuldiges Wesen; in seinen Adern flösse mit Sünde und Tod belastetes Blut. Gen 2 wirft ein bleibendes Licht der Hoffnung auf die urmythologische Szenerie, indem davon die Rede ist, wozu der Mensch als Mensch ureigentlich berufen ist. Vor diesem Hintergrund ist es eben nicht die unabwendbare Schuld des Schicksals, die den Menschen zu dem macht, der er ist, sondern es ist seine freie und durchaus abwendbare Einlassung auf die Verlockungen des Bösen. Der Mensch ist verantwortlich, und darum ist er schuldig. Doch gerade so kann er gerettet werden.

Die biblische Erzählung fährt fort:

> 1 Die Schlange war schlauer als alle Tiere des Feldes, die Gott, der Herr, gemacht hatte. Sie sagte zu der Frau: Hat Gott wirklich gesagt: Ihr dürft von keinem Baum des Gartens essen? 2 Die Frau entgegnete der Schlange: Von den Früchten der Bäume im Garten dürfen wir essen; 3 nur von den Früchten des Baumes, der in der Mitte des Gartens steht, hat Gott gesagt: Davon dürft ihr nicht essen, und daran dürft ihr nicht rühren, sonst

werdet ihr sterben. [4] Darauf sagte die Schlange zur Frau: Nein, ihr werdet nicht sterben. [5] Gott weiß vielmehr: Sobald ihr davon esst, gehen euch die Augen auf; ihr werdet wie Gott und erkennt Gut und Böse. [6] Da sah die Frau, dass es köstlich wäre, von dem Baum zu essen, dass der Baum eine Augenweide war und dazu verlockte, klug zu werden. Sie nahm von seinen Früchten und aß; sie gab auch ihrem Mann, der bei ihr war, und auch er aß. (Gen 3,1–6)

Von der Schlange heißt es, dass sie schlauer war als die anderen Tiere des Feldes. Genauer müsste man sagen, dass sie listig (*arum*) ist. Der einleitende Hinweis taucht alles Folgende in ein bestimmtes Licht. Es ist das trübe Licht von Hinterlist und Lüge, von Missgunst und Intrige. Am Ende der Geschichte spricht Eva das aus: „Die Schlange hat mich getäuscht!" (Gen 3,13)

Macht der Sünde

Das sprechende Tier verleiht der Erzählung einen märchenhaften Zug. Vielleicht hat die Schlange die Funktion einer inneren Stimme. Vielleicht soll sie auf die Wirklichkeit des Bösen inmitten der Schöpfung hinweisen. Vielleicht bedarf der Mensch ihres zwielichtigen Impulses, um die Gebotsübertretung allererst zu erwägen. Die Kommentatoren denken hier in verschiedene Richtungen.[9] Wie auch immer man diese Frage entscheidet, eines ist klar: Das märchenhafte Bild der listenreichen Schlange stellt keinen erzähltheoretischen Lapsus dar. Es dürfte – im Gegenteil – sehr bewusst gesetzt sein. Wenn ein märchenhaftes Symbolbild zur Ätiologie des Bösen in der Welt herangezogen wird, dann vielleicht gerade deshalb, um das Mysteriöse und Numinose des Phänomens zu betonen. Die Bibel trifft in diesem Zusammenhang eine sehr wichtige Feststellung, die man leicht übersehen kann, weil sie nur en passant begegnet. In einem unscheinbaren Nebensatz wird von der Schlange gesagt, dass sie eines von den Tieren ist, die Gott, der Herr, gemacht hatte (Gen 3,1). Es handelt sich also nicht um eine ursprungslose eigenständige Größe. Damit schaltet die Genesis beinahe lautlos eine Lesehilfe vor die dann folgende Unheilsgeschichte und entwickelt Essentials einer Theologie des Bösen. Denn angesichts des großen Unheils, das die Schlange in ihrer List über die Menschen bringt, wird hier gleich zu Beginn daran festgehalten, dass alles, was sich ereignet, so furchtbar es auch sein mag, niemals der Schöpferliebe Gottes entzogen ist. Natürlich öffnet die Bibel damit geradezu dramatisch eine Flanke, indem sie Möglichkeiten schafft, nach Gottes Verantwortung zu fragen und sogar der Selbstrechtfertigung des Geschöpfes einen Ansatzpunkt zu bieten. Aber das Größere bleibt, dass einem Menschen, der je in den Strudel des Bösen gerät, für alle Zeit die Hoffnung gegeben ist, nicht einmal im Äußersten seiner Abgründigkeit aus dem Machtbereich des zur Umkehr rufenden Gottes herauszufallen. Das ist das große Pluszeichen, das vor der Klammer der Sündenfallerzählung wie ein Festhaltebalken zu stehen kommt.

Danach geht die Geschichte los. Der Satz, der dem Menschen das Gift des Bösen einflößt, wird gesprochen: „Hat Gott wirklich gesagt: Ihr dürft von keinem Baum des Gartens essen?“ Die Szenerie erscheint harmlos. Die Schlange holt eine Erkundigung ein und gibt vor, an Gottes Wort interessiert zu sein. Tatsächlich verkehrt und verfälscht sie alles. Gott hatte gesagt: „Von allen Bäumen des Gartens darfst du essen; nur vom Baum der Erkenntnis von Gut und Böse darfst du nicht essen; denn sobald du davon isst, wirst du sterben.“ (Gen 2,16f.) Auf diese Weisung Adonais bezieht sich die Schlange. Aber sie verdreht sie so, dass sie Angebot und Verbot vermischt und die Grenzen zwischen Chance und Gefahr verwässert. So erreicht die Schlange, dass Gott selbst ins Zwielicht gerät, weil der Mensch nicht mehr weiß, ob Gott ihm Möglichkeiten gibt oder nimmt. „‚Nur von einem Baum dürft ihr nicht essen‘, daraus macht sie: ‚Ihr dürft ja wohl von keinem Baum des Gartens essen.‘ Aus ‚Von allen Bäumen des Gartens darfst du essen‘, macht sie ‚Nicht von allen Bäumen des Gartens darfst du essen.‘ D. h., sie gestaltet es mit ihrer Frage so, als ob es eine Freigabe des Gartens gar nicht gegeben habe, als wenn alles überschattet würde von dem einen Verbot und dieses alles Erlaubte wegwischen würde. Ihre Frage suggeriert eine Ungeheuerlichkeit: dass Gott vielleicht ein so grausamer Despot ist, dass er einen prächtigen Garten schafft und den Menschen dort hineinsetzt und dass er ihm dann Tantalusqualen zumutet, indem er ihm verbietet, zuzulangen und die Dinge zu genießen, die er vor sich sieht."[10] Aus Halbwahrheiten macht die Schlange Vollwahrheiten, und aus Anscheinendem macht sie Scheinbares. Das ist der Takt der Demagogie.

In ihrer Antwort fühlt sich die Frau verpflichtet, Gott beizupflichten, denn ihn infrage zu stellen hieße ja für sie, das Leben selbst infrage zu stellen. Sie muss auf das zu sprechen kommen, was Gott wirklich gesagt hat. Hier, in Gottes Wort, war schließlich der Einfallsort des Bösen; hier nur können die Korrektur und die Aufarbeitung beginnen. Es fragt sich nur, ob das noch möglich ist. Denn seit Einlassung der Schlange kann Gott nicht mehr als der erscheinen, der den Menschen alles zum Guten hin eröffnet. Metastasen des Misstrauens bilden sich ab. Nicht aus sich heraus, sondern erst durch den Bedeutungshorizont, den Gottes Worte im Spiegel der Frage der Schlange annehmen, wird aus der Warnung Gottes ein Verbot. Deswegen psychologisiert die Frau das Wort zu Gottes Ungunsten, man dürfe nicht an dieser Weisung rühren, andernfalls müsse man sterben. Zerbrochen ist das ursprünglichste Vertrauen zum Gott des Lebens. Stattdessen wandelt sich hier die Vorstellung vom Höchsten zu der eines kleinlich strengen und strafenden Gottes der Vergeltung. Der Mensch will zwar auf Gottes Seite stehen, weil das Geschöpf im Schöpfer ruht, doch von nun an herrscht die Angst. So lässt sich kein Vertrauen mehr begründen. Die Weisung Gottes kann nur noch aus Furcht verzerrt und verkrampft wahrgenommen werden, anstatt in ihr ein Wort zum Leben zu erkennen. Die Schlange greift die Replik der Frau dankbar auf und setzt darin zum eigentlichen Dolchstoß an: „Nein, ihr werdet nicht sterben! Gott weiß vielmehr: Sobald ihr esst, gehen euch die Augen auf, und ihr werdet wie Gott." (vgl. Gen 3,4f.) Die Schlange tritt an die Stelle Gottes und lässt den Menschen glauben, dass sie sagt, was gut für ihn ist. Und sie trennt ihn von Gott und lässt die Option für das Böse nicht länger als das, was es ist, sondern als einen vernünftigen Weg nach vorn, als einen Ausweg erscheinen. Der ursprünglichste Glaube, den die Genesis als reinen Vertrauensglauben beschreibt, ist zerstört: Das Gottsein Gottes wird verneint, das Menschsein des Menschen überhöht.

Ab jetzt ist nichts mehr aufzuhalten. Die Frau denkt, dass es köstlich wäre, von diesem Baum zu essen. Sie nimmt von den Früchten und isst, und gibt auch ihrem Mann, und auch er isst. Die Angst ist verflogen. Die Verführte wird zur Verführerin. Eine rasche Handbewegung – und die Sünde ist getan. Das Katastrophale wird geschildert, als handle es sich um etwas Selbstverständliches und Folgerichtiges.[11] Doch gerade so holt der biblische Text die Logik der Sünde ein. Sie dient sich dem Menschen an, vernebelt den Horizont seiner Werte und weckt die vitale Lust an der Selbstzerstörung.

Den Menschen gehen tatsächlich die Augen auf. Doch welche Enttäuschung! Nicht die Göttlichkeit ihres Wesens erkennen sie, sondern die schlichte Nacktheit ihres kreatürlichen Daseins. In ihrem Gelöstsein vom Schöpfer werden die Geschöpfe auf das zurückgeworfen, was sie in Wahrheit sind, und dessen beginnen sie sich zu schämen. Indem sie wie Gott um Gut und Böse wissen, sehen sie die Unendlichkeit des Abstandes von Mensch und Gott. Mit einem Wortspiel deckt die Bibel die ganze Tragik des Geschehens auf: Die Menschen erkennen, dass sie nackt (*arom*) sind, die Schlange aber ist listig (*arum*). Bis in den Wortlaut hinein hat die Schlange recht behalten, aber der Sinn dessen, was sie versprochen hatte, ist das Gegenteil von dem, was der Mensch erhofft hatte. Hier schon nimmt seinen Lauf, was Gen 11 später über die Verwirrung der Sprache als letztes Stadium in der Entwicklung der Sünde erzählen wird. Gen 2 hebt zwei Wahrheiten voneinander ab: Der ursprünglichen lebensfördernden Gemeinschaft von Gott und Mensch wird der fatale Bruch des Geschöpfes mit seinem Schöpfer entgegengestellt.

Gen 3,8–24 lässt die Strafe auf dem Fuße folgen, aber nicht ohne Anklage und erst Recht nicht ohne Verteidigung:

> 8 Als sie Gott, den Herrn, im Garten gegen den Tagwind einherschreiten hörten, versteckten sich Adam und seine Frau vor Gott, dem Herrn, unter den Bäumen des Gartens. 9 Gott, der Herr, rief Adam zu und sprach: Wo bist du? 10 Er antwortete: Ich habe dich im Garten kommen hören; da geriet ich in Furcht, weil ich nackt bin, und versteckte mich. 11 Darauf fragte er: Wer hat dir gesagt, dass du nackt bist? Hast du von dem Baum gegessen, von dem nicht zu essen ich dir gebot? 12 Adam antwortete: Die Frau, die du mir beigesellt hast, sie hat mir von dem Baum gegeben, und so habe ich gegessen. 13 Gott, der Herr, sprach zu der Frau: Was hast du da getan? Die Frau antwortete: Die Schlange hat mich verführt, und so habe ich gegessen. 14 Da sprach Gott, der Herr, zur Schlange: Weil du das getan hast, bist du verflucht unter allem Vieh und allen Tieren des Feldes. Auf dem Bauch sollst du kriechen und Staub fressen alle Tage deines Lebens. 15 Feindschaft setze ich zwischen dich und die Frau, zwischen deinen Nachwuchs und ihren Nachwuchs. Er trifft dich am Kopf, und du triffst ihn an der Ferse. 16 Zur Frau sprach er: Viel Mühsal bereite ich dir, sooft du schwanger wirst. Unter Schmerzen gebierst du Kinder. Du hast Verlangen nach deinem Mann; er aber wird über dich herrschen. 17 Zu Adam sprach er: Weil du auf deine Frau gehört und von dem Baum gegessen hast, von dem nicht zu essen ich dir gebot: So ist verflucht der Ackerboden deinetwegen. Unter Mühsal wirst du von ihm essen alle Tage deines Lebens. 18 Dornen und Disteln lässt er dir wachsen, und die Pflanzen des Feldes musst du essen. 19 Im Schweiße deines Angesichts sollst du dein Brot essen, bis du zurückkehrst zum Ackerboden; von ihm bist du ja genommen. Denn Staub bist du, zum Staub musst du zurück. 20 Adam nannte seine Frau Eva (Leben), denn sie wurde die Mutter aller Lebendigen. 21 Gott, der Herr, machte Adam und seiner Frau Röcke aus Fellen und bekleidete sie damit. 22 Dann sprach Gott, der Herr: Seht, der Mensch ist geworden wie wir; er erkennt Gut und Böse. Dass er jetzt nicht die Hand ausstreckt, auch vom Baum des Lebens nimmt, davon isst und ewig lebt! 23 Gott, der Herr, schickte ihn aus dem Garten von Eden weg, damit er den Ackerboden bestellte, von dem er genommen war. 24 Er vertrieb den Menschen und stellte östlich des Gartens von Eden die Kerubim auf und das lodernde Flammenschwert, damit sie den Weg zum Baum des Lebens bewachten. (Gen 3,8–24)

Von nun an ist alles anders. Doch auf der Seite Gottes hat sich anscheinend nichts verändert. Er schreitet im Garten gegen den Tagwind umher. Spitz und fein ist hier die Erzählkunst der Genesis: Gerade jetzt, wo das ursprüngliche Verhältnis von Gott und Menschen so grundlegend zerstört ist, legt sich wie eine Folie das Bild jener Harmonie über die Dinge, wie sie von Gott her eigentlich gewollt ist. Dort, wo die Menschen wohnen, ist sein bevorzugter Ort. Er verkehrt mit dem Menschen auf Augenhöhe.[12] Doch das ist vorbei. Was zuvor Schutz und Geborgenheit versicherte, dass Adonai den Menschen sieht, verkehrt sich hier ins Gegenteil. Die Angst des Menschen, nackt zu sein vor Gott, verrät, dass etwas nicht stimmt. Dabei ist die Naivität des Bildes eines Gottes, der im Paradiesgarten flaniert, gerade notwendig, um die Illusion zu begründen, dass es ein solches Versteckspiel des Menschen mit Gott geben könnte. Die Menschen denken sich die Nähe Gottes in rührender Weise noch immer wie Kinder, während sie doch zugleich längst wissen, dass die Voraussetzungen dieses kindlichen Verhältnisses zu Gott zerbrochen sind. Wie Kinder möchten sie sich vor ihrem Schöpfergott verstecken, dessen unveränderte Nähe ihnen aber nicht länger als Kinder begegnen kann, sondern als Schuldbeladene.[13] Nach wörtlicher Übersetzung verstecken sich Adam und Eva „vor Gottes Angesicht". Damit fällt ein Begriff, der im gesamtbiblischen Verstehenshorizont das beidseitige, lebendig-personale Verhältnis zweier Menschen, und auch die ebenso dichte Relation von Gott und Mensch bezeichnen kann. Gottes Frage „Wo bist du?" (Gen 3,9) kann nicht einfach im geografischen Sinn mit „Wo steckst du?" wiedergegeben werden. Hinter der Formulierung steckt vielmehr ein Akt der Zuwendung und nicht weniger ein Wort begründeter Ahnung: „Aus welcher Höhe bist du gefallen?" Martin Buber ergänzt: „Wenn Gott so fragt, will er vom Menschen nicht etwas erfahren, was er noch nicht weiß; er will im Menschen etwas bewirken, was eben nur durch eine solche Frage bewirkt wird."[14] Die Menschen sollen die Situation verstehen und ihre Lage bedenken vor Gott. Doch genau das ist unmöglich. Die Antwort des Menschen ist halb Wahrheit, halb

Lüge. Dieses innere Gespaltensein aber verhindert, dass der Mensch sich ganz und gar, so wie er ist, Gott überlässt.

Die Fragen, die Jahwe noch stellen will, sind rein rhetorischer Art. Sie dienen dazu, dem Menschen eine Brücke zu bauen, um über das Bekenntnis zur eigenen Schuld zurückzufinden zu sich selbst und so hinein in die Ursprungsgemeinschaft mit Gott. „Hast du vom Baum, von dem nicht zu essen ich dir gebot, gegessen?" – Adam brauchte eigentlich nur Ja zu sagen. Aber gerade die Erinnerung an Gottes Weisung würde, so glaubt er wohl, die eingestandene Schuld zu einem selbstgefällten Todesurteil machen. Der Mensch wagt nicht zu lügen, er wagt aber auch nicht, die Wahrheit auszusprechen. Eben darin liegt die ganze Tragik seiner Angst, die nicht nur Schuld hervorbringt, sondern auch Umkehr verhindert.[15] Wieder sieht man den Menschen hilflos in die falsche Richtung wanken. Er verspielt seine Chance zur Umkehr. Stattdessen versucht er, Zweideutigkeit zu säen. Nun gibt es kein Zurück mehr.

In gleicher Reihenfolge, in der sie bei der Gebotsübertretung beteiligt waren, wird nun über die der Schuld Überführten das Urteil gesprochen. Die Urteilssprüche beschreiben das Dasein, das die Schlange, die Frau und der Mann fortan fristen werden. Es ist eine Umkehrung der Darstellung des Lebens, das ihnen im Licht von Gen 2 ureigentlich zugedacht war. Es ist die Vertreibung aus dem Paradies.

Der über die Schlange ausgesprochene Fluch nimmt nur vordergründig das Tier in den Blick. Auf dem Bauch kriechen zu müssen ist ein Zeichen der Erniedrigung. Die Feindschaft, die gesetzt wird zwischen Frau und Schlange, ist beispiellos. Sie entspricht zugleich der Erfahrung von Wüstenbewohnern bis in die Gegenwart hinein. Aber die Schlange wird nicht nur als Tier verflucht, sondern als die menschenfeindliche Größe, die sie in Gen 3,1–5 repräsentiert. Wo sich Mensch und Schlange begegnen, geht es auf Leben und Tod. Der Mensch hofft, das Böse zu besiegen. Aber just dort, wo er glaubt, es zu überwinden, gerät es ihm erneut zur tödlichen Gefahr.

Nach der Verfluchung der Schlange kommt es zur Bestrafung der Frau. War diese bereits durch den Spruch über die Schlange tangiert, trifft es sie nun im Direktesten: Gerade dort, wo die Frau als Frau zu sich selbst kommt, weil sie sich selbst in schöpferischer Liebe verschenken kann, stehen nunmehr Schmerz, Last und Nachordnung. Die Wucht dieser Feststellung verdeutlicht sich vor dem Hintergrund von Gen 2,23f., weil dort das krasse Gegenteil als der ureigentlichste Entwurf der Schöpfung skizziert wird. Im Hintergrund des Strafwortes steht vermutlich auch die rechtliche und soziale Benachteiligung von Frauen zur Entstehungszeit des biblischen Textes. In nahezu allen vormodernen Gesellschaften befinden sich Frauen durchgängig in dem beklagenswerten Dilemma, dass sie einerseits ihre Situation nur verbessern können, indem sie Kinder zur Welt bringen, und dass sie andererseits gerade so in eine Position der Abhängigkeit geraten. Indem die Genesis erst an diesem Punkt von einer Herrschaft des Mannes über die Frau spricht, bewertet sie die neue Situation zugleich als Anomalie, die der ursprünglichen Entsprechung von Mann und Frau zuwiderläuft.

Auch die Strafe des Mannes trifft ihn in der Bestimmung, die er von Gott her in Gen 2,15 erhalten hatte. Im Zentrum der Anklage steht der Vorwurf, nicht zwischen Gottes- und Menschenwort unterschieden zu haben. Danach folgt ein (erneut stark ätiologisch ausgerichteter) Fluch über den Acker. Wie im positiven Licht von Gen 2,7 Ackerboden und Mensch eine ursprüngliche schöpferische Einheit bilden, so sind sie es von nun an im Negativen. Denn nach der Schuld des Menschen wandelt sich das einstmalig Gute – ebenfalls unter dem Leitbegriff „Mühsal" – zum Schlechten hin. Vor diesem Hintergrund wird der Auftrag des Mannes von Gen 2,15 zu einem lebenslangen Strafbefehl. Die Arbeit, die ursprünglich Auszeichnung des Menschen war, wird so zur Plackerei. Gen 3,19 markiert zugleich den Abschluss und den Höhepunkt der Strafrede. Der Tod wird als Strafe über den Menschen verhängt – nicht im Sinne unmittelbaren physischen Sterbens, aber als Kennzeichnung des Lebens außerhalb der Gemeinschaft mit Gott. So wie der Mensch, nachdem er die Schlange ins Recht und Gott ins Unrecht gesetzt hatte, bemerkte, dass er nackt und bloß ist, wird ihm jetzt gespiegelt, dass er Staub ist. Die Reduktion des Lebens auf das reine Staubsein ist die Konsequenz der Abkehr vom Gott des Lebens. Der Mensch fällt zurück in das, was er ohne Gott ist.[16] Sein ganzes Dasein ist pervertiert zu einem Sein zum Tode.

Vertreibung

Das Leben geht weiter. Die bislang nur als „Gefährtin des Mannes" begegnende Frau wird namentlich vorgestellt. Sie heißt Eva, und weil der Name im Hebräischen dem Wort für „Leben" ähnelt, sagt die Genesis, dass sie die „Mutter aller Lebendigen" sei. Was zunächst wie eine hohe Auszeichnung wirkt, ist de facto sicheres Indiz radikaler Veränderung: Leben wird fortan durch die Abfolge schmerzhafter Geburt weitergegeben. Gott hingegen erweist sich als Helfer in der Not, die der Mensch selbst über sich gebracht hat. Ursymbol dieser Not ist ein Schurz aus Feigenblättern, den sich der Mensch im Gewahrwerden seiner nackten Blöße fertigte (Gen 3,7). Jetzt bekommt er von Gott Kleidung. Sie soll ihn schützen und wärmen, ist aber als „Ausstattung fürs Elend"[17] zugleich Urbild für die Dauerhaftigkeit jener Zukunft, die sich der Mensch selbst eingebrockt hat.

Die Dinge nehmen ihren Lauf, alles erscheint unumkehrbar, der Schuldspruch wird vollzogen. Der Mensch wird des göttlichen Paradiesgartens verwiesen, der Zugang zum Baum des Lebens wird ihm auf immer versperrt. Die Bibel beschreibt dies alles nicht als unabwendbaren Schicksalsschlag, sondern zuerst als Konsequenz menschlicher Verfehlung und dann als juridische Folge einer Überlegung in Gott selbst. Gerhard von Rad beschreibt den Sinn dieser Verse in der Erkenntnis, dass gerade der von Gottes Urteil getroffene Mensch doch unvermindert nach Unsterblichkeit lechzt.[18]

Es scheint der letzte Sinn dieser Vertreibung zu sein, dass Menschen, die sich von Gott losgesagt haben, doch niemals aufhören, sich nach dem zu sehnen, was nur in der Gemeinschaft mit dem lebendigen Gott und von ihm her möglich wird, damit sie nicht in ihrer Sünde unsterblich werden und ein Leben ohne Gott für erstrebenswert halten. An Gott erinnert die Menschen nunmehr noch das, was ihnen zu ihrem wahren und wirklichen Lebensglück fehlt. Im Anschluss an Martin Buber formuliert: Die sehnsuchtsvolle Erinnerung mag sie vor der Endgültigkeit ihrer Gottferne bewahren. Der Mensch hat sich dem Willen Gottes entzogen. Diese Tatsächlichkeit würde vollends zur schöpfungswidrigen Dämonie entarten, wäre ihr nicht ein Ende entgegengesetzt. Damit das Geschöpf nicht auch noch nach der Frucht des anderen Baumes lange und sich äonisches Verderben er-esse, verwehrt Gott ihm die Rückkehr in den Garten.[19] Es gibt kein Zurück. Gen 3,24 schiebt den Riegel vor. Von Kerubim und dem lodernden Flammenschwert als Wachposten ist die Rede, um die Unumkehrbarkeit des Ganzen zu betonen. Martin Buber meint, der Mensch werde aus dem Stammsitz, der ihm eingerichtet wurde, auf seinen Menschenweg geschickt.[20] Aber dieser Weg führt über Kain bis zum Turmbau von Babel in steter Fluchtdistanz zu Gott. Es bleibt ein Weg voll Irrungen und Wirrungen.

Für christliche Interpretatoren bewirkte der Fehltritt des ersten Menschenpaares eine mehr oder weniger grundsätzliche Unfähigkeit zum Tun des Guten – so sehr, dass das Werk der Überwindung dieser Schuld und einer schlussendlichen Versöhnung von Gott und Mensch einzig und allein als Initiative Gottes gehofft und geglaubt werden konnte (vgl. nur Röm 7,24f.). Das Judentum misst der Paradieserzählung nicht jene überragende Bedeutung zu, die sich christlicherseits mit ihr als Erklärungsgeschichte der Ursünde verbindet. Es sieht zwar den Menschen von Schuld schwer belastet und in seiner Lebensperspektive durchaus verändert, bleibt jedoch zuversichtlich, dass er schlussendlich durch die Befolgung des mosaischen Gesetzes zur vollgültigen Gottesgemeinschaft findet. In christlicher Lesart mag es vor diesem

Hintergrund tatsächlich überraschen, dass das Alte Testament nur selten auf das Drama der Vertreibung Adams und Evas aus dem Paradies zu sprechen kommt. Das Buch Jesus Sirach (ca. 200 v. Chr.) notiert, dass die Sünde von einer Frau ihren Anfang nahm, „ihretwegen müssen wir alle sterben" (Sir 25,24). Der Hinweis erklärt sich jedoch aus dem Kontext einer von damaliger jüdischer Literatur häufig bedienten Warnung vor der Gefahr, die arglosen Männern von hinterlistigen Frauen droht, ohne daraus eine allgemeine Aussage über den ethischen Zustand des Menschen an sich treffen zu wollen. Daneben spricht die Bibel Israels von der „Bosheit des Menschen" (Gen 6,5) und seinem „Hang zum Bösen" (Gen 8,21) und macht sich nichts vor über seine innere Befindlichkeit, wie die Propheten- und Weisheitsbücher zeigen. Eine direkte Linie zu Adam und Eva wird aber nicht gezogen. Erst die frühjüdische Literatur evaluiert die Schuld Adams und vermisst die Wegstrecken von ihr zu uns. Paulus reiht sich hier ein. Im Römerbrief stellt er heraus, dass „durch einen einzigen Menschen die Sünde in die Welt kam und durch die Sünde der Tod" – und dass auf diese Weise der Tod in die Welt kam, weil alle sündigen (Röm 5,12). Er schaut aber nicht deswegen auf Adam, um ihn vor aller Welt bloßzustellen, sondern um eine Verbindung aufzuzeigen, die Paulus zwischen Adam und Christus sieht: „Wie es durch die Übertretung eines Einzigen für alle Menschen zur Verurteilung kam, so wird es auch durch die gerechte Tat eines Einzigen für alle Menschen zur Gerechtsprechung kommen, die Leben gibt. Wie durch den Ungehorsam des einen Menschen die vielen zu Sündern wurden, so werden auch durch den Gehorsam des einen die vielen zu Gerechten gemacht werden." (Röm 5,18f.) Wie also im Gefolge der Sünde Adams der Tod ins Leben der Menschen einbrach, so wird das vollgültige Leben im Geschick und Schicksal Jesu neu erschlossen. Gerade weil sich die Menschheit in der Verbannung der Gottferne befindet, braucht sie einen Erlöser, der Gottes Nähe verbürgt.

Warum gibt es das Böse in der Welt? Warum Hass, warum Krieg und Gewalt? Es gibt keine einfachen Antworten auf solche

Fragen. Die Bibel setzt ganz tief an und zeigt, was im Menschen vor sich geht, wenn er aus Stolz oder aus Angst die Gemeinschaft mit Gott aufkündigt und darüber den Blick für die Mitmenschen und letztlich sich selbst verliert. Die biblische Episode von der Vertreibung des Menschen aus dem Paradies will ja kein Bild einer historischen Vergangenheit sein, sondern fortwährende Veranschaulichung dessen, was Menschsein im Letzten ausmacht. Die Frage Gottes steht im Raum: Mensch, wo bist du? Die Antwort lautete: Ich habe mich versteckt – womit nach Martin Buber der Weg des Menschen begann. Es ist ein Weg durch die Abgründigkeit der Geschichte von Menschen und menschlicher Geschichten. Am Ende ist es eine Erzählung der Hoffnung: dass nicht der Tod das letzte Wort erhält, sondern das Leben.

II.
„Aber Noach ...“
(Gen 6,8)

Flutkatastrophe und Neubeginn

Auch die Erzählung von Noach und der großen Flut findet sich im biblischen Buch Genesis. Auch sie gehört zu den Anfangskapiteln, der sogenannten Urgeschichte. Es geht um die großen Fragen des Lebens: Was ist Schöpfung? Wie wird das Leben von Gott her gedacht? Und welche Hoffnungspotenziale verbinden sich mit dem Menschsein des Menschen? Die Sintfluterzählung gehört in den Horizont solchen Fragens hinein. Die Urgeschichte erzählt nichts Einmaliges, aber doch Allmaliges.[21]

Die Flutgeschichte versteht sich in enger Verbindung zur Schöpfungsgeschichte. Was Gott einstmals sehr gut erschaffen hat, kommt in die Krise und ist zutiefst gefährdet. Gen 1 und 2 entwerfen ein starkes Welt- und Menschenbild, Gen 3 konfrontiert es mit der Wirklichkeit von Sünde und Schuld, Gen 6 bis 9 erzählt die Geschichte weiter. Man könnte die Geschichte des Lebens kaum dramatischer erzählen. „Wenn die Apokalypse je einmal unwiderruflich schien, wenn das Universum je einmal kurz vor dem Verstummen stand, dann war es damals, gleich zu Beginn. Es schien, als hätte Gott sich entschlossen, eine Legende zu erzählen – eine Legende, in der sich Epilog und Prolog die Hände reichen und nichts mehr zwischen ihnen liegt. Es hat den Anschein, als sei die Schöpfung an diesem besonderen Punkt in der Bibel zum Stillstand gekommen."[22]

Die Vorgeschichte

Gen 6,1–4 schiebt einen seltsamen Erzählstoff vor den Beginn der Sintfluterzählung. Es handelt sich um eine Art mythische Sage, die die Entwicklung der Menschheitsgeschichte in den Blick nimmt:

> 1 Als sich die Menschen über die Erde hin zu vermehren begannen und ihnen Töchter geboren wurden, 2 sahen die Gottessöhne, wie schön die

> Menschentöchter waren, und sie nahmen sich von ihnen Frauen, wie es ihnen gefiel. [3] Da sprach der Herr: Mein Geist soll nicht für immer im Menschen bleiben, weil er auch Fleisch ist; daher soll seine Lebenszeit hundertzwanzig Jahre betragen. [4] In jenen Tagen gab es auf der Erde die Riesen, und auch später noch, nachdem sich die Gottessöhne mit den Menschentöchtern eingelassen und diese ihnen Kinder geboren hatten. Das sind die Helden der Vorzeit, die berühmten Männer. (Gen 6,1–4)

Der Text steht in deutlicher Nähe zu antiken Mythen, die von sexuellen Verbindungen zwischen Göttern und Menschen erzählen und so die Geburt von Heldengestalten erklären wollen. Am Ende geht es um die „Helden der Vorzeit". Eine gewisse Zurückhaltung der Genesis in der Bewertung der Ereignisfolge sticht ins Auge. Der Bericht fällt ziemlich nüchtern aus. Und es gibt eine eindeutige Tendenz. Im Gesamtablauf der Urgeschichte steht dieser Abschnitt in einem eher dunklen Licht: Gott begrenzt die Lebenszeit der Menschen und legt sie sicherheitshalber auf – gemessen an den Lebensdaten der Nachkommen Adams (vgl. Gen 5) – nur 120 Jahre fest. Gen 6,5 lässt schließlich die Katze aus dem Sack: Der Allmächtige schaut auf die Erde und sieht, „dass die Schlechtigkeit des Menschen zunahm und dass alles Sinnen und Trachten seines Herzens immer nur böse war". Der Seufzer des Herrn ist unüberhörbar. Hier wird keine Lappalie verhandelt. Gott reut, dass er den Menschen gemacht hat. Die Bibel nennt die Gründe, Punkt für Punkt. Es scheint, dass die Schöpfung aus dem Ruder läuft, weil sich die in ihr grundgelegte Gottesebenbildlichkeit (Gen 1,26) des Menschen aufzulösen und in ihr Gegenteil zu entfremden scheint. Sein Herz ist böse, seine Schlechtigkeit grassiert. Jenseits von Eden verschreibt sich der Mensch einer Unheilsdynamik, die immer mehr zum entsetzlichen Zeugnis dessen wird, was ein Leben in Gottferne bedeutet. Der Mensch ist von seinem göttlichen Ursprungsgedanken her ein Werk der Reinheit und Ekstase, ein kolossales Projekt mit grandiosen Möglichkeiten. Doch jetzt folgt die Ernüchterung. Der Schöpfer wurde „verkannt, irregeführt, verraten. Verraten von seinem Lieblingsgeschöpf, dem privilegiertesten, betrogen vom Menschen [...] Der Mensch, in seiner Dummheit, seiner Kleinlichkeit, in seinem Egoismus, hat alles verdorben und zerstört. Gott entschloss sich deshalb, lieber jetzt und dort dem Ganzen ein Ende zu setzen. Vorhang bitte."[23] Und so heißt es am Ende wörtlich, dass *es Gott reute, den Menschen gemacht zu haben, er war ihn leid. Und Gott sprach: „Ich will wegwischen den Menschen, den ich geschaffen habe, ihn vom Ackerboden vertilgen, mit ihm auch das Vieh, die Kriechtiere und die Vögel des Himmels, denn es reut mich, sie gemacht zu haben."* (Gen 6, 6–8)

Aber Noach!

Gott will tatsächlich den Menschen wegwischen – wie eine Schrift an der Tafel, die Unheil verheißt. Bezeichnenderweise hebt Gen 6,7 an mit der schöpfungstheologisch geprägten Formulierung „Gott sprach" (vgl. Gen 1,3.6.9.11 u. a.). Im Rückgriff auf die Schöpfungssprache geht es jetzt aber nicht um Schöpfung, sondern um Vernichtung. Die Schöpfung ist von ihrem Schöpfer abgefallen. Mensch und Gott, so will es scheinen, finden nicht mehr zusammen. Nur das kann diesen ernsten Tonfall erklären, der durch die Erzählung hallt. Sie ist eine der traurigsten Geschichten der ganzen Heiligen Schrift.

Ganz plötzlich hellt sich die Erzählung auf. Ohne das kleinste Vorsignal wird berichtet, dass sich die Gemütslage des Allmächtigen an einer einzigen Stelle verändert: „Noach fand Gnade in den Augen des Herrn." (Gen 6,8) Noch im voranstehenden Vers reute es Gott, sich der eigenen Schöpfungsillusion hingegeben zu haben, und jetzt taucht plötzlich Noach auf. „Aber Noach" heißt es wörtlich. Das „Aber" wird in der hebräischen Sprache durch einen einzigen senkrechten Strich angezeigt. Normalerweise bedeutet er „und" und soll Verbindung schaffen. Hier trennt er nicht nur zwei Sätze voneinander, sondern zwei Wirklichkeiten, „die vom Ursprung her eins sind und sich dann auseinanderentwickelt haben, schroff voneinander". Ein senkrechter Strich „trennt die Menge der Gewalttaten und der menschlichen Bosheit mit dem Beschluss Gottes, diese Welt verderben zu lassen *und* die teilweise Zurücknahme des Unheils, die in Noach Gestalt findet"[24]. Die Bibel bringt es auf den Punkt: „Hier ist die Geschichte Noachs, der sein Leben lang vom Bösen unberührt und ein gerechter Mann blieb, er ging seinen Weg mit Gott." (Gen 6,9) Er ist dazu bestimmt, die Menschheit zu retten.

Sein Name ist Programm. Je nach Ableitung der beiden Konsonanten n und ch kann er eine Verbindungslinie ziehen zu anderen Textstellen der Hebräischen Bibel. So wird der Name in Gen 5,29 mit dem Verbum n-ch-m verknüpft, das so viel wie „trösten", wörtlich „zum Aufatmen bringen" heißt. Dadurch kommt die Hoffnung zum Ausdruck, dass das Fluchwort Gen 3,17–19 nicht das letzte Wort Gottes über den Menschen sei, dass also das Leben nicht nur Mühsal und Beschwer, sondern auch Muße mit sich bringe – nicht ohne Grund stellt Gen 9,18ff. Noach als Weinfreund vor. Der Name kann außerdem mit dem Verb nuach in Verbindung gebracht werden, das dann „ruhen" oder sogar „beruhigen" heißen kann. Nach Gen 8,4 „ruht" die Arche am Ende der Flut auf einem Berg. Das Unheil ist überstanden, die Not vorbei. Auch dafür steht Noach. Zuletzt ist auch die Kombination seines Namens mit dem hebräischen Verb n-ch-m im Sinne von „etwas bereuen" denkbar. Gen 6,8 kennzeichnet Noach als Reue der Reue Gottes (vgl. Gen 6,6). Darum wird er auch mit dem Wort „Gnade" verwoben, das im Hebräischen aus denselben, eben nur umgekehrten Buchstaben besteht wie Noach.[25]

Seine Vita weist Noach entsprechend aus. Gen 6,9–13 stellt den einen, der bei Gott Gnade und Wohlwollen fand, den vielen entgegen, die als Welt den Schöpfer negieren:

> 9 Das ist die Geschlechterfolge nach Noach: Noach war ein gerechter, untadeliger Mann unter seinen Zeitgenossen, er ging seinen Weg mit Gott. 10 Noach bekam drei Söhne, Sem, Ham und Jafet. 11 Und es verdarb sich die Erde vor den Augen Gottes, und die Erde war voller Gewalt. 12 Gott sah sich die Erde an: Sie war verdorben; denn alle Wesen aus Fleisch auf

der Erde lebten verdorben. [13] Da sprach Gott zu Noach: Ich sehe, das Ende aller Wesen aus Fleisch ist da; denn durch sie ist die Erde voller Gewalt. So will ich sie zugleich mit der Erde verderben. (Gen 6,9–13)

Die Geschlechterfolge fällt knapp aus. Nur die drei Söhne Noachs werden aufgeführt, eine sonst übliche längere Generationenkette fehlt. Die Reduktion hat ihren gewollten Effekt: Herausgestellt wird vor allem die Gerechtigkeit Noachs, ein Begriff, der auch mit „Gemeinschaftstreue" wiedergegeben werden darf: Noach wurde seiner Gemeinschaft mit Gott gerecht.[26] Wenig später heißt es: „Noach wandelte mit Gott." (Gen 6,9) Gen 6,22 unterstreicht schließlich, dass „Noach alles tat, was Gott ihm aufgetragen hatte". Dies hervorzuheben ist das Anliegen der Genesis: Noach ist *der* Partner Gottes.

Verdorbene Welt

Von der Erde hingegen lässt sich das nicht sagen. Dreimal wird sie als „verdorben" gekennzeichnet, zweimal als gewaltaffin. Erneut werden Formulierungen aus dem Schöpfungsbericht übernommen und in ihr Gegenteil verkehrt. Es soll kein Zweifel bestehen, dass die Welt einen Re-Start braucht. In präzise unterschiedenen grammatischen Formen wird zudem eine gewisse Folgerichtigkeit zwischen der verdorbenen Erde und dem Verderben, das Gott über sie bringt, in den Text eingetragen: Anfangs begegnet das Wort in reflexiver Weise: Die Erde hat sich verderbt (Gen 6,11). Ausdruck dessen ist die in ihr lodernde unkontrollierte Gewalt, die ja schon Gen 4,1–16 mit der tragischen Erzählung vom Brudermord Kains gegen Abel ursymbolisch beleuchtet hatte. Gen 6,12 kennzeichnet den gewordenen Zustand durch ein reflexives Partizip: Die Erde *ist* verdorben. Anschließend erscheint wie zur Begründung dasselbe Verb in einer grammatischen Form, die ein aktives Tun zum Ausdruck bringt: Das Verdorben-Sein der

Erde ereignet sich darin, dass alle Lebewesen sie verdorben haben. Die Gewalt ist epidemisch. Das ist der Grund, weshalb auch die Tiere dem Bann unterliegen: nicht, weil sie schuldig sein könnten, sondern weil sie wie die Menschen und durch die Menschen angesteckt worden sind.[27] Die Spirale der Gewalt führt zu einem Zustand, dass „das Ende aller Wesen aus Fleisch vor Gott gekommen ist" (Gen 6,13). Adonai spricht vom Ende. Das Wort, das er benutzt, ist weder Sof noch Sijum, was beides in etwas abgemilderter Weise ebenso „Ende" bedeuten würde, sondern Ketz. Das meint: Brutale Beendigung, harter Schlussstrich, voller Umkehrschub. Elie Wiesel, der große jüdische Gelehrte und Friedensnobelpreisträger, erhebt an dieser Stelle einen Einspruch, der nicht einfach verhallen darf, weil er hilft, die Sperrigkeit des biblischen Textes auszuhalten: „Ohne Zweifel, es gab sicher boshafte Menschen, es muss sie gegeben haben; sicher waren einige boshafter als die anderen, was bedeutet, dass es auch weniger Boshafte gab! Der Text betont die menschliche Fehlbarkeit und menschlichen Verfehlungen im Kontext sozialer Beziehungen. Gott nahm den Menschen nicht so sehr ihren Mangel an Gottesglauben übel, als vielmehr ihren Mangel an gegenseitigem Respekt. Sie waren der Lüge, des Diebstahls und der gegenseitigen Beleidigung schuldig – sie waren schuldig, ihre Mitmenschen angegriffen, beschämt und zum Opfer gemacht zu haben. Daraus folgt jedoch, dass es sowohl Täter wie Opfer gab. Waren die Opfer ebenso schuldig wie die Täter? Und wenn nicht, warum wurden sie dann bestraft? Oder fragen wir wenigstens, warum sie dann die gleiche Strafe erhalten hatten? Zugegeben, die Welt war ungerecht. War auch Gott ungerecht?"[28]

Das Leitwort vom Verderben wird bis zu dem Punkt geführt, an dem Gott selbst zum Verderber wird. Und doch gibt es einen Lichtblick. Auf die Begründung, dass die Gewalt in der Welt verantwortlich ist, dass alle Lebewesen und die ganze Erde zum Verderben gebracht wurden, folgte der Auftrag Gottes an Noach, einen Kasten zu bauen, die Arche:

14 Mach dir eine Arche aus Zypressenholz! Statte sie mit Kammern aus,
und dichte sie innen und außen mit Pech ab! 15 So sollst du die Arche bau-
en: Dreihundert Ellen lang, fünfzig Ellen breit und dreißig Ellen hoch soll
sie sein. 16 Mach der Arche ein Dach, und hebe es genau um eine Elle nach
oben an! Den Eingang der Arche bring an der Seite an! Richte ein unte-
res, ein zweites und ein drittes Stockwerk ein! 17 Ich will nämlich die Flut
über die Erde bringen, um alle Wesen aus Fleisch unter dem Himmel, al-
les, was Lebensgeist in sich hat, zu verderben. Alles auf Erden soll veren-
den. 18 Mit dir aber schließe ich meinen Bund. Geh in die Arche, du, dei-
ne Söhne, deine Frau und die Frauen deiner Söhne! 19 Von allem, was lebt,
von allen Wesen aus Fleisch, führe je zwei in die Arche, damit sie mit dir
am Leben bleiben; je ein Männchen und ein Weibchen sollen es sein.
20 Von allen Arten der Vögel, von allen Arten des Viehs, von allen Arten der
Kriechtiere auf dem Erdboden sollen je zwei zu dir kommen, damit sie
am Leben bleiben. 21 Nimm dir von allem Essbaren mit, und leg dir einen
Vorrat an! Dir und ihnen soll es zur Nahrung dienen. 22 Noach tat alles
genau so, wie ihm Gott aufgetragen hatte. (Gen 6,14–22)

Adonai teilt Noach zuerst mit, was er zu tun habe. Über den Sinn des Bauwerks lässt er ihn bis auf Weiteres im Unklaren. Erst in Gen 6,17 sagt ihm Gott, dass er eine Flut über die Erde zu bringen gedenkt. Noach folgt einem Auftrag, der ihm anfangs überaus seltsam erscheinen mag, weil es sich um ein überdimensionales Gebilde irgendwo in der Pampa handelt. Aber das ist keine Erzählschwäche der Genesis. Stattdessen wird Noachs Gerechtigkeit vor Gott noch einmal beleuchtet und konkretisiert. Ohne zu verstehen, vollzieht er den Willen Gottes. So wird er zu einem Archetypen des Glaubens. Den neutestamentlichen Hebräerbrief interessiert vor allem dies: Noach glaubte, ehe er sah. Durch seinen Glauben sprach er der Welt das Urteil und wurde Erbe der Gerechtigkeit, die aus dem Glauben kommt (Hebr 11,7). Jüdische Kommentare betrachten Noachs Vorgehen hingegen nicht nur positiv, sondern auch kritisch. Buchstabengetreu erfüllt er, was Gott von ihm will. „Man beachte den Unterschied, sagt einer der talmudischen Weisen: Als Gott sein Volk vernichten wollte, beruhigte er Mose damit, er würde ihm ein anderes Volk geben, zahlreicher, mächtiger, wohlhabender als das erste. Mose entgegnete: Ich will kein anderes Volk. Ich verlange von dir, dieses Volk am Leben zu lassen! [...] Tat Noach etwa dasselbe? Hat er je mit Gott gestritten, wie Abraham es tat? Hat er ihn je um Erbarmen angefleht? Hat er je auch nur ein Wort des Protestes – oder des Gebets – geäußert? Hat er sich bei Gott je für die zahllosen Menschen verwendet, die schon verdammt waren, ohne es zu wissen? Sobald er hörte, dass er selbst außer Gefahr war, stellte er keine Fragen mehr, er hörte auf, sich irgendwelche Sorgen zu machen."[29] Man soll diese Fragen ernst nehmen – nicht nur, weil sie den Sinn für Gerechtigkeit schärfen, auch nicht nur, weil sie den Blick für passive Schuld und Versagen öffnen, sondern vor allem, weil sie auf eine in Wahrheit lebendige Gottesbeziehung abzielen.

Die Arche

Noach bekommt also den Auftrag zum Bau der Arche. Auf Bildern wird sie oft wie ein Schiff dargestellt, aber die Bibel beschreibt sie ganz anders. Es handelt sich um einen Kasten, dessen Maße und Beschaffenheit recht genau mitgeteilt werden. Der hölzerne Bau soll dreistöckig sein, mehrere Zellen haben, an der Seite eine Tür. Die Maße des Kastens bezeichnen einen Kubus, der im Vergleich zum Jerusalemer Tempel Salomos sechsmal so lang, zweieinhalbmal so breit und genauso hoch gewesen wäre, mithin ein beeindruckendes Bauwerk.[30] Man könnte den biblischen Text für eine Montageanleitung halten (und manche tun das ja auch[31]). Offenkundig ist jedenfalls die Freude der Erzählung am Detail: Die Größe der Arche wird notiert, die Dauer der Flut, die Zusammensetzung der Insassen, dass es Nahrung gibt. „Die tiefe Schönheit der Bibel liegt darin, dass ihre Personen keine mystischen Figuren sind, ihre Abenteuer keine fantastischen Gespinste. In ihnen schwingt Leben und Wahrheit, weshalb sie den, der sich ihnen nähert, auffordern, in ihr Leben einzutreten und seine Bestimmung zu suchen."[32]

Das hebräische Wort, mit dem die Genesis das Gebilde bezeichnet, das Noach errichtet, lautet *teva*[33]. Es kommt in der Bibel nur noch an einer einzigen weiteren Stelle vor. In Ex 2,3 bezeichnet es den Kasten, in dem Mose im Nil ausgesetzt wird. Das Kind wird gerettet, weil einige Frauen sich dem Tötungsbefehl des Pharaos widersetzt haben. Die hebräische Bibel zieht auf diese Weise eine markante Linie von der Noach- zur Mose-Geschichte, wenn sie nur an diesen beiden Stellen den rettenden Kasten *teva* nennt. Mit Noach beginnt die Geschichte des Menschen neu, mit Mose konstituiert sich das Gottesvolk Israel. Es gibt aber noch andere biblische Verbindungslinien. Oft wird darauf hingewiesen, dass sich aus der Bauanleitung und den jeweiligen Zeit- und Ortsangaben eine Beziehung herstellen lässt zum Zeltheiligtum am Sinai (Ex 25–31; 35–40). So wird das Stiftungszelt durch die Noachgeschichte gedeutet als Ort der Gegenwart Gottes, der Leben rettet und garantiert.[34] Die Darstellung der Arche ist aber auch auffällig an den Schöpfungshymnus Gen 1,1–2,3 angelehnt. In beiden Fällen entstehen Räume, die das Leben vor bedrohlichem Wasser schützen. Noachs *teva* weckt Assoziationen an eine Schöpfung im Kleinen, an ein Lebenshaus.

Nachdem Adonai erklärt, mit Noach seinen Bund aufrichten zu wollen (Gen 6,18), und ihn anweist, zusammen mit seiner Frau, seinen Söhnen und deren Frauen in die Arche zu ziehen, gibt Gen 6,19 Auskunft über die Tiere, die ebenfalls mitgenommen werden sollen. Je zwei von allen sollen als Erstlinge neuen Lebens Rettung finden. Man sollte die biblische Erzählung hier nicht mit Fragen löchern, die im Grunde nicht weiterführen. Natürlich kann man nicht wissen, ob die Arche wirklich Platz für alle bot, ob die Höhe der Stockwerke auch für Giraffen reichte und die Löwen wirklich Heu fraßen. Keinen Geringeren als den Kirchenvater Origenes treibt in seinen *Homilien zum Buch Genesis* beispielsweise die Frage um, was in der Arche mit dem ganzen Kot geschehen sei. Aber, so resümiert er, das sei eine Frage, die der spirituellen Weite der biblischen Erzählung zuwiderlaufe, weil sie einen über die Wirklichkeitsebene hinausragenden Sinnhorizont entwerfe. In jüdischer Auslegungstradition werden immerhin einzelne Tiere vorgestellt: Zum Beispiel ein Löwe, der, weil er Hunger hatte, Noach ins Bein biss. Fortan hinkte Noach wie Jakob nach seinem Kampf mit Gott. Erwähnung findet daneben der Vogel „Phönix", der angesichts der Belastungen Noachs darauf verzichtet habe, sich füttern zu lassen, und deshalb den Vorzug bekam, sich nach seinem Tod je neu zum Leben zu erheben. Die Rede ist auch von einem Raben, der noch eine Rolle in der Noach-Geschichte spielen wird, und von dem es heißt, dass er genau der Rabe ist, der später den Propheten Elija am Bache Krit versorgen wird (1 Kön 17,3.6). All diese Einzelmotive zeigen vor allem eines: Dass die Genesis die Geschichte des Lebens erzählt. Eines Lebens, dem die Katastrophe nicht erspart bleibt, welches aber von Gott her die innere Kraft hat, die Katastrophe zu überwinden. Wie die Gewalt alles Leben angesteckt und verdorben hatte, so soll nun im durch Noach nach Gottes Plan errichteten Biotop neues Leben beginnen. Das Wort „Leben" wird stark betont. Noch ehe sich Vernichtung ereignet, tragen Leben und Überleben den Hauptakzent. Das Signal ist deutlich: Gegen den Beschluss Gottes, alles Leben wegzuwischen, greift sein eigenes bewahrendes Handeln über die Katastrophe hinaus. Das nimmt dem Schrecklichen nicht den Schrecken, überlässt ihm aber nicht das letzte Wort. „So sehr Gottes Enttäuschung über die Schöpfung sich in dem Willen, die Welt verderben zu lassen, ausdrückt: Er handelt nicht nach dem Grundsatz ‚Alles oder Nichts'. […] Nein, Gott setzt seine Hoffnung auf das Kleine gegen das Übermächtige."[35]

Die Katastrophe

Gen 7 beschreibt die Katastrophe. Auf der reinen Textebene wird schnell deutlich, dass hier verschiedene Erzählfäden zusammengeknotet sind. Auffällig sind Doppelungen und Brüche. Die Angaben über die Flut differieren, ebenso die Informationen über ihre Dauer. Auch Gen 6,19f. und Gen 7,2f. wollen nicht recht zusammenpassen. Es mag sich zudem die Frage stellen, wozu nun plötzlich reine von unreinen Tieren unterschieden werden. Man muss Spannungen, die ja Zeugnisse der Entstehungsgeschichte des biblischen Textes sind, nicht gleich glattzubügeln versuchen.[36] Für eine theologische Auslegung der Fluterzählung sind sie ohnehin nicht entscheidend. Gen 7 erzählt mit wenigen Sätzen die vollkommene Katastrophe, den SuperGAU:

> 1 Darauf sprach der Herr zu Noach: Geh in die Arche, du und dein gan-
> zes Haus, denn ich habe gesehen, dass du unter deinen Zeitgenossen vor
> mir gerecht bist. 2 Von allen reinen Tieren nimm dir je sieben Paare mit,
> und von allen unreinen Tieren je ein Paar, 3 auch von den Vögeln des
> Himmels je sieben Männchen und Weibchen, um Nachwuchs auf der
> ganzen Erde am Leben zu erhalten. 4 Denn noch sieben Tage dauert es,
> dann lasse ich es vierzig Tage und vierzig Nächte lang auf die Erde regnen
> und tilge vom Erdboden alle Wesen, die ich gemacht habe. 5 Noach tat al-
> les, was ihm der Herr aufgetragen hatte. 6 Noach war sechshundert Jah-
> re alt, als die Flut über die Erde kam. 7 Noach ging also mit seinen Söh-
> nen, seiner Frau und den Frauen seiner Söhne in die Arche, bevor das
> Wasser der Flut kam. 8 Von den reinen und unreinen Tieren, von den Vö-
> geln und allem, was sich auf dem Erdboden regt, 9 kamen immer zwei zu
> Noach in die Arche, Männchen und Weibchen, wie Gott dem Noach auf-
> getragen hatte. 10 Als die sieben Tage vorbei waren, kam das Wasser der
> Flut über die Erde, 11 im sechshundertsten Lebensjahr Noachs, am sieb-
> zehnten Tag des zweiten Monats. An diesem Tag brachen alle Quellen der
> gewaltigen Urflut auf, und die Schleusen des Himmels öffneten sich.
> 12 Der Regen ergoss sich vierzig Tage und vierzig Nächte lang auf die Erde.
> 13 Genau an jenem Tag waren Noach, die Söhne Noachs, Sem, Ham und
> Jafet, Noachs Frau und mit ihnen die drei Frauen seiner Söhne in die Ar-
> che gegangen, 14 sie und alle Arten der Tiere, alle Arten des Viehs und alle
> Arten der Kriechtiere, die sich auf der Erde regen, und alle Arten der Vö-
> gel, des fliegenden Getiers. 15 Sie waren zu Noach in die Arche gekom-
> men, immer zwei von allen Wesen aus Fleisch, in denen Lebensgeist ist.
> 16 Von allen Tieren waren Männchen und Weibchen gekommen, wie Gott
> ihm aufgetragen hatte. Dann schloss der Herr hinter ihm zu. 17 Die Flut
> auf der Erde dauerte vierzig Tage. Das Wasser stieg und hob die Arche im-
> mer höher über die Erde. 18 Das Wasser schwoll an und stieg immer mehr

> auf der Erde, die Arche aber trieb auf dem Wasser dahin. 19 Das Wasser
> war auf der Erde gewaltig angeschwollen und bedeckte alle hohen Berge,
> die es unter dem ganzen Himmel gibt. 20 Das Wasser war fünfzehn Ellen
> über die Berge hinaus angeschwollen und hatte sie zugedeckt. 21 Da ver-
> endeten alle Wesen aus Fleisch, die sich auf der Erde geregt hatten, Vögel,
> Vieh und sonstige Tiere, alles, wovon die Erde gewimmelt hatte, und auch
> alle Menschen. 22 Alles, was auf der Erde durch die Nase Lebensgeist at-
> mete, kam um. 23 Gott vertilgte also alle Wesen auf dem Erdboden, Men-
> schen, Vieh, Kriechtiere und die Vögel des Himmels; sie alle wurden vom
> Erdboden vertilgt. Übrig blieb nur Noach und was mit ihm in der Arche
> war. 24 Das Wasser aber schwoll hundertfünfzig Tage lang auf der Erde
> an. (Gen 7,1–24)

Die Flut wird in ihrer ganzen Dramatik beschrieben: Ein Sturzregen geht nieder, und der Himmelsozean (*mabbul*, vgl. Ps 29,10) ergießt sich auf die Erde hinab. Die Vorstellung himmlischer Wasser ist uralt. Sie reicht in die vorbiblische Zeit zurück und dürfte mit den beiden elementaren Beobachtungen zu tun haben, dass das Blau des Himmels dem Blau des Meeres gleicht und dass Regen eben vom Himmel fällt. Gen 7,11 arbeitet mit diesem Bild: Die Flut hebt an, indem die Luken des Himmels geöffnet werden, sodass die Wassermassen wie Fälle niederstürzen. Daneben sind es „die Quellen der Urflut", die sich auftun. Wieder steht die Schöpfungsgeschichte im Hintergrund. Nach Gen 1,2 markiert die Urflut den Zustand des Kosmos vor der Schöpfung der Welt: „Es ist der Wasserabgrund, der einst die Totalität der Welt darstellte und den Gott in mehreren Akten des Machens, Trennens und Benennens in den Griff nahm und auf das Meer als gleichsam gebändigten Rest jenes Urzustandes begrenzte. In der Flut, die nun die Erde und das Leben auf ihr auslöschen soll, kehrt etwas vom Zustand der Welt vor der Schöpfung wieder."[37] Diese Flut soll die Schöpfung revidieren. Die Erde versinkt im Wasser und mit ihr das Leben auf der Erde. Am Ende heißt es einigermaßen nüchtern: „Übrig blieb nur Noach und was mit ihm in der Arche war." (Gen 7,23) Noach steht in keiner Vergleichsmöglichkeit mehr zu anderen Menschen. Sein Anteil ist es, neu anzufangen und Gottes Willen mit dieser Schöpfung Gestalt zu geben. Die Bedingungen dafür schafft Gott selbst.[38]

Das Thema „Sintflut“ begegnet nicht nur in der Bibel. Weit vor der Entstehung der Genesis berichten mesopotamische Quellen vom Phänomen einer großen Flut. Ende des 19. Jahrhundert fanden Archäologen im Zweistromland Keilschrifttafeln, die in einer der biblischen Erzählung verblüffend ähnlichen Weise von einer Urflut sprechen. Unter dem Eindruck dieser vor allem babylonischen Texte etablierte sich zu Beginn des 20. Jahrhunderts innerhalb der Bibelwissenschaft die Vorstellung, die Genesis sei in wesentlichen Teilen nichts anderes als eine Art Coverversion kulturell und literarisch viel höher zu gewichtender Texte des alten Orients. Tatsächlich erscheint auch heutiger Exegese die Annahme einer literarischen Beziehung zwischen der Genesis und babylonischen mythischen Erzählstoffen, vor allem dem berühmten Gilgamesch-Epos, nicht unwahrscheinlich. Die vielen Gemeinsamkeiten heben aber zugleich das Proprium der biblischen Erzählung hervor. Es liegt in der absoluten Souveränität, mit der Adonai in der Noach-Erzählung am Werk ist. Er befindet sich weder im Konflikt mit anderen Gottheiten, noch ist er von irgendjemandem abhängig. Aber gerade so wird die biblische Fluterzählung zu einem theologischen Drama, das immer neu nach Gott fragen lässt. Am Ende der Flut steht sein Befehl, der an Noachs Ohr dringt: „Bring mit dir alle Tiere heraus [...]. Auf der Erde soll es von ihnen wimmeln; sie sollen fruchtbar sein und sich auf der Erde vermehren.“ (Gen 8,17) Wieder ein Rückgriff auf die Schöpfungsgeschichte (Gen 1, 22.28). Und wieder ein Zeichen, dass die Sintfluterzählung nicht vor allem eine Geschichte des Todes, sondern des Lebens ist.

Ein neuer Beginn

Die Wende nach der Flut besteht aus der Zusage, die Erde nie wieder wegen des Menschen zu verfluchen. Sie besteht ferner aus dem Segen Gottes und dem Bundesschluss:

> 18 Da kam Noach heraus, er, seine Söhne, seine Frau und die Frauen seiner
> Söhne. 19 Auch alle Tiere kamen, nach Gattungen geordnet, aus der Ar-
> che, die Kriechtiere, die Vögel, alles, was sich auf der Erde regt. 20 Dann
> baute Noach dem Herrn einen Altar, nahm von allen reinen Tieren und
> von allen reinen Vögeln und brachte auf dem Altar Brandopfer dar. 21 Der
> Herr roch den beruhigenden Duft, und der Herr sprach bei sich: Ich will
> die Erde wegen des Menschen nicht noch einmal verfluchen; denn das
> Trachten des Menschen ist böse von Jugend an. Ich will künftig nicht
> mehr alles Lebendige vernichten, wie ich es getan habe. 22 Solange die
> Erde besteht, sollen nicht aufhören Aussaat und Ernte, Kälte und Hitze,
> Sommer und Winter, Tag und Nacht. **9** 1 Dann segnete Gott Noach und
> seine Söhne und sprach zu ihnen: Seid fruchtbar, vermehrt euch, und be-
> völkert die Erde! 2 Furcht und Schrecken vor euch soll sich auf alle Tiere
> der Erde legen, auf alle Vögel des Himmels, auf alles, was sich auf der Erde
> regt, und auf alle Fische des Meeres; euch sind sie übergeben. 3 Alles Le-
> bendige, das sich regt, soll euch zur Nahrung dienen. Alles übergebe ich
> euch wie die grünen Pflanzen. 4 Nur Fleisch, in dem noch Blut ist, dürft
> ihr nicht essen. 5 Wenn aber euer Blut vergossen wird, fordere ich Re-
> chenschaft, und zwar für das Blut eines jeden von euch. Von jedem Tier
> fordere ich Rechenschaft und vom Menschen. Für das Leben des Men-
> schen fordere ich Rechenschaft von jedem seiner Brüder. 6 Wer Men-
> schenblut vergießt, dessen Blut wird durch Menschen vergossen. Denn:
> Als Abbild Gottes hat er den Menschen gemacht. 7 Seid fruchtbar, und
> vermehrt euch; bevölkert die Erde, und vermehrt euch auf ihr! 8 Dann
> sprach Gott zu Noach und seinen Söhnen, die bei ihm waren: 9 Hiermit
> schließe ich meinen Bund mit euch und mit euren Nachkommen 10 und
> mit allen Lebewesen bei euch, mit den Vögeln, dem Vieh und allen Tieren
> des Feldes, mit allen Tieren der Erde, die mit euch aus der Arche gekom-
> men sind. 11 Ich habe meinen Bund mit euch geschlossen: Nie wieder sol-
> len alle Wesen aus Fleisch vom Wasser der Flut ausgerottet werden; nie
> wieder soll eine Flut kommen und die Erde verderben. 12 Und Gott sprach:
> Das ist das Zeichen des Bundes, den ich stifte zwischen mir und euch und

> den lebendigen Wesen bei euch für alle kommenden Generationen:
> [13] Meinen Bogen setze ich in die Wolken; er soll das Bundeszeichen sein
> zwischen mir und der Erde. [14] Balle ich Wolken über der Erde zusammen
> und erscheint der Bogen in den Wolken, [15] dann gedenke ich des Bundes,
> der besteht zwischen mir und euch und allen Lebewesen, allen Wesen aus
> Fleisch, und das Wasser wird nie wieder zur Flut werden, die alle Wesen
> aus Fleisch vernichtet. [16] Steht der Bogen in den Wolken, so werde ich auf
> ihn sehen und des ewigen Bundes gedenken zwischen Gott und allen lebenden Wesen, allen Wesen aus Fleisch auf der Erde. [17] Und Gott sprach
> zu Noach: Das ist das Zeichen des Bundes, den ich zwischen mir und allen Wesen aus Fleisch auf der Erde geschlossen habe. (Gen 8,18–9,17)

Was tut Noach als Erstes? Er baut einen Altar und bringt dem Herrn ein Brandopfer dar. Und Gott reagiert auf der Ebene der Erzählung nach urarchaischem Muster: Der Opferduft steigt ihm in die Nase, und er lässt sich besänftigen. Der Bibel selbst scheint dieser Mechanismus zu schlicht zu sein. Später wird sie von Gott sagen: „Brandopfer willst du nicht." (Ps 40,6) Aber hier geht es darum, dass ganz am Beginn der neuen Menschheitsgeschichte das rituell vollzogene Gebet steht, die lobpreisende Begegnung von Gott und Mensch. Adonai lässt Noachs Hinwendung, die sich in diesem Opfer ausdrückt, keine Einbahnstraße sein. Er reagiert mit Worten, die er sich „zu Herzen gehen" lässt: eine Zusage für die Erde – und so auch für die Menschen.

Erneut werden Verbindungslinien zum Schöpfungsbericht gezogen. Gottes Schöpfungswort „Seid fruchtbar, vermehrt euch, füllt die Erde!" (Gen 1,28) wird gleich zweimal in die Nach-Fluterzählung eingetragen (Gen 9,1.7). Das ist kein Zufall, sondern klares Programm: Gott will, dass Menschen das Leben haben und dass sie auch nach der Flut die Erde bevölkern. Dennoch wird nicht einfach der paradiesische Urzustand wiederhergestellt. Der realistische Blick auf die Wirklichkeit der Welt erscheint nun gleichsam in die Schöpfungskoordinaten eingetragen und schließt bedrohliche Gewalt von allen Seiten mit ein, auch wenn sie geahndet wird. Selbst das Verhältnis von Mensch und Tier ist nicht einfach mehr ungetrübt. „Furcht und Schrecken" vor dem Menschen erfüllt die Fauna. Damit gibt der Text einfache Beobachtungen wieder, die jeder Mensch jeden Tag machen kann. Vielleicht markieren „Furcht und Schrecken" hier aber auch eine Trennlinie, die insbesondere in der antiken Welt durchaus vorhandene Gefahrenpotenziale im Miteinander von Tier und Mensch einzugrenzen hilft. Noch etwas ist anders: Die Menschen ernähren sich nicht mehr nur von Früchten, sondern essen Fleisch. Tiere dienen ihnen zur Nahrung. Es ist bemerkenswert, dass die Genesis auch an diesem Sachverhalt nichts Paradiesisches erkennen will. Gott jedenfalls erscheint hinter allem als Liebhaber des Lebens. Mit Esprit erdenkt und verfolgt er Wege, seine gute Schöpfung voranzutreiben und das Zusammensein der Kreaturen zu regeln. Dazu gehört seine Selbstverpflichtung, auf der Seite der Opfer zu stehen. Das ist Gottes Antwort auf die Spirale der Gewalt und des Todes, die die Szenerie vor der großen Flut unselig beherrschte. Nicht ohne Grund erinnern einzelne Formulierungen in Gen 9,5 („Blut", „Hand", „Mann", „Bruder") an den Brudermord Kains an Abel. Am Ende wird der Bund Gottes mit Noach, seiner Familie und allen nachfolgenden Generationen errichtet (Gen 9,8–17). Dieser Bund wird in all seinen Dimensionen beleuchtet: Er schließt die ganze Schöpfung mit ein und soll auf ewig währen. Ziel und Inhalt ist es, die Erde nie wieder durch eine Flut zu verderben. Dreimal wird das wiederholt – wie in Stein gehauen. Und Gott setzt ein Zeichen, das den Bund beglaubigt: Der Bogen in den Wolken. Das hebräische Wort, das hier steht, meint nicht den Regenbogen, sondern den Kriegsbogen. Dieser wird ungespannt und eben nicht kriegsbereit in die Wolken gehängt.[39] Gott ist Anwalt seiner Schöpfung, nicht Henker. Der Bogen ist das Zeichen dafür, dass Gott das Leben schützt.

Perspektiven im Heute

Die jüngsten weltweiten Flut- und Tsunami-Katastrophen riefen auf tragische Weise die Erinnerung an die biblische Fluterzählung wach. Es verbinden sich damit heute vor allem Fragen nach unkalkulierbaren Klimaveränderungen, nach Bedrohungen des Lebens durch Umwelteinflüsse und Umweltschädigungen. Im Hintergrund vielfach begründeter Angst steht die Sorge der Menschen, ob die Erde dauerhaft ein lebenswerter Ort bleiben kann oder ob sie – durch den Menschen verunstaltet – mehr und mehr zum Risikofaktor des Überlebens wird.

Das biblische Verständnis des Menschen und seiner Welt, in der er lebt, bietet in allen Schattierungen einen starken Ausgangspunkt, von dem her aus biblisch-christlicher Perspektive für einen ethischen Universalismus argumentiert werden kann, der offen ist für eine ökologische Erweiterung.[40] Der Mensch wird männlich und weiblich als Bild Gottes erschaffen (Gen 1,26–28). Paulus greift in Gal 3,28 mit einem Zitat von Gen 1,26 auf eben diesen Gedanken zurück und betont das Gemeinsame aller Menschen „in Christus", das allen Differenzierungen in Ethnie, Religion oder sozialem Status voransteht. Die gleiche Bezogenheit jedes Menschen auf den Schöpfer wird in biblischer Metaphorik auch als Kindschaftsbeziehung zu dem einen Gott und Vater aller und so als Geschwisterbeziehung entfaltet. Das Bild formuliert die ethische Erwartung einer grundlegend menschheitsweiten Solidarität. Zwar wird das Bild der Menschheit als universaler Familie einer modernen christlichen Sozialethik zu schlicht erscheinen, um von dort her eine globale politische und ökologische Ethik zu entwerfen.[41] Gleichwohl bringt es ein keineswegs unerreichbares Ideal zur Sprache, das dem Anspruch Ausdruck verleiht, die Metapher der Menschheitsfamilie in Verantwortlichkeiten für die gesamte Schöpfung – und also auch für ihre Bewahrung – zu übersetzen.

Letzteres umgreift zwei Aspekte, die hier wenigstens kurz bildlich vorgestellt sein sollen:

(a) Nach Gen 8,8–12 sendet Noach, nachdem er zur Wasserstandsmeldung zunächst einen Raben entsandte, dreimal eine Taube aus, die schlussendlich mit einem Ölbaumzweig im Schnabel zu ihm zurückkehrt. Das Unheil ist vorüber. Ambrosius von Mailand verbindet das Motiv der den Ölzweig tragenden Taube mit einem Zitat aus Vergils Aeneis, wonach dieser in der Hand den „friedensbringenden Zweig des Ölbaums" hielt (8,116). So wurde die Taube Noachs zum Symbol des Friedens. Das Motiv ist heute vor allem durch eine Zeichnung Pablo Picassos berühmt. Der Friede unter den Menschen, wie er von Gen 9,5ff. als Postulat Gottes festgehalten wird, ist grundlegende Voraussetzung für die Zukunftsfähigkeit des Menschen selbst.

(b) Ein bekanntes Schiff der Umweltschutzorganisation Greenpeace heißt „Rainbow Warrior" (Regenbogenkämpfer). Der Name scheint einerseits den exegetischen Befund ernst zu nehmen, dass Gen 9,13 einen Kriegsbogen meint. Er wirkt zugleich wie ein leidenschaftliches Plädoyer, das schöne Motiv des Regenbogens nicht einfach exegetisch zu zermalmen, sondern vielmehr beizubehalten. Denn Leben zu bewahren heißt immer auch, die Schöpfung zu bewahren. Dass und wie sehr dies ein Kampf sein kann, daran erinnert die Sintfluterzählung der Genesis.

Weit reichen die theologischen und anthropologischen Impulse der Noachgeschichte. Ein Midrasch lässt Gott zu Noach sprechen: „Traurig bist du? Ich auch. Meinst du etwa, es würde mir Freude machen, Schlachten zu gewinnen? Wenn ich gewinne, verliere ich; wenn ich verliere, gewinne ich. Habe ich nicht verloren, als ich das Gefecht mit deiner Generation gewonnen hatte? Habe ich nicht eine Welt verloren, die ich eigenhändig erschaffen hatte?" Elie Wiesel kommentiert die Ansprache Gottes: „Nein, Gott wird kein weiteres Desaster zulassen. Er wird es nicht anstiften, noch wird er sich anstiften lassen. Dennoch, was hat sich verändert? Noach hat Angst. Er vertraut Gott, aber er kennt die Menschen:

Was Gott nicht tun wird, können sie sehr wohl ausführen. Gott wird sie nicht mehr vernichten, aber sie können sich selbst vernichten. Der Bund bindet ihn, sie nicht. ‚Ich werde die Welt nicht zerstören', sagt Gott. Mit anderen Worten: Ich werde es nicht tun, aber wie steht es mit dir?"[42]

III.
„Zieh weg aus deinem Land“
(Gen 12,1)

Abrahams Flucht und Segen

In der Bibel gibt es Gestalten, von denen immer wieder gesprochen wird. Von Abraham ist im Alten Testament mehr als 230-mal die Rede, im Neuen Testament 72-mal. Sein ursprünglicher Name ist Abram (vgl. Gen 11,27ff.), zu Deutsch: „Gott ist erhaben". Als Adonai mit ihm einen großen Bund schließt, heißt er dann Abraham (Gen 17,5): „Vater der Menge". Die Umbenennung, die auch aus Abrams Frau Sarai Sara werden lässt (Gen 17,15), markiert etwas Neues: Durch die Aufrichtung des Bundes wird Abraham zum Stammvater Israels und Sara zur Stammmutter. Die Namensänderung zeigt aber zugleich an, dass die große Verheißung, die auf Abram liegt, wahr werden wird: nicht kinderlos sollen er und seine Frau bleiben, sondern Urahnen einer nicht nur zahlenmäßig großen Nachkommenschaft. Was auf der Ebene der biblischen Erzählung nahezu märchenhaft wirkt, hatte sich für jene Generation biblischer Erzähler, die diese Geschichte zu Papier brachten und rückblickend von den Anfängen Israels im Aufbruch Abrams erzählen, bereits jahrhundertelang erfüllt.[43] So wurde diese Geschichte zu einer Glaubensgeschichte, die der Apostel Paulus mit großem Respekt kommentiert: Wenn ihr wissen wollt, was es heißt, den Weg des Glaubens zu gehen, dann seht auf Abraham: Er ist im Glauben unser aller Vater vor Gott (Röm 4,1–25).

Abraham ist der dritte Mensch, von dem die Bibel eine Gottesgeschichte erzählt – nach dem Menschen des Anfangs und nach Noach. Von diesen Dreien verkörpert Adam die ganze Menschheitsfamilie; Noach verbindet die alte, vorsintflutliche Menschheit mit der neuen, aus der Flut erretteten Menschheit. Abraham hingegen ist Verheißungsträger für alle Zukunft: Dass Gott sein Volk zusammenruft und dass es seine Freude ist, unter den Menschen zu wohnen. Heute verbindet Abraham die drei monotheistischen Weltreligionen. Zwar sehen ihn alle etwas anders, doch alle berufen sich auf ihn. Die Genesis erzählt seine Geschichte.

Der Lebensstrom Abrahams und sein Aufbruch ins Land der Verheißung

27 Das ist die Geschlechterfolge nach Terach: Terach zeugte Abram, Nahor und Haran; Haran zeugte Lot. 28 Dann starb Haran, noch vor seinem Vater Terach, in seiner Heimat Ur in Chaldäa. 29 Abram und Nahor nahmen sich Frauen; die Frau Abrams hieß Sarai, und die Frau Nahors hieß Milka; sie war die Tochter Harans, des Vaters der Milka und der Jiska. 30 Sarai war unfruchtbar, sie hatte keine Kinder. 31 Terach nahm seinen Sohn Abram, seinen Enkel Lot, den Sohn Harans, und seine Schwiegertochter Sarai, die Frau seines Sohnes Abram, und sie wanderten miteinander aus Ur in Chaldäa aus, um in das Land Kanaan zu ziehen. Als sie aber nach Haran kamen, siedelten sie sich dort an. 32 Die Lebenszeit Terachs betrug zweihundertfünf Jahre, dann starb Terach in Haran. **12** 1 Der Herr sprach zu Abram: Zieh weg aus deinem Land, von deiner Verwandtschaft und aus deinem Vaterhaus in das Land, das ich dir zeigen werde. 2 Ich werde dich zu einem großen Volk machen, dich segnen und deinen Namen groß machen. Ein Segen sollst du sein. 3 Ich will segnen, die dich segnen; wer dich verwünscht, den will ich verfluchen. Durch dich sollen alle Geschlechter der Erde Segen erlangen. 4 Da zog Abram weg, wie der Herr ihm gesagt hatte, und mit ihm ging auch Lot. Abram war fünfundsiebzig Jahre alt, als er aus Haran fortzog. 5 Abram nahm seine Frau Sarai mit, seinen Neffen Lot und alle ihre Habe, die sie erworben hatten, und die Knechte und Mägde, die sie in Haran gewonnen hatten. Sie wanderten nach Kanaan aus und kamen dort an. 6 Abram zog durch das Land bis zur Stätte von Sichem, bis zur Orakeleiche. Die Kanaaniter waren damals im Land. 7 Der Herr erschien Abram und sprach: Deinen Nachkommen gebe ich dieses Land. Dort baute er dem Herrn, der ihm erschienen war, einen Altar. 8 Von da brach er auf zum Bergland östlich von Bet-El und schlug sein Zelt so auf, dass er Bet-El im Westen und Ai im Osten hatte. Dort baute er dem Herrn einen Altar und rief den Namen des Herrn an. 9 Dann zog Abram immer weiter, dem Negeb zu. (Gen 11,27–12,9)

Abram ist eingebunden in einen Lebensstrom, den seine Abstammungslinie nachzeichnet (Gen 11,27–32). Ausgangspunkt ist sein Land, seine Verwandtschaft, sein Vaterhaus. Zu ihm gehört aber vor allem Sarai, seine Frau (Gen 11,29). Ihr kommt eine partnerschaftliche Rolle zu. Die Genesis sieht Abram und Sarai auf Augenhöhe. Die beiden stehen zusammen für die Weitergabe des Segens Gottes. Doch zunächst heißt es, dass Sarai unfruchtbar war (Gen 11,30). Abram und Sarai sind kinderlos. Das ist ein hartes Los. Die Bibel gewährt keinen Einblick in das Seelenleben dieses Paares. Doch so viel steht fest: Kinderlosigkeit war für Nomadenfamilien eine große Katastrophe. Wo die Geschlechterfolge unterbrochen ist, wird das Leben zerbrochen. Zum Erfassen der Anfangssituation dieser Erzählung gehört es, sich zu vergegenwärtigen, was es für einen Mann wie Abram bedeutet, mit einer unfruchtbaren Frau verheiratet zu sein – und was es für eine Frau wie Sarai zu durchleiden gab, wenn sie in und vor einem patriarchalischen Sippenverband feststellen musste, kinderlos zu bleiben. Ihr Dilemma ruft nach Gottes Handeln, das sich jeder menschlichen Verfügung entzieht. Auf den Prüfstand kommen die Echtheit und die Kraft seines Segens. An der Lebensnot Sarais und Abrams baut sich die Spannung von Verheißung und Erfüllung auf dem Weg mit Gott auf.[44]

Gen 11,31 fügt noch etwas anderes hinzu. Dort ist von einem Weg der Familie Abrams die Rede, der seinen Ausgang in der uralten, seit Jahrtausenden bewohnten Kulturstadt Ur in Chaldäa, im Zentrum des babylonischen Reiches, nahm und eigentlich nach Kanaan führen sollte, jedoch im Obermesopotamischen Haran ein abruptes Ende fand. Mithilfe solcher Itinerare haben die umherziehenden Nomaden die Stationen ihrer Wanderschaft den nachkommenden Generationen überliefert. Die Bibel schweigt über die Umstände der endlosen Wanderung. Die Sippe bleibt jedenfalls in Haran. Es fällt in diesem Zusammenhang auf, dass zu Beginn der Abrahamsgeschichte nicht allein der durch die Unfruchtbarkeit Sarais bedingte Riss in der Geschlechterfolge steht, sondern auch der – durch die einstweilige Sesshaftigkeit in Haran angezeigte – Bruch des Unterwegsseins nach Kanaan. Das Fortleben in der Geschlechterfolge stünde für Lebenssinn, der Aufbruch und das Unterwegssein für jenen Lebensraum, in dem sich Lebenssinn verwirklicht.[45] Beides fehlt nun. Am Beginn der Abrahamserzählung liegt ein Scherbenhaufen.

Das erste Wort, das Gott an Abraham richtet, lautet: „Zieh weg aus deinem Land, von deiner Verwandtschaft und aus deinem Vaterhaus." (Gen 12,1) Äußerst knapp wird ihm das gesagt. Aber in diesem Wort ist das uralte Menschheitsbild für das Leben des Menschen und seine Entwicklung eingewoben: Der Weg. Immer wieder verwendet die Bibel dieses Bild: die wandernden Väter, das wandernde Gottesvolk, der wandernde Jesus, der wandernde Paulus. Mit Abraham beginnt etwas Neues. Wenn jemand Neues erleben soll, muss er sich bewegen, muss er losziehen.[46] Es gab zwar zur Entstehungszeit der Genesis noch keinen Heimatbegriff nach heutigem Verständnis. Der etablierte sich erst mit relativer Sesshaftigkeit ursprünglicher Nomadenvölker.[47] Dennoch jongliert sie der Sache nach mit diesem Topos und erzählt von Anbeginn an Flucht- und Vertreibungsgeschichten, um eine theologische Linie zu entwickeln. Denn in der Linie von Adam zu Kain gab es eine tödliche Sackgasse, die im Tiefsten im Bruch des Geschöpfes mit seinem Schöpfer begründet ist. Diese Sackgasse wird nun mit Abram und Sarai zu einem neuen und offenen Weg. Gott erwählt Abram und lässt mit seinem Aufbruch eine Segensgeschichte für alle Menschen beginnen.

Nur vordergründig erzählen die Kapitel der Genesis, dass Abraham in das Land ziehen soll, in dem seine große Nachkommenschaft, Israel, heranwachsen wird. Seit dem Frühjudentum hat man – in der Perspektive des Exils – mehr aus ihnen herausgelesen: Einst lebte Abram im Kernland Babylons, jener Großmacht also, von der Israel später zerschlagen und ins Exil zerstreut werden wird. Er war der Erste, so sah es das Frühjudentum, der zum Glauben an den einen und einzigen Gott Israels gerufen wurde. Im späteren Feindesland war deshalb kein Leben mehr für ihn möglich. Wer nämlich den Gott Israels verehren will, muss raus aus seinem bisherigen Lebensraum. Sonst kann er die Wirkmacht dieses Gottes nicht erfahren. „Alles muss er neu lernen – woher die Gabe und die Kräfte des Lebens kommen, wie in der Sprache sich die Vorstellungswelt spiegelt, wie der lebendige Gott verehrt sein will, wie der Glaube an ihn bestanden sein will auf den Wegen des Alltags."[48] Die Abrahamsgeschichte ist gerade als Glaubensgeschichte eine besondere Fluchtgeschichte.

Abram wird die Kulturmetropole Ur in Chaldäa gegen die ländliche Schlichtheit Kanaans tauschen. Was das für ihn bedeutet, zeigt sich nicht gleich am Anfang, sondern erst später. Das Zeichen liegt in der Zukunft.[49] In Gen 13,14f. wird Adonai zu Abraham sagen: „Erhebe deine Augen, und sieh nach dem Ort, wo du stehst, nach Norden und Süden, nach Osten und Westen: Denn das ganze Land, das du siehst: Ich will es dir geben." Den Verlust von Heimat und Sicherheit soll Abraham ersetzt bekommen durch unendlichen Segen: „Ich werde dich zu einem großen Volk machen, dich segnen und deinen Namen groß machen." (Gen 12,2) Das ist die Zusage Gottes. Sie fällt ebenso konkret wie unvorstellbar aus. Viermal findet sich in Gen 12,2f. das Verbum „segnen", einmal das Substantiv „Segen". Dadurch wird angezeigt, wie unermesslich Adonais Segen für Abram ist.[50] Er umfasst eine doppelte Verheißung. Zunächst geht es um Land, um Boden unter den Füßen, um einen Ort, von dem man nicht vertrieben werden kann. Dazu gehören auch Besitz und Unabhängigkeit (vgl. Gen 13,2). Doch dann geht es um Nachkommenschaft. Dem kinderlosen Paar wird eine unvorstellbare Zukunft eröffnet. Es ist das Geschenk des Lebens selbst. Der Segen Gottes verändert alles. Er bringt die Wüste zum Blühen, macht aus Enge Weite, aus Verzagtheit Mut, aus Trauer Freude.

Am Anfang der Geschichte steht der Vertrauensglaube Abrams, der modellhaft verstanden wird. Er „glaubt dem Herrn" (Gen 15,6) – und bricht einfach auf. Ohne Wenn und Aber. Alles bewegt sich in der Spannung von Hoffnung und Verzweiflung und kontrastiert die Haltung Adams und Evas (Gen 3,6).[51] Die Bibel notiert das seltsamerweise nur knapp. Dabei ist alles spektakulär: Das Herauslösen aus dem Sippenverband war für Nomaden üblicherweise keine Option. Die Antwort, zu der Abram sich durchgerungen hat, erweist sich vor diesem Hintergrund als das, was sie ist: Einsatz der ganzen Person. Abram macht sich selbst zu einem umherziehenden Fremdling. Mehr als an den Routen, die Abram wählt, zeigt sich die Genesis an seiner Begleitung interessiert: Abram nahm seine Frau Sarai mit, seinen Neffen Lot und all ihre Habe, die sie sich erworben hatten, und die Knechte und Mägde, die sie in Haran gewonnen hatten (Gen 12,5). Was hier erzählt wird, ist eine echte Fluchtgeschichte, keine Urlaubssaga. Es geht um einen wirklichen Aufbruch, um das buchstäbliche Abbrechen der Zelte.

Abram erreicht Kanaan. Aber das Land wird ihm nicht zur Heimat. Er bleibt ein geduldeter Fremder. Keine Spur von Integration: Abram meidet die Städte, lernt ihre Kultur nicht kennen, wird weder zum Einheimischen noch zum Bürger. Ob er die Sprache des neuen Landes spricht? Die Bibel schweigt vornehm. Das Land, das Gott Abram zeigen wollte, ist keine neue Heimat. Stattdessen ist vom „Land seiner Fremdlingsschaft" (Gen 17,8) die Rede. Seine Grenzen sind fließend. In früherer Zeit wurde vermutlich vor allem das westjordanische Gebirge als Kanaan bezeichnet, später verstand man darunter das ganze Westjordanland, das im 13. Jahrhundert v. Chr. schon die ägyptische Provinz Kanaan gebildet hatte.[52] Der seines Weges ziehende Abraham, der keine bleibende Stätte sein eigen nennen kann, entspricht der geschichtlichen Wirklichkeit der Erzväter als Wanderhirten.[53] Was sagt das aus? Schaut man in die Kommentare, ist das Fazit eindeutig. Abram macht hier die alles entscheidende Erfahrung, dass letztlich nur Gott die einzig mögliche Heimat eines Menschen sein kann.

Seine erste Station ist ein Heiligtum in der Nähe von Sichem (Gen 12,6), jener alt-ehrwürdigen, schon vom vierten Jahrtausend v. Chr. an besiedelten Stadt. Josua hatte hier die Stämme Israels auf die Verehrung Jahwes verpflichtet (vgl. Jos 24). Einer vor den Toren der Stadt gewachsenen Eiche wurde offenbar die Fähigkeit zugetraut, prophetische Weisung zu erteilen.[54] Wenn Abram dieses Heiligtum aufsucht, dann vermutlich deshalb, weil er annahm, Gott werde ihn am ehesten an einem berühmten Heiligtum weiter instruieren.[55] Gen 12,7 hält fest, dass es dort tatsächlich zu einer weiteren Gottesbegegnung Abrams kam, die der berühmte Migrant als starke Ermutigung und klare Bestätigung aufgenommen haben wird: „Deinen Nachkommen gebe ich dieses Land.“ Wen wundert es, dass Abram dort einen Altar errichtete?

Von dort zieht er weiter zum efraimitischen Gebirge, in die Gegend östlich von Bet-El, näherhin gelegen zwischen Bet-El im Westen und Ai im Osten (Gen 12,8). Auch hier errichtet er einen Altar. Doch Adonai schweigt. Vielleicht ist Abram enttäuscht, möglicherweise quält ihn sogar die Erfahrung der Verborgenheit Gottes, die alle Menschenwege nur noch schwerer macht. Gen 12,9 notiert schlicht und ergreifend, dass Abram weiterzieht – dem Negeb entgegen. Die Bibel scheint hier vor allem von der Frage bewegt zu sein, wie Abram seine Gottesbeziehung ins Leben bringt und wirksam werden lässt. Der Autor des neutestamentlichen Hebräerbriefes zeigt sich jedenfalls schwer beeindruckt: „Aufgrund des Glaubens gehorchte Abraham dem Ruf, fortzuziehen in ein Land, das er zum Erbe erhalten sollte, und er zog weg, ohne zu wissen, wohin er kommen würde.“ (Hebr 11,8)

Nach einer Zeit unsteten Wanderns durch Kanaan kommt, als wäre alles nicht schon schwer genug, noch eine Hungersnot über das Land. Abram hat begründete Angst um sein Leben und das Leben seiner Familie. Ihm bleibt nur die erneute Flucht. Also zieht er „hinab nach Ägypten, um dort zu bleiben“ (Gen 12,10).

Die Gefährdung Sarais

Von Hungersnöten ist im Alten Testament häufig die Rede. Sie gehören zur alltäglichen Erfahrung der biblischen Erzähler. Hungersnöte wurden in der Regel durch fortwährende Dürren verursacht. Besonders zu leiden hatten darunter vor allem auch die Nomaden, die für ihr Vieh keine Vorräte anlegen konnten. Nach der Notschlachtung ihres Viehs drohten sie oft selbst zu verhungern. Für Wanderhirten im Süden Israels bot sich als Zufluchtsort besonders das wasserreiche Nildelta mit seinen üppigen Weidelandschaften an. Ägyptische Zeugnisse belegen die Einwanderung hungernder Nomaden in Wort und Bild.[56] Doch so plausibel das Ziel auch erscheinen mag, so gefährlich war die Realisierung des Vorhabens. Denn die Flucht eines in jeder Hinsicht ungeschützten ausländischen Nomaden (wie Abram) in ein von der Stadtkultur geprägtes Land (wie Ägypten) konnte zuletzt das Leben kosten. Der Fortgang der Erzählung deutet das an.

Ein rechtloser Flüchtling ist Abram. Wegen der auffälligen Schönheit seiner Frau (Gen 12,11) muss er fürchten, eines Tages von einem Lüstling getötet zu werden (Gen 12,12). Also greift er zu einer Notlüge und gibt sich als Bruder Sarais aus. Es kommt, wie es kommen muss: Der Pharao umwirbt Abram mit Geschenken und lässt Sarai in seinen Harem bringen. Abram sieht sich in seiner Angst bestätigt – und ahnt wohl längst, dass das waghalsige Täuschungsmanöver ebenso wie die fahrlässig bereitwillige Annahme der herrschaftlichen Geschenke dazu führen wird, Sarai preisgeben zu müssen. Die Schwere seiner Schuld steht Abram vor Augen. Aber er scheint keinen Ausweg zu sehen, wie seine Frau und er heil davonkommen könnten. Man wird diese Verse vielleicht nicht zur Gänze ohne Humor zu lesen haben. Denn kaum ohne Augenzwinkern schildert die Genesis den großen Machthaber Ägyptens. Es handelt sich um einen lüsternen „Dandy", von deren Sorte die Geschichte zuvor und danach weiß Gott viele hervorgebracht hat. Macht und Verkommenheit sind Geschwister. Fast scheint es so, als habe die Genesis hier en passant einen Gewissenskompass für politische und gesellschaftliche Leader eingewoben. Wie dem auch sei: Hätte Gott nicht eingegriffen und den Pharao – nicht eben zimperlich – zum Nachdenken gebracht (Gen 12,17), wäre sein Segen ins Leere gelaufen. Den Kommentatoren scheint der Atem zu stocken. Sie überschütten Abram mit Kritik: Ein selbstsüchtiger Feigling sei er, der sein Weib der Lüsternheit eines fremden Fürsten preisgibt und aus dem schmutzigen Handel auch noch Nutzen zieht[57]; sein Leben habe er mehr geliebt als seine Ehre.[58] Nicht einmal die *Geistliche Schriftlesung* plädiert auf mildernde Umstände[59]: „Alles ist infrage gestellt, was Jahwe an Abraham zu erfüllen verheißen hatte. Damit hat sich der furchtsame, alles berechnende, auf sein eigenes Überleben bedachte Erzvater nur scheinbar klug, in Wirklichkeit aber höchst leichtfertig und fahrlässig verhalten". Muss man die Moralkeule schwingen? Über Handlungen von Menschen in Not? Es gibt auch Fürsprecher. Die frühjüdische Literatur übernimmt Abrams Verteidigung: Sarai sei schließlich dem Abram geraubt worden (vgl. Jub XIII,14), und er habe, nachdem sie geraubt wurde, zu Adonai gebetet, Sarai vor Entehrung zu schützen (GenApoc XX 11–16). Wie man es dreht und wendet: Abram ist kein Held. Aber Gott ist einer. Er schlägt den Pharao mit Plagen. Die Bibel erspart hier die Details.

Was folgt, ist nicht gerade ein ruhmreicher Abgang Abrams von der Bühnenwelt Ägyptens. Der Pharao spricht jenen Vorwurf aus, der eigentlich Adonai vorbehalten wäre: „Warum hast du nicht gesagt, dass sie deine Frau ist? Warum hast du behauptet, sie sei deine Schwester, sodass ich sie mir zur Frau nahm?" (Gen 12, 18f.) Der Herrscher hat offenkundig einen wachen Blick für die Zusammenhänge zwischen den schweren Plagen, die ihn trafen, und der Trickserei Abrams: „Was hast du mir da angetan?" (Gen 12,18) Schlimmere Strafaktionen lägen durchaus im Bereich des Denk- und Erwartbaren. Möglicherweise fehlt dem Pharao dazu inzwischen das nötige Quantum Mut, weil er vielleicht längst ahnt, dass eine höhere Macht die Hände im Spiel hat. So folgt das Nächstliegende: Der Pharao schmeißt Abram raus. „Da hast du deine Frau wieder, nimm sie, und geh!" (Gen 12,19) Abram bekommt eine Eskorte. Sie ist das Gegenteil von einem Ehrengeleit! Eher eine kontrollierte Abschiebung. Wenn ihm der Pharao trotz allem seine Habe lässt, dann wohl nur im Hinblick auf Adonai, der sich zum Vorteil Abrams als mächtig erwiesen hat, sogar den übermächtigen Herrscher Ägyptens in die Knie zu zwingen. Die Fluchtgeschichte geht indes weiter. Freilich unter veränderten Vorzeichen.

Abram trennt sich von Lot

Von Ägypten zog Abram in den Negeb hinauf, er und seine Frau mit al-
lem, was ihm gehörte, und mit ihm auch Lot. 2 Abram hatte einen sehr
ansehnlichen Besitz an Vieh, Silber und Gold. 3 Er wanderte von einem
Lagerplatz zum andern weiter, vom Negeb bis nach Bet-El, bis zu dem Ort,
an dem anfangs sein Zelt gestanden hatte, zwischen Bet-El und Ai, 4 dem
Ort, wo er früher den Altar erbaut hatte. Dort rief Abram den Namen des
Herrn an. 5 Auch Lot, der mit Abram gezogen war, besaß Schafe und Zie-
gen, Rinder und Zelte. 6 Das Land war aber zu klein, als dass sich beide
nebeneinander hätten ansiedeln können; denn ihr Besitz war zu groß,
und so konnten sie sich nicht miteinander niederlassen. 7 Zwischen den
Hirten Abrams und den Hirten Lots kam es zum Streit; auch siedelten da-
mals noch die Kanaaniter und die Perisiter im Land. 8 Da sagte Abram zu
Lot: Zwischen mir und dir, zwischen meinen und deinen Hirten soll es
keinen Streit geben; wir sind doch Brüder. 9 Liegt nicht das ganze Land
vor dir? Trenn dich also von mir! Wenn du nach links willst, gehe ich
nach rechts; wenn du nach rechts willst, gehe ich nach links. 10 Lot blick-
te auf und sah, dass die ganze Jordangegend bewässert war. Bevor der
Herr Sodom und Gomorra vernichtete, war sie bis Zoar hin wie der Gar-
ten des Herrn, wie das Land Ägypten. 11 Da wählte sich Lot die ganze Jor-
dangegend aus. Lot brach nach Osten auf, und sie trennten sich vonein-
ander. 12 Abram ließ sich in Kanaan nieder, während Lot sich in den Städ-
ten jener Gegend niederließ und seine Zelte bis Sodom hin aufschlug.
13 Die Leute von Sodom aber waren sehr böse und sündigten schwer ge-
gen den Herrn. 14 Nachdem sich Lot von Abram getrennt hatte, sprach
der Herr zu Abram: Blick auf und schau von der Stelle, an der du stehst,
nach Norden und Süden, nach Osten und Westen. 15 Das ganze Land
nämlich, das du siehst, will ich dir und deinen Nachkommen für immer
geben. 16 Ich mache deine Nachkommen zahlreich wie den Staub auf der
Erde. Nur wer den Staub auf der Erde zählen kann, wird auch deine Nach-
kommen zählen können. 17 Mach dich auf, durchzieh das Land in seiner
Länge und Breite; denn dir werde ich es geben. 18 Da zog Abram mit sei-
nen Zelten weiter und ließ sich bei den Eichen von Mamre in Hebron nie-
der. Dort baute er dem Herrn einen Altar. (Gen 13,1–18)

Abram ist wieder en route. Es ist derselbe Weg in umgekehrter Richtung. Wie er nach Ägypten hinabgezogen war, so geht er nun hinauf in den Negeb (Gen 13,1). Beim Abstieg ist Abram von Hunger und Todesangst gequält, beim Aufstieg zurück in das Land der Verheißung ist er zusammen mit seiner Frau in Sicherheit. Die Bibel hält außerdem ausdrücklich fest, dass er nun einen „ansehnlichen Besitz an Vieh, Silber und Gold“ hat (Gen 13,2). Pharao lässt grüßen. Für den Kirchenlehrer Johannes Chrysostomos (345–407 n. Chr.) war der Aufenthalt Abrams in Ägypten deshalb eine „Prüfung und Versuchung“, aus der er „gestärkt und gefestigt“ hervorging (Chrys., hom. 32 in Gen). Der Kirchenlehrer Hieronymus deutet den Reichtum Abrams hingegen negativ. Er verweist auf den hebräischen Urtext: „Abraham war sehr schwer“ und erkennt eine moralische Last, die aus Ägypten stammt (Hier., quaest. Hebr. in gen. 13, 1–4). Wie man es dreht und wendet: Die biblische Erzählung scheint hier zu jonglieren mit einem Wissen von den Spielarten des Lebens. Mit allem, was er hat, kehrt Abram zurück an den Ort, von dem er ausgezogen war. Er zieht noch einmal nach Bet-El, zu jenem Altar, den er errichtet hatte, ohne dass ihm eine Gottesbegegnung zuteil wurde. Dort ruft er von Neuem den Namen des Herrn an (Gen 13,4). Abrams Hoffnung ist unerschütterlich. Ägypten ist Episode.

An diesem Ort entzündet sich ein Streit zwischen den Hirten Abrams und denen seines Neffen Lot. Konflikte unter Nomaden um die begehrtesten Weideplätze dürfen als einigermaßen alltäglich gelten. Auch Lot verfügt über ansehnliche Herden (Gen 13,5), und das Land ist nicht groß genug (Gen 13,6). Die Bibel hält die Erzählung hier überraschenderweise straff am Zügel. Dabei ereignet sich doch Bemerkenswertes. Der alte Menschheitsstreit ums Überleben wird nicht bis aufs Messer geführt. Das entscheidende Argument Abrams lautet: „Wir sind doch Brüder!“ (13,8) Es gibt Größeres als das Recht des Stärkeren. Abram teilt den Segen mit Lot – und überlässt ihm das Gebiet, das schön „wie der Garten des Herrn“ und fruchtbar „wie das Land Ägypten“ war (Gen 13,10), während er für sich selbst wählt, was übrig bleibt: das mühsam zu bebauende judäische Bergland.[60] Lot nimmt Abrams Vorschlag an. So trennten sie sich voneinander (Gen 13,11). Als Abram zurückbleibt, bekräftigt Adonai die Verheißung: „Blick auf und schau von der Stelle, an der du stehst, nach Norden und Süden, nach Osten und Westen – das ganze Land, das du siehst: Dir und deinen Nachkommen will ich es geben!" (Gen 13,14f.) Zum ersten Mal bekommt Abram das Versprechen, dass auch er das Land bekommt und nicht erst die Seinen (vgl. Gen 12,7). Im selben Atemzug wird ihm aber auch eine unvorstellbar große Nachkommenschaft verheißen, zahlreich wie der Staub der Erde (Gen 13,16). Land und Leute. Alles ist im Blick auf Israel formuliert. Adonai fordert Abram auf, die ganze Gegend in seiner Länge und Breite zu durchschreiten. Im Hintergrund steht ein alter rechtssymbolischer Ritus, durch den übereigneter Boden rechtsgültig in Besitz genommen wird.[61] Die beiden Zusagen Adonais sind ebenso groß wie unermesslich. Die Gegenwart Abrams steht in schmerzlicher Spannung zu der Zukunft, die sich ihm von Gott her eröffnet und erschließt. Auffällig ist, dass das Leben in dieser Fülle Abram erst zugesagt wird, nachdem er sich über das normale Maß an Fairness hinaus von Lot getrennt hat. Offenbar korrespondiert die Segensverheißung mit der Beweglichkeit, die Abram so für seinen Weg mit Gott und auf ihn hin zurückgewonnen hat.[62]

Erneut bricht er auf und geht – noch immer fremd in diesem Land – südwärts bis nach Hebron. Bei den Eichen von Mamre lässt er sich nieder und errichtet wiederum einen Altar für den Herrn (Gen 13,18). Abram bleibt unterwegs in der Verheißung. Dazu gehört auch, dass ihn immer wieder Zweifel überwältigen. Der Rastlosigkeit entspricht die Ruhelosigkeit. Was ihn am meisten quält, ist die realistische Aussicht eines Lebens ohne Kinder. Für Abram und Sarai bedeutet das Leben ohne Zukunft, „Leben ohne Leben"[63]. Doch Gott schenkt ihm Schritt für Schritt, Meter um Meter und je neu eine Horizonterweiterung.

Erneute Verheißung an Abram

Adonai sagt sich dem heimatlosen Abram erneut zu: „Fürchte dich nicht, Abram, ich bin dein Schild. Dein Lohn wird sehr groß sein." (Gen 15,1) Doch der, so hat es den Anschein, ist durch den Pas-de-deux von Hoffnung und Enttäuschung müde geworden und reichlich desillusioniert: „Herr, mein Herr, was willst du mir schon geben? Ich gehe doch kinderlos dahin [...]. Du hast mir ja keine Nachkommen gegeben, also wird mich mein Haussklave beerben." (Gen 15,2f.) Er, der bis dato nichts anderes hat als das ein halbes Dutzend Mal wiederholte, doch offenkundig vage Versprechen, Vater eines leiblichen Sohn zu sein; Er, der fern der Heimat unterwegs ist im Niemandsland der Wüste, will nicht länger ins Ungefähre hinein glauben. Umgekehrt scheint Adonai das Verhalten Abrams anzurühren. Und der Lebendige legt nach: „Dein leiblicher Sohn wird dein Erbe sein!" (Gen 15,4) Und verspricht ihm die Fülle des Himmels in die Hand hinein: „Sieh doch zum Himmel hinauf und zähl die Sterne, wenn du sie zählen kannst. So zahlreich werden deine Nachkommen sein!" (Gen 15,5) Und wieder glaubt Abram dem Wort des Herrn und lässt sich von ihm die Zukunft eröffnen – gegen allen Anschein und gegen jede Plausibilität. So löst er sich aus jeder noch verbliebenen Selbstsicherheitsreserve heraus und setzt stattdessen alles auf die Karte von Glaube, Hoffnung und Liebe. Bis heute gilt Abraham als der Vater aller Glaubenden. Hier verdichtet sich das Etikett zur Wahrheit seines Lebens. Abram wird durchglüht von der Gewissheit, dass Gott treu ist. So kann er sich weiterhin auf den Weg machen.[64]

Sarai und Hagar

In der Folge erzählt die Genesis immer neu, wie Abrams (und Sarais) Gedanken um Hoffnung auf Nachkommenschaft kreisen. Dafür schickt Sarai ihn sogar zu ihrer Magd Hagar (16,1–4).

Menschlich, allzu menschlich sind offenbar beide bereit, der göttlichen Vorsehung auf die Sprünge zu helfen. Aus der Perspektive Hagars gesehen ist die Verheißungsgeschichte Abrams eine Geschichte von Zumutung und Entwürdigung. Man sollte nicht zu schnell der Versuchung erliegen, diesen Aspekt aus der Bibel herauskürzen, weil die Geschichte des Lebens als solche eben immer auch eine Geschichte menschlicher Abgründigkeit und Unzulänglichkeit ist. So kommt es zu einer neuen Fluchtgeschichte in der Fluchtgeschichte Abrams:

Wegen ihrer Kinderlosigkeit, die zunehmend gesetzt erscheint, und angesichts ihrer daraus resultierenden schwierigen Situation in den Kontexten des Sippenverbandes ergreift Sarai die Initiative, um stellvertretend durch ihre Magd zu einem Kind zu kommen. Gegenwärtig würde man vermutlich vom Instrument der Leihmutterschaft sprechen. Abram stimmt zu und erfüllt, was Sarai von ihm verlangt. Was umgekehrt Abram in Ägypten von Sarai verlangte, wird hier dem Buchstaben nach nicht einmal ansatzweise gegengerechnet. Und doch steht es im Raum. Als der Plan Sarais aufzugehen scheint, kommt es zu einer auf den Tod gehenden Rivalität der beiden Frauen. Hagar merkt, dass sie schwanger ist, und schaut deshalb auf Sarai hinab (Gen 16,4f.). Diese muss um ihre Existenz fürchten und beschwert sich lautstark beim Familienoberhaupt. Abram jedoch hält in Treue zu ihr. Damit ist allerdings das Schicksal Hagars besiegelt. Sarai behandelt die Schwangere so hart, dass sie eines Tages in die Wüste hinaus flieht (Gen 16,6). Hier ist ihr Leben chancenlos. Die weglose Wüste ist kein Ort zum Leben für eine geflohene schwangere Frau!

In Richtung Schur – bezeichnenderweise an einer Wasserquelle – begegnet ihr ein Bote Gottes, der ihr Geschick verändert, weil er die Parameter auf Leben setzt. Der Bote rät, mehr noch: er befiehlt Hagar, wieder zurückzukehren. Und auch ihr wird eine große Verheißung zuteil: Sie soll Stammmutter eines beachtlichen Volkes werden (Gen 16,10). Sie wird einen Sohn gebären und soll ihm den Namen geben, der einholt, was sie in Wüstennot erfahren hat: Ismael – Adonai hat gehört (Gen 16,11). Dieser werde „ein wilder Mensch" sein und viele Nachkommen haben. Gottes Wirkmacht vermag auch das heiligend zu umfassen, was durch Ungeduld, Manipulation und Glaubenszweifel entsteht. Aber diese Zusage hat für Hagar einen hohen Preis: Sie muss zurück und sich von Neuem in die Gewalt ihrer Herrin begeben.[65]

Der Fokus der Erzählung richtet sich wieder auf Abram. An seiner Situation hat sich nichts Wesentliches geändert. So will es vom biblischen Erzählduktus her jedenfalls scheinen. Verblüffenderweise! Denn es hat sich ja doch Entscheidendes geändert: Abram ist Vater geworden. Ismael ist sein leiblicher Sohn. Doch Adonais Verheißung reicht weiter. Sie will auch eine Verheißung für Sarai sein. Gen 17 lotet das aus.

Gottes Bund mit Abraham

Noch einmal erscheint Gott dem Abram, allerdings kommt es nicht zu einer weiteren göttlichen Absichtserklärung, sondern jetzt ist die Stunde des Bundes, den Adonai stiftet zwischen ihm und dem bis dato heimat- und zukunftslosen Abram (Gen 17). Der Gottesbund hat drei entscheidende Säulen. Sie stützen die eine große Verheißung Jahwes: „Ich will dich sehr zahlreich machen" (Gen 17,2); „Ich mache dich sehr fruchtbar und lasse Völker aus dir entstehen; Könige werden von dir abstammen" (Gen 17,6); und schließlich: „Dir und deinen Nachkommen gebe ich ganz Kanaan, das Land, in dem du als Fremder weilst, für immer zu eigen" (Gen 17,8). Die Verheißungs- und Erzähllinien, die die gesamte Abramsgeschichte durchziehen, werden hier zusammengebunden: Der kinder- und zukunftslose Abram wird Stammvater vieler Völker. Der rastlos umherziehende Fremdling findet Land und Heimat. Die letzte Bundesansage ist grundlegend: Das Geschenk von Land und neuer Heimat, von Bleibe und Sicherheit ermöglicht allererst ein zukünftiges Leben in Freiheit unter der Herrschaft Gottes.

Abram bekommt einen neuen Namen. Jetzt heißt er Abraham, Vater der Menge (Gen 17,5). Und auch Sarai erhält einen neuen Namen, sie heißt nun Sara. Gesegnet soll sie sein und Abraham einen Sohn gebären (Gen 17,15f.). Der biblische Text spielt mit dem Alter der beiden. So wird das unermesslich Wunderbare und unglaublich Großartige des Heilshandelns Gottes nur noch deutlicher hervorgehoben. Die Namensänderung markiert ein neues Leben. Von nun an wandeln Abraham und Sara in der Zukunft Gottes.

Hoher Besuch bei Abraham

1 Der Herr erschien Abraham bei den Eichen von Mamre. Abraham saß
zur Zeit der Mittagshitze am Zelteingang. 2 Er blickte auf und sah vor sich
drei Männer stehen. Als er sie sah, lief er ihnen vom Zelteingang aus ent-
gegen, warf sich zur Erde nieder 3 und sagte: Mein Herr, wenn ich dein
Wohlwollen gefunden habe, geh doch an deinem Knecht nicht vorbei!
4 Man wird etwas Wasser holen; dann könnt ihr euch die Füße waschen
und euch unter dem Baum ausruhen. 5 Ich will einen Bissen Brot holen,
und ihr könnt dann nach einer kleinen Stärkung weitergehen; denn des-
halb seid ihr doch bei eurem Knecht vorbeigekommen. Sie erwiderten:
Tu, wie du gesagt hast. 6 Da lief Abraham eiligst ins Zelt zu Sara und rief:
Schnell drei Sea feines Mehl! Rühr es an und backe Brotfladen! 7 Er lief
weiter zum Vieh, nahm ein zartes, prächtiges Kalb und übergab es dem
Jungknecht, der es schnell zubereitete. 8 Dann nahm Abraham Butter,
Milch und das Kalb, das er hatte zubereiten lassen, und setzte es ihnen
vor. Er wartete ihnen unter dem Baum auf, während sie aßen. 9 Sie frag-
ten ihn: Wo ist deine Frau Sara? Dort im Zelt, sagte er. 10 Da sprach der
Herr: In einem Jahr komme ich wieder zu dir, dann wird deine Frau Sara
einen Sohn haben. Sara hörte am Zelteingang hinter seinem Rücken zu.
11 Abraham und Sara waren schon alt; sie waren in die Jahre gekommen.
Sara erging es längst nicht mehr, wie es Frauen zu ergehen pflegt. 12 Sara
lachte daher still in sich hinein und dachte: Ich bin doch schon alt und
verbraucht und soll noch das Glück der Liebe erfahren? Auch ist mein
Herr doch schon ein alter Mann! 13 Da sprach der Herr zu Abraham: Wa-

rum lacht Sara und sagt: Soll ich wirklich noch Kinder bekommen, obwohl ich so alt bin? [14] Ist beim Herrn etwas unmöglich? Nächstes Jahr um diese Zeit werde ich wieder zu dir kommen; dann wird Sara einen Sohn haben. [15] Sara leugnete: Ich habe nicht gelacht. Sie hatte nämlich Angst. Er aber sagte: Doch, du hast gelacht. [16] Die Männer erhoben sich von ihrem Platz und schauten gegen Sodom. Abraham wollte mitgehen, um sie zu verabschieden. [17] Da sagte sich der Herr: Soll ich Abraham verheimlichen, was ich vorhabe? [18] Abraham soll doch zu einem großen, mächtigen Volk werden, durch ihn sollen alle Völker der Erde Segen erlangen. [19] Denn ich habe ihn dazu auserwählt, dass er seinen Söhnen und seinem Haus nach ihm aufträgt, den Weg des Herrn einzuhalten und zu tun, was gut und recht ist, damit der Herr seine Zusagen an Abraham erfüllen kann. (Gen 18,1–19)

Gott, der Abraham herausgeführt hat aus seinem vertrauten Leben, lässt ihn nicht allein. Er kommt zu ihm in der Gestalt eines überraschenden Besuchs, eines Besuchs in drei Gestalten. Gott bringt sich Abraham erneut, zugleich unerwartet in Erfahrung, und zwar in dem Land, das nunmehr seine Heimat werden soll. Aus der Verheißungsgeschichte wird eine Erfüllungsgeschichte.

Wie eine kostbare Miniatur wirkt Gen 18 im Reigen der Erzählung. Die Leserinnen und Leser werden eingeführt in den stillen Raum des einfachen Nomadenlebens: Die Hitze, das Zelt, die Eichen, Abraham, Sara und ein Bediensteter. Abraham sitzt in der Mittagshitze im Schatten seines Zelteinganges (Gen 18,1). Es scheint, dass er kein Anzeichen der Erfüllung sieht. Doch alles beginnt mit seinem Aufblick (Gen 18,2). Daraufhin gibt es sein Entgegengehen. Abraham ist gastfreundlich. Er bereitet alles im Übermaß. Die Kultur der Gastfreundschaft von Nomaden nimmt nicht zuerst das Materielle in den Blick, sondern ist auf den Menschen als solchen bezogen. Sie wird gepflegt für denjenigen, der sie benötigt – wie hier für die drei Männer in der brütenden Mittagshitze.[66] In dieser Gastfreundschaft Abrahams öffnet sich ein Raum, in dem Gott selbst sich in Erfahrung bringen kann.[67]

Die drei Männer, die Abraham zu Gast hat, erweisen sich recht bald als Repräsentanten Jahwes. Mit der Frage, wo Sara sei, rühren sie an der Lebensfrage Abrahams. Die beiden sind uralt und mussten ihre Hoffnung auf ein gemeinsames Kind längst begraben haben. Doch jetzt wird ihnen die Geburt eines Sohnes verheißen, nicht zum x-ten Mal, sondern konkret: Nächstes Jahr wird das Kind geboren sein (Gen 18,10). Erstmals erfährt Abraham ein handfestes Signal, dass er dem Ziel seiner Wanderschaft nahe ist. Der unscheinbare Besuch ist unendlich achtsam und schöpferisch. Indem er um Bewirtung bittet, beschenkt er seinen Gastgeber und lässt sich auch durch Saras enttäuschtes Lachen (Gen 18,12) nicht abbringen von seinem Ankommen, durch das die erhofften Lebensziele der Menschen neu aufleuchten.[68]

Im Gehen kommt der Besuch noch auf eine andere Lebensfrage zu sprechen: die nach dem Leben der Menschen von Sodom und Gomorra, deren Sünde zum Himmel schreit (Gen 18,20f.). Wegen des ausschweifenden Lebens ihrer Bewohner will Gott Sodom vernichten. Vielleicht stehen die Bewohner dieser Städte für die gesamte Menschheit. Dann wäre Abraham hier gefragt nach dem Verhältnis der Zusage ein Segen für viele zu sein, und seiner Sicht der anderen Menschen, die diesen Weg des Segens nicht mitgehen wollen. Indem Gott seinen Plan Abraham nicht verheimlicht (Gen 18,17), legt er diese Frage in Abraham hinein und lässt sich mit sich selbst konfrontieren in den Fragen, die Abraham nun stellt.[69] Die Position, die Abraham vertritt, ist klar: Der Segen Gottes soll kräftiger sein als sein Fluch.[70] Und er vertraut darauf, dass Gott sich anrühren lässt und seine Fürsprache erhört. Die Lebensgeschichte Abrahams wird zur Geschichte des Lebens.

Nach dieser Erzählung schaltet die Genesis eine dramatische Fluchtszene in den Verlauf der Abrahamsgeschichte ein (Gen 19). Die Szene spielt in Sodom. Gottesboten führen Lot mit Frau und Töchtern mit sanfter Gewalt – denn die Sache eilt – aus der Stadt heraus. Lots Frau möchte sich das Strafgericht Gottes anschauen, sie sieht sich gegen die Weisung der Boten um und wird zu einer Salzsäule. Nach der Flucht leben Lots Töchter mit ihrem Vater allein in einer Höhle. Es kommt zum Inzest. Alkohol spielt eine Rolle. Und geklärt wird, wie es zur Entstehung von Moabitern und

Ammonitern kam. Die jüdische Tradition rechnet Lot gleichwohl zu den Gerechten, nimmt aber an, er habe sich mit der Trennung von Abraham zugleich von Gott entfernt und sei in Sodom durch seine Gier zum Wucherer geworden. Als Grund für seine Rettung wird vermutet, dass Lot Abraham nicht verraten hat, als dieser Sarai in Ägypten vor dem Pharao als seine Schwester ausgegeben hat. Wegen seiner Verdienste sei später die Moabiterin Rut eine Nachfolgerin Lots gewesen, von der über Obed und Isai nach Darstellung des Alten Testaments der König David abstammt.

Die frühesten Bildbeispiele (Katakombe Nuova an der Via Latina, 4. Jh.) und der Lot-Sarkophag von San Sebastiano in Rom (340) zeigen den fliehenden Lot mit seinen Töchtern an der Hand, im Hintergrund das zusammenstürzende, von Flammen erfasste Sodom. Die Zeit des Barock entwickelt noch größere Freude am Drama. Peter Paul Rubens (1615) stellt dar, wie Lot und seine Familie aus dem einstürzenden Sodom fliehen. Voll Sorge blickt Lot auf seine Töchter, nicht zuletzt deshalb, weil sie das Vermögen der Familie in Händen halten.

Isaaks Geburt – Hagars und Ismaels Vertreibung

Abrahams und Saras Unglück findet eine Wende. Das 21. Kapitel der Genesis erzählt, dass Isaak, der verheißene Sohn, endlich geboren wird (Gen 21,1–3). Gott hat Wort gehalten. Die Freude ist unermesslich. Es ist in der Abrahamsgeschichte überhaupt viel vom Lachen die Rede. Nicht immer hat das einen positiven Klang. Am Ende ist es ein ausgelassenes Freudengelächter, das sich Bahn bricht. Aber nicht allen ist zum Lachen zumute. Und für eine geht die Fluchtgeschichte weiter.

Eines Tages, so wird erzählt, sieht Sara Ismael, den Stiefbruder ihres Sohnes Isaak, umherlaufen (Gen 21,9). Wieder gewinnt die Missgunst die Oberhand. Was wird eines Tages mit dem Erbe Abrahams geschehen? Wird Isaak mit dem Sohn der Sklavin teilen müssen, möglicherweise sogar leer ausgehen? Abraham, der Vater beider Kinder, soll Ismael und Hagar fortjagen – und wird in die Unheilsgeschichte hineingezogen. Wieder greift Jahwe ein: „Hör auf alles, was Sara dir sagt!" (Gen 21,12) Stellt er sich auf die Seite der Falschen? Die Bibel verneint das. Und zeigt, wie die harte Entscheidung langsam, aber sicher zu einer Segenszusage für Ismael wird. Auch er soll zu einem großen Volk werden (Gen 21,13).

Aber am Anfang steht wiederum eine Fluchtgeschichte. Wieder der Weg in die Wüste. Daran gibt es nichts zu beschönigen. Zwar stattet Abraham Hagar und ihren Sohn Ismael mit allem Nötigen aus, aber er gibt sie doch auch preis. Die Todesangst kehrt zurück (Gen 21,16). Wieder ist es Adonai, der eingreifen muss. Er hört das Schreien des Kindes und sieht die Tränen der Mutter. Er hilft, indem er seinen Boten schickt. Der öffnet der fliehenden Hagar die Augen und begründet ihre Hoffnung. Ismael soll leben. Gott steht auch an seiner Seite. Er wird ein starker Wüstensohn werden. Als ihm seine Mutter eine Frau aus Ägypten holt, eröffnet sich seine Zukunft vollends: Er wird Stammvater der Ismaeliter.

Was ist das Fazit dieser biblischen Episode? Am ehesten die Hoffnung, dass Gott ein Freund des Lebens ist. Und dass Er verlässlich ist. In Angst, in Furcht, in Trauer, Not und Verzweiflung ist der da, der auf den Weg des Lebens ruft.

Die Versuchung Abrahams

Es folgt die Geschichte, wie Abraham von Gott geprüft wird, indem er seinen lang ersehnten Sohn Isaak opfern soll. Man mag diese Erzählung mit guten Gründen schrecklich finden, aber man bringt sie um ihren Wert, wenn man sie aus dem Rahmen der Abrahamsgeschichte herauslöst. Paul Deselaers betont, dass das hebräische Wort für „prüfen" auch meint, zu versuchen, einen Sinnhorizont zu erschließen. Offenbar wird Abraham in eine Entscheidung der Freiheit gestellt, in der sein Weg neu aufleuchten kann. „Ob wir je ungeprüft heranreifen zu Menschen, die mit Gott zu handeln beginnen im Sinne seines Bundes mit uns? Was oder wer werden wir in unserem Leben, wenn wir es nicht im Gegenüber zum lebendigen Gott werden? Dahin fragt uns die Erzählung zuerst. [...] Wird also Abraham sich neu in dieses Gegenüber zu Gott hineinziehen lassen? [...] Es ist nicht irgendwer, der Stammvater Israels, mit seiner ungewöhnlichen Hörfähigkeit zu Gott hin. So ist die Prüfung tief und abgründig wie nirgends sonst im Alten Testament. Es geht um die dunkle, undurchschaubare, unergründliche Zumutung für Abraham, an der Hand Gottes weiterzugehen, obgleich er diesem Gott zurückgeben soll, was Gott ihm nach langem Warten und vielen Zumutungen gegeben hat – ein dunkler Weg in einer Zerreißprobe ohnegleichen. Wird Abraham gehen? Die Erzählung konzentriert sich auf den Weg Abrahams, auf die Kette von Schritten und Tätigkeiten. Abraham erwandert sich seine Einmaligkeit, seinen Gehorsam gegenüber Gott, Schritt für Schritt auf diesem unsäglichen Weg. Er schweigt und geht, er gehorcht. Vielleicht doch in tiefster Kommunikation mit diesem Gott? Genau das, dass Abraham nicht sich festkrallt in sein Liebstes, dass er geht – auf Gottes klares Wort hin –, dass er erneut aufbricht, obgleich er Gott selbst noch gar nicht sieht, dass er sich dem Abgrund nähert, um sich nicht von Gott zu trennen, nennt die Erzählung Gottesfurcht. Auf diese Haltung kommt es vor Gott an, sagt die Erzählung. Es ist wohl eine neue Weise des Menschseins angedeutet, in der sich entwickelt, dass ein Mensch als Lebensgrund nichts, aber auch gar nichts hat als den einen Gott, an dem er ohne jede Ausflucht festhält, wenn einmal sein Wort zu ihm gedrungen ist."[71]

Der Vater gehorcht und zieht mit dem Sohn, zwei Knechten und einem Esel, mit Feuer und Holz auf einen Berg. Isaak liegt bereits gefesselt auf dem Altar, als die Stimme Gottes Einhalt gebietet: Abraham soll einen Widder opfern, der sich in der Nähe in einem Strauch verfangen hat. Das ist mehr als nur ein Happy End. Das ist Ausdruck eines Gottvertrauens, das unendlich und wie in

Fels gehauen erscheint. Was hier anklingt, ist zugleich die leise Melodie einer göttlichen Vorsehung, auf die Menschen bauen können, selbst dort, wo sich ihnen nichts als Hoffnungs- und Trostlosigkeit in den Weg stellen will.

Die lange Abrahamsgeschichte geht zu Ende. Nach dem Tod seiner Frau erwirbt Abraham für sie eine Grabhöhle. Er heiratet noch – inzwischen weit über hundert Jahre alt – eine Frau Namens Ketura und stirbt schließlich „alt und lebenssatt". Isaak und Ismael begraben ihn dort, wo er hingehört: an der Seite seiner Frau Sara.

IV.
„Mach dich auf den Weg und flieh“
(Gen 27,43)

Jakobs Flucht nach Haran

Die Jakobserzählungen bilden eine mannigfach in sich verflochtene Familiengeschichte ab mit allen Sorgen und Problemen, die sich damit verbinden. Der Fokus ist auf Jakob gerichtet, diesen „sympathischen Schelm, pfiffig und bemitleidenswert, vorschnell und mutig, ein Mensch mit großen Stärken und genauso großen Schwächen, einer wie du und ich, einer, mit dem wir uns identifizieren können, gerade weil er nicht das makellose Vorbild ist“[72]. Sein ganzes irdisches Leben von der Geburt bis zum Tod wird innerhalb des zusammenhängenden Erzählkranzes ausgebreitet und im Rückgriff auf sich wiederholende Motive besprochen: Es geht um Fluch und Segen, um Niedergeschlagenheit und Durchsetzungskraft, um Glück und die Aufarbeitung von Schuld.

In der Gestalt Jakobs, der sich mit Esprit durch ein Dickicht von Intrigen schlägt, dabei zwar selbst kein Kind von Traurigkeit ist, sich aber im entscheidenden Moment in Gott festzumachen versteht, vermochte Israel sich selbst wiederzuerkennen. Denn gerade in dieser zwiespältigen Figur, die sich im nächtlichen Kampf in all ihrer Schuldbeladenheit und Umkehrbedürftigkeit neu evaluieren und fortan durch Gottes Geist vom Jakob zum Gotteskämpfer wandeln lässt, durfte Israel festhalten, wie es seinen Gott erfahren hat[73] – nicht, um dieses Wissen zu verschließen, sondern es für alle Zeiten auszusprechen. Mit Jakob und von Jakob kann darum jeder suchende Mensch lernen, dass es ohne Gott kein wirkliches Leben gibt.

Vorgeschichte

Gen 25,21–26 hat den Charakter einer Ouvertüre. Der Text informiert über Hintergründe, deren Kenntnis zum Verstehen der folgenden Geschichten notwendig ist: Isaak und Rebekka, die Eltern Esaus und Jakobs, haben zwanzig Jahre auf die Geburt ihrer Kinder warten müssen. Rebekkas Unfruchtbarkeit wird schließlich auf wundersame Weise überwunden – durch das Wirken Adonais. Doch während der Schwangerschaft kommt es zu Komplikationen. Die Kinder, heißt es, „stießen sich" im Leib der Mutter (Gen 25,22). Rebekka ist ratlos und beunruhigt. Sie wendet sich fragend an Gott. Der prophezeit ihr: „Zwei Völker sind in deinem Leib, und zwei Stämme trennen sich schon in deinem Schoß." Die Ungereimtheit findet eine Erklärung: Die beiden Kinder rivalisieren schon im Mutterschoß miteinander. Der ältere Sohn wird dem jüngeren dienen, verheißt Adonai. So kündigt sich die Dramatik des Kommenden an.

Was sich schon pränatal ankündigte, wird im Augenblick der Geburt – auf fast komische Weise – augenscheinlich. Der Jüngere hält seinen Bruder an der Ferse fest. Deshalb heißt er Jakob, Fersenhalter. Das Motiv wird entfaltet. Es zeigt sich, dass Jakob gegenüber seinem leicht naiv anmutenden Bruder stets listig auf den eigenen Vorteil bedacht bleibt. Sprichwörtlich und buchstäblich setzt sich Jakob als der „Glattere" gegen Esau durch. Zwei berühmte Szenen stechen hier ursymbolisch hervor: Als Esau eines Tages erschöpft und hungrig von der Jagd heimkehrt, kauft Jakob dem Bruder für ein leckeres Linsengericht das Erstgeburtsrecht ab. Die Tumbheit Esaus spottet jeder Beschreibung. Später erschleicht sich Jakob auch noch den Erstgeburtssegen des Vaters. Juristisch gesehen ist das vielleicht die belanglosere Untat, moralisch betrachtet schreit sie zum Himmel. Lug und Trug geben den Takt vor. So kann es kaum verwundern, dass es ausgerechnet Rebekka, die Mutter Jakobs, ist, die ihrem Sohn auf seinen krummen Touren zur Gehhilfe wird. Aber ihre Rechnung geht nicht auf: Am Ende muss sie Jakob Fluchthilfe leisten.

Gipfel der Unverschämtheit

Isaak ist alt geworden. Er fühlt sich dem Tode nahe. Jetzt ist es Zeit, den Segen, der die Legitimität der Familie weiterführt, an seinen ältesten Sohn weiterzugeben. Der hohe Stellenwert des Segens erklärt sich vor dem Hintergrund anderer Textzeugnisse aus der altorientalischen Welt. E.A. Speiser gewichtet den Segen eines sterbenden Patriarchen als rechtskräftiges „death-bed-statement“[74], dem testamentarische Dignität zukommt. Der nahezu erblindete Isaak spricht also zu Esau: „Mein Sohn! Schau, ich bin alt geworden und weiß nicht, wann ich sterben werde. So nimm nun dein Jagdkleid, Köcher und Bogen, geh ins Gefilde und jage mir ein Wild! Dann bereite mir ein Festessen, wie ich es gern habe, und bringe es mir herein, dass ich esse, damit meine Seele dich segne, bevor ich sterbe!“ (Gen 27,1ff.) Rebekka bekommt das alles mit. Sie lehnt sich aber gegen das geltende Recht auf, wonach dem Erstgeborenen alles zufällt und für die anderen nichts bleibt. Wie könnte sie gegen das ausschließliche Recht des Älteren vorgehen? Ihre Zeit lässt ihr nicht viele Möglichkeiten. Am nachhaltigsten erscheint ihr der Betrug: „Nun, mein Sohn, höre auf mich, was ich dich zu tun heiße: Geh zur Herde und hol mir dort zwei schöne Ziegenböckchen, dass ich sie zu einem Festessen für deinen Vater zubereite, so wie er es gern hat. Das bring deinem Vater herein, dass er esse und dich vor seinem Tod segne!“ (Gen 27,8ff.) Solch dreister Entschiedenheit hat Jakob nichts entgegenzusetzen. Sie scheint ihn auch nicht sonderlich anzufechten. Hatte er nicht gerade erst das Erstgeburtsrecht zum Schleuderpreis ergattert? Doch immerhin: Jakob fürchtet, dass Segen sich in Fluch wandeln könnte. Aber es hilft nichts. An der Geschichte von Lug und Trug wird weitergestrickt. Zwei Ziegenböcke dienen dem Betrüger als Wildersatz. Rebekka bereitet sie vor. Die so gewonnene Zeitersparnis schafft Raum für die böse Tat. Jakob schreckt nicht davor zurück, sie vor dem Vater mit Gottes Fügung zu erklären. Den Machern dieser Geschichte wird kaum verborgen geblieben sein, wie dick sie an dieser Stelle auftragen. Das Ganze nimmt beinah komödienhafte Züge an. Aber vielleicht ist ja genau das gewollt. Jakob geht jedenfalls mit dem vermeintlichen Festessen zu seinem blinden Vater und gibt sich vor ihm als Esau aus. Das Erstaunen Isaaks über die unerwartet frühe Rückkehr des Sohnes von der Jagd zerstreut Jakob mit einer weiteren Lüge. Die Tricks seiner Mutter Hand in Hand mit der eigenen Unverfrorenheit verschaffen ihm, dem Jüngeren, den Erstgeburtssegen des Vaters. Damit ist Jakob das Land Kanaan als Besitz zugesagt. Und Esau hat das Spiel verloren.

Irgendwann kommt auch Esau mit seinem Wildbret zum Vater. Sofort entdeckt Isaak den Betrug und erschrickt bis ins Mark. „Die Dramatik der Szene ist mit Händen zu greifen. Dass Betrug im Spiel ist, spricht nun auch Esau deutlich aus. ‚Zu Recht ist sein Name Jakob, denn er hat mich nun zweimal betrogen: Meine Erstgeburt hat er genommen, und siehe, nun hat er meinen Segen genommen.' (V36) [...] Esau leitet den Namen Jakob von *akab* (‚betrügen') ab und macht gleichzeitig eine Verbindung zur Episode des Handels um die Erstgeburt (Gen 25,29ff.). In jener wie in der vorliegenden Angelegenheit betrachtet sich Esau als der Betrogene."[75] Esau, heißt es, erhebt eine laute und bittere Klage. Hilf- und fassungslos, beinahe taumelnd fragt er, ob Isaak denn nur einen einzigen Segen habe. Es hilft nichts: Der Segen für Esau fällt dürftig aus. Und der Kommentar der Bibel fällt nüchtern aus. Aber das Fazit ist ebenso klar wie entschlossen: Esau wurde dem Jakob feind um des Segens willen (Gen 27,41). Die Zeit naiver Gutmütigkeit scheint vorbei zu sein. Esau fasst den Plan, seinen Bruder zu töten.

Flucht

Jakob muss fliehen. Er lässt eine zerbrochene Familie zurück, der er kaum zum Segen wurde.[76] Sein Bruder sinnt von nun an auf Rache: „Es nähern sich die Tage der Trauer um meinen Vater; dann werde ich meinen Bruder Jakob umbringen." (Gen 27,41) An dieser einschneidenden Stelle kommt erneut Rebekka ins Spiel. Längst weiß sie Bescheid über die Pläne Esaus (Gen 27,42). Sie handelt schnell und passgenau. Die Worte, die sie findet, ähneln von der Struktur her dem Hinweis, dem sie ihrem Sohn zu Beginn der Segensepisode gab: „Siehe, Esau, dein Bruder, tröstet sich damit, dich zu töten!" (Gen 27,42) Wieder ist guter Rat teuer. Aber Rebekka hat ihn: „Und nun, mein Sohn, höre auf meine Stimme! Mach dich auf, flieh zu meinem Bruder Laban nach Haran und bleibe bei ihm einige Tage, bis der Zorn deines Bruders sich gewendet haben wird und der Grimm deines Bruders sich von dir abkehrt und er vergisst, was du ihm angetan hast. Dann werde ich nach dir schicken und dich von dort holen lassen. Warum soll ich euch beide an einem Tag verlieren?" (Gen 27, 43–45)

Aus den „paar Tagen" des Exils, von denen Rebekka spricht, sollen zwanzig Jahre werden. Rebekka wird ihren Sohn nicht mehr wiedersehen. Diesmal gibt es nichts zu tricksen: Die Flucht Jakobs ist eine echte Flucht. Gemessen an Beerscheba, dem Wohnort der Familie Isaaks (vgl. Gen 26), zählt die Route nach Haran über 700 km. Das ist – für antike Verhältnisse – mehr als eine Reise an das andere Ende der Welt. Die Ereignisse fegen über Rebekkas und Jakobs Zukunftspläne hinweg.[77]

In seiner Todesangst macht sich Jakob also auf den Weg zu seinem Onkel nach Haran, in die Heimat seiner Mutter. Das ist das Nächstliegende. Bei dem Verwandten konnte er auf eine neue Bleibe hoffen. Und auch auf eine neue Existenz. Auf der Flucht dorthin erlebt Jakob seine erste eigene Gotteserfahrung, die Zusage, dass Gott mit ihm sein wird, wo immer er ist:

Jakob übernachtet im Freien. In der Nacht hat er einen Traum: Der Himmel öffnet sich über ihm, und Adonai spricht Segen über Jakob: „Ich bin der Herr, der Gott deines Vaters Abraham und der Gott Isaaks. Das Land, auf dem du liegst, will ich dir und deinen Nachkommen geben. Deine Nachkommen werden zahlreich sein wie der Staub auf der Erde. Du wirst dich unaufhaltsam ausbreiten nach Westen und Osten, nach Norden und Süden, und durch dich und deine Nachkommen werden alle Geschlechter der Erde

Segen erlangen. Ich bin mit dir, ich behüte dich, wohin du auch gehst, und bringe dich zurück in dieses Land. Denn ich verlasse dich nicht, bis ich vollbringe, was ich dir versprochen habe." (Gen 23,13–15) In der bislang schwierigsten und vertracktesten Situation seines Lebens erfährt Jakob nun, dass Adonai ihn nicht verstoßen hat. Im Gegenteil: Jahwe will mit ihm Geschichte machen. Und Jakob? Jakob bleibt sich treu. Das möchte er schriftlich haben: „Wenn Gott mit mir ist und mich auf diesem Weg, den ich eingeschlagen habe, behütet, wenn er mir Brot zum Essen und Kleider zum Anziehen gibt, wenn ich wohlbehalten heimkehre in das Haus meines Vaters und der Herr sich mir als Gott erweist, dann soll der Stein, den ich als Steinmal aufgestellt habe, ein Gotteshaus werden, und von allem, was du mir schenkst, will ich dir den zehnten Teil geben." (Gen 28,20–22) Jakob will einen Vertrag. Er, dem niemand trauen kann, traut auch anderen nicht, nicht einmal Gott.[78]

Nach dieser Traumoffenbarung zieht Jakob weiter. Alle Widrigkeiten seines Weltmarsches bleiben unbeleuchtet. Die Bibel scheint nur zu interessieren, dass er heil ankommt. Wie kommt er zurecht in der fremden Kultur? Welche Sprachen muss er einigermaßen beherrschen? Gab es Menschen, die ihm geholfen haben? Musste er sich Schleppern anvertrauen? – Die Genesis sagt darüber nichts. Vielleicht, weil es zu offensichtlich ist: Diese Flucht war keine beschauliche Wanderung. Sie war die Hölle auf Erden. Eine Frage stellt sich in Bezug auf die Benennung des Reiseziels Jakobs. In Gen 27,43 ist davon die Rede, dass Rebekka ihren Sohn nach Haran schickt. Nach Gen 29,1 geht Jakob aber in das „Land der Ostleute", das Gebiet der syrisch-arabischen Wüste, (nord-)östlich von Kanaan. Wie passt das zum mesopotamischen Haran? Die Widersprüchlichkeit kann unterschiedlich erklärt werden. Vielleicht ist Labans Heimat das „Land der Ostleute". Seine Verortung in Haran (Gen 27,43) sei auf eine spätere Bearbeitung des Textes zurückzuführen.[79] Denkbar ist aber auch, im „Land der Ostleute" nicht das Ziel, sondern die Richtung der Wanderung zu sehen (ostwärts).[80] Einen Anhaltspunkt im Text hat diese Deutung in dem Wort „Land“, das mit dem die Richtung weisenden He locale versehen ist (in Richtung auf das Land der Ostleute hin). Klar ist jedenfalls, dass sich Jakob in nordöstlicher Richtung bewegt.[81]

Am Ende des Fluchtweges erblickt Jakob einen Brunnen auf freiem Gelände. Diesem Brunnen wird besondere Aufmerksamkeit zuteil. Jakob sieht drei Kleinviehherden, die um den Brunnen lagern. Die Tiere werden dort getränkt. Deutliches Augenmerk liegt auf der Öffnung des Brunnens: Auf ihr liegt ein großer Stein, vielleicht, damit das Wasser nicht verunreinigt würde. Jakob spricht mit den Hirten. Der Dialog ist knapp gehalten. Dreimal stellt Jakob eine Frage, dreimal bekommt er die denkbar knappste Antwort.[82] Von wo seid ihr? – Von Haran. Kennt ihr Laban? – Wir kennen ihn. Wie geht es ihm? – Schalom (vgl. Gen 29,4–6). Danach betritt Rahel die Bühne. Sie kommt mit der Herde ihres Vaters. Der Anblick lässt Jakob den starken Mann spielen. Ganz allein wälzt er den schweren Stein vom Brunnen und tränkt die Tiere Labans (Gen 29,10). Das sollte Rahel wohl beeindrucken. Jedenfalls wendet er sich ihr zu, nachdem er die Herde versorgt hat. Zur Begrüßung erhält sie einen Kuss – und dann beginnt er zu weinen, aus Freude und Erleichterung. Jakobs Flucht ist einstweilen zu Ende. Er hat das Ziel erreicht. Rahel läuft und kündigt ihrem Vater die Ankunft Jakobs an. Als dieser hört, dass der Sohn seiner Schwester gekommen sei, läuft er ihm entgegen, umarmt und küsst ihn und bringt ihn in sein Haus (Gen 29,13). Jakob hat keine Geschenke mitgebracht (vgl. Gen 24). Er ist als Flüchtling gekommen, genau genommen als Asylant. Gen 29,13 hält fest, dass Jakob seinem Onkel „die ganze Geschichte erzählt“. Was hat er ihm gesagt? Wieso er flüchten musste? Dass er seinen Bruder betrogen hat? – Jakobs Ausgangslage ist alles andere als komfortabel. Kein Wunder, dass er jetzt ins Geschirr muss.

Laban beutet seinen Neffen aber nicht aus. Nachdem die „paar Tage“, die Rebekka vorschwebten, vorüber sind (vgl. Gen 27,44), wendet er sich an Jakob: „Du bist doch mein Bruder! Solltest du mir umsonst dienen? Sag mir, welches dein Lohn sein soll!“ (Gen 29,15) Natürlich wären an dieser Stelle verschiedene Antworten denkbar und plausibel. Der Wunschzettel von Asylanten ist oft lang, und die Liste der Notwendigkeiten meist noch länger. Aber Jakob ist eben Jakob. Er möchte Rahel, Labans Tochter, zur Frau. Es ist klar, dass sich sein Wunsch mit heutigem, westlichem Denken nicht zur Deckung bringen lässt. Und trotzdem lohnt es sich, an dieser Stelle genauer hinzuschauen: Die Genesis erinnert daran, dass Laban zwei Töchter hat, die ältere heißt Lea, die jüngere Rahel. Es folgt eine kurze Beschreibung der Schwestern (Gen 29,17): „Leas Augen waren matt, Rahel aber war schön von Gestalt und hatte ein schönes Gesicht." Oft wird das so verstanden, als ginge es darum, die eine als hässlich und die andere als begehrenswert darzustellen. Das wäre sexistisch und rein auf Äußerlichkeiten fixiert. Es wäre aber auch nicht nahe am Text. Zur Beschreibung der Augen Leas wählt die Bibel das Adjektiv *rakot*. Das kann „glanzlos", „ausdruckslos", „nichtssagend" bedeuten. *Rak* bedeutet hingegen „sanft, zart" und suggeriert einen positiven Sinnhorizont.[83] Dann ginge es Gen 29,17 aber gerade nicht darum, Leas Augen negativ zu bewerten, sondern – im Gegenteil – zwei Arten von Schönheit zu beschreiben: die des Herzens und die der perfekten Gestalt. Idealiter kommt beides zusammen. Realiter eher selten. Vor Gott wird wahrscheinlich nur die erstere Art von Schönheit Bestand haben. Aber typisch: Des Tricksers[84] Auge haftet an der äußeren Gestalt. Jedenfalls auf den ersten Blick. Jakob liebt Rahel (Gen 29,18). Das steht im Hintergrund seiner Lohnforderung. „Sie will er haben, keine andere, auch keine materiellen Güter. Sieben Dienstjahre ist ihm die Cousine wert."[85]

Sein Onkel Laban steht Jakob in puncto Schlitzohrigkeit nicht nach. Er ist eine Art Bumerang. Seit sieben Jahren schon dient Jakob bei Laban, um schlussendlich Rahel, die Tochter Labans, in die Jakob sich gleich am ersten Tag unsterblich verliebt hatte, heiraten zu dürfen. Jetzt schiebt der Onkel ihm die andere, Lea, unter. Jetzt weiß Jakob also, wie es sich anfühlt, betrogen zu werden. Laban agiert wie ein Mafioso. Er sagt Jakob Rahel zu für einen Dienst von weiteren sieben Jahren. Jakob muss akzeptieren, dass er dieses Mal nicht am längeren Hebel sitzt.

Vierzehn Jahre lang muss Jakob also Laban dienen. Als schließlich zwanzig Jahre um sind, möchte Jakob ausgezahlt werden. In einem komplizierten Verfahren werden die Herden geteilt. Doch jetzt gewinnt die Hinterlist Jakobs wieder die Oberhand: Er schafft es, die gesunden und kräftigen Tiere seiner eigenen Herde einzuverleiben. Die B-Ware bleibt beim Onkel. Laban ist außer sich. Mit einem Schlag sind sie vorbei: die Exilsjahre von Haran. Jakob ist wieder auf der Flucht. Dieses Mal auf der Flucht vor seinem Onkel, dessen Söhnen und seinen Vasallen. Not lehrt beten, sagt man. Jakob erinnert sich an die Verheißung Adonais: dass Er ihm beisteht. Und dass Er ihn ruft, zurückzukehren nach Kanaan – in das Land seiner Väter und Mütter (vgl. Gen 28,15).

Jakob flieht mit Frau und Kindern. Alles, was ihm gehört, nimmt er mit. Seine Frau hingegen nimmt noch mehr mit. Von Laban, der die Flüchtenden nach sieben Tagen einholt, mit diesem Diebstahl konfrontiert, streitet Rahel alles ab. Dabei weiß sie es nur zu genau: Die Götterbilder, die dem Vater Schutz gewähren sollten, befinden sich tatsächlich seit einer Woche in ihrer „Obhut“. Und der Segen dieser Gottheiten ruht nun auf ihr. Heutigen Leserinnen und Lesern wird diese Logik fremd erscheinen. Am Ende geht es darum, erzählend zu veranschaulichen, dass Labans Macht vergangen ist. Adonai steht auf der Seite Jakobs. Und auf der Seite seiner Familie.

Labans Vorwürfe sind für Jakob eine einzige Provokation. Er retourniert sie alle. Am Ende dreht er den Spieß um und erhebt Klage gegen Laban: Zwanzig lange Jahre lang habe Jakob das harte Leben eines Hirten geführt und sich dabei weit über seine Pflichten hinaus für den Besitz Labans engagiert. Wäre aber Jahwe nicht für Jakob eingetreten, hätte Laban ihn am Ende um seinen verdienten Lohn gebracht. Diese letzte Vorhaltung sitzt. Laban lässt sich erweichen. Vermutlich plagt ihn sein schlechtes Gewissen. Es kommt zu einer Lösung, die beide – Onkel und Neffe – das Gesicht wahren lässt. Offiziell hält Laban an seinen Besitzansprüchen fest, de facto aber nicht. Seinen Rückzug begründet er mit der Fürsorge für seine Töchter und Enkel. Von Jakob verlangt er nur eine vertragliche Absicherung. Der schlägt ein, und beide Parteien verpflichten sich, nicht in das Gebiet des anderen in feindlicher Absicht einzudringen. Bei einem Mahl wird das Ende der Fehde gefeiert. Am nächsten Morgen zieht Laban in Frieden von dannen. Auch Jakob zieht weiter. Ab jetzt ist er kein Flüchtling mehr.

Der Rückweg in die Heimat führt Jakob in eine erneute Gottesbegegnung hinein, die ihn nicht zu einem anderen, aber zu einem neuen Menschen macht.[86] So wird er zugerüstet, seinem Bruder Esau zu begegnen und sich mit ihm zu versöhnen. Jakob weiß genau, warum er Angst vor dieser Begegnung hat. Nur zu gut könnte er verstehen, wenn Esau noch immer zornig wäre. Also schickt er Boten, um „Huld zu finden". Wenn Jakob seiner Familie eine Zukunft sichern will, muss er seine Schuld bekennen und seine erschlichenen Privilegien zurückgeben. Statt mit einer zuversichtlich stimmenden Antwort des Bruders kommen die Boten mit der Nachricht zurück, dass Esau Jakob mit vierhundert Mann entgegenzieht. Als er sie kommen sieht, rutscht ihm das Herz in die Hose. Jakobs Gebet offenbart das Ausmaß der Bedrohung, die er empfindet: „Gott meines Vaters Abraham, Gott meines Vaters Isaak, Jahwe, du hast zu mir gesagt: Zieh wieder in dein Land und zu deiner Verwandtschaft. Ich will dir Gutes tun. Ich bin zu gering für all deine Wohltaten und für deine Treue, die du deinem Knecht erwiesen hast. Denn nur mit meinem Stab überschritt ich diesen Jordan hier, und nun bin ich zu zwei Lagern geworden. Ach, errette mich aus der Hand meines Bruders, aus der Hand Esaus, denn ich fürchte mich vor ihm, er könnte kommen und mich, die Mütter über ihren Kindern erschlagen. Du hast mir doch gesagt: Ich will dir Gutes tun. Und deine Nachkommen so zahlreich machen wie den Sand am Meer, den man nicht zählen kann." (Gen 32,10–13) Vorsichtig ordnet Jakob die Reihen seiner Familie: zuerst die Mägde mit ihren Kindern; in deren Schutz dann Lea und ihre Kinder, zuletzt Rahel mit ihrem gemeinsamen Lieblingssohn Josef. Danach wird es ernst. Unter siebenmaligem Kniefall traut Jakob sich, seinem Bruder ganz langsam näher zu kommen. Doch der reagiert ganz unerwartet: „Esau lief ihm entgegen, umarmte ihn und fiel ihm um den Hals; er küsste ihn, und sie weinten." Jakob ist wieder zu Hause. Das Ganze erinnert an Lk 15,11–23. Jakobs Geschenke, mit denen er sich eine barmherzige Aufnahme erkaufen wollte, sind unnötig: „Was willst du mit dem ganzen Auftrieb dort? Ich habe selber genug, Bruder. Behalte, was dir gehört." Esau liebt ihn nicht wegen der Geschenke, sondern weil er in ihm seinen Bruder wiedergefunden hat.

Das ist ein echtes Happy End! Eigentlich könnte der Weg gemeinsam weitergehen. Esau schlägt das vor: „Brechen wir auf und ziehen wir weiter. Ich will an deiner Seite ziehen." Doch Jakob winkt ab. Zu viel ist passiert. Jede Versöhnung braucht Zeit. Entscheidend ist etwas anderes: Die Jakobsgeschichte rechnet fest mit der Nähe und Gegenwart Jahwes – dort, wo das Leben spielt. Um wie viel mehr gilt das für Menschen in Not. Der Flüchtling Jakob hat es erfahren.

V.
„Hunger lastete schwer auf dem Land“ (Gen 43,1)

Josef und seine Brüder

Im letzten Teil der Genesis wird eine nicht zu entwirrende Geschichte von Neid und Hass, von Vergebung und Liebe erzählt. Hass und Neid sind Ausdrucksformen enttäuschter Liebe. Dahinter steckt im Grunde der tiefe Wunsch, ein anderer zu sein, als man ist, etwas anderes zu haben, als man hat.[87] Auch das hat mit Flucht zu tun! Zur Normalität im Umgang mit solchen Phänomenen gelebten Lebens scheint zu gehören, dass Hass zumeist nur Hass hervorruft. Dass das nicht so sein muss, zeigt die Bibel in der Vielzahl ihrer alternativen Lebenszeugnisse. Dass der Weg von Vergebung und Versöhnung jedoch kein leichter ist, sondern oft genug mit durchwalktem Herzen errungen sein will, zeigt die alttestamentliche Josefsgeschichte (Gen 37–50). Auch sie ist auf unterschiedlichen Ebenen eine Fluchtgeschichte. Umso erstaunlicher, dass in ihr nur selten von Gott die Rede ist. Gotteserscheinungen wie zuvor gibt es nicht. Eine säkulare Erzählung? Wohl kaum. Denn die wenigen, doch zugleich entscheidenden Stellen, an denen Josef von Gott spricht, tauchen die gesamte Episode in ein besonderes Licht: Sie „weisen auf das in tiefer Weltlichkeit verborgene Heilswalten Gottes hin. Dieses Walten Gottes zum Heil der Menschen durchzieht kontinuierlich alle Lebensbereiche und es umgreift sogar das Böse des Menschen, indem es die Planungen des Menschenherzens, ohne sie zu hemmen oder zu entschuldigen, seinen göttlichen Zielen dienstbar macht“[88].

Der verhasste Bruder

1 Jakob ließ sich in dem Land nieder, in dem sich sein Vater als Fremder
aufgehalten hatte, in Kanaan. 2 Das ist die Geschlechterfolge nach Jakob:
Als Josef siebzehn Jahre zählte, also noch jung war, weidete er mit seinen
Brüdern, den Söhnen Bilhas und Silpas, der Frauen seines Vaters, die Schafe und Ziegen. Josef hinterbrachte ihrem Vater, was die Brüder Böses taten.
3 Israel liebte Josef unter allen seinen Söhnen am meisten, weil er ihm
noch in hohem Alter geboren worden war. Er ließ ihm einen Ärmelrock
machen. 4 Als seine Brüder sahen, dass ihr Vater ihn mehr liebte als alle

seine Brüder, hassten sie ihn und konnten mit ihm kein gutes Wort mehr
reden. 5 Einst hatte Josef einen Traum. Als er ihn seinen Brüdern erzähl-
te, hassten sie ihn noch mehr. 6 Er sagte zu ihnen: Hört, was ich geträumt
habe. 7 Wir banden Garben mitten auf dem Feld. Meine Garbe richtete
sich auf und blieb auch stehen. Eure Garben umringten sie und neigten
sich tief vor meiner Garbe. 8 Da sagten seine Brüder zu ihm: Willst du
etwa König über uns werden oder dich als Herr über uns aufspielen? Und
sie hassten ihn noch mehr wegen seiner Träume und seiner Worte. 9 Er
hatte noch einen anderen Traum. Er erzählte ihn seinen Brüdern und sag-
te: Ich träumte noch einmal: Die Sonne, der Mond und elf Sterne verneig-
ten sich tief vor mir. 10 Als er davon seinem Vater und seinen Brüdern er-
zählte, schalt ihn sein Vater und sagte zu ihm: Was soll das, was du da ge-
träumt hast? Sollen wir vielleicht, ich, deine Mutter und deine Brüder,
kommen und uns vor dir zur Erde niederwerfen? 11 Seine Brüder waren
eifersüchtig auf ihn, sein Vater aber vergaß die Sache nicht. 12 Als seine
Brüder fortgezogen waren, um das Vieh ihres Vaters bei Sichem zu wei-
den, 13 sagte Israel zu Josef: Deine Brüder weiden bei Sichem das Vieh.
Geh, ich will dich zu ihnen schicken. Er antwortete: Ich bin bereit. 14 Da
sagte der Vater zu ihm: Geh doch hin und sieh, wie es deinen Brüdern und
dem Vieh geht, und berichte mir! So schickte er ihn aus dem Tal von He-
bron fort, und Josef kam nach Sichem. 15 Ein Mann traf ihn, wie er auf
dem Feld umherirrte; er fragte ihn: Was suchst du? 16 Josef antwortete:
Meine Brüder suche ich. Sag mir doch, wo sie das Vieh weiden. 17 Der
Mann antwortete: Sie sind von hier weitergezogen. Ich habe nämlich ge-
hört, wie sie sagten: Gehen wir nach Dotan. Da ging Josef seinen Brüdern
nach und fand sie in Dotan. 18 Sie sahen ihn von Weitem. Bevor er jedoch
nahe an sie herangekommen war, fassten sie den Plan, ihn umzubringen.
19 Sie sagten zueinander: Dort kommt ja dieser Träumer. 20 Jetzt aber auf,
erschlagen wir ihn, und werfen wir ihn in eine der Zisternen. Sagen wir,
ein wildes Tier habe ihn gefressen. Dann werden wir ja sehen, was aus sei-
nen Träumen wird. 21 Ruben hörte das und wollte ihn aus ihrer Hand ret-
ten. Er sagte: Begehen wir doch keinen Mord. 22 Und Ruben sagte zu ih-
nen: Vergießt kein Blut! Werft ihn in die Zisterne da in der Steppe, aber
legt nicht Hand an ihn! Er wollte ihn nämlich aus ihrer Hand retten und
zu seinem Vater zurückbringen. 23 Als Josef bei seinen Brüdern angekom-
men war, zogen sie ihm sein Gewand aus, den Ärmelrock, den er anhat-
te, 24 packten ihn und warfen ihn in die Zisterne. Die Zisterne war leer;
es war kein Wasser darin. 25 Als sie dann beim Essen saßen und aufblick-

ten, sahen sie, dass gerade eine Karawane von Ismaelitern aus Gilead kam. Ihre Kamele waren mit Tragakant, Mastix und Ladanum beladen. Sie waren unterwegs nach Ägypten. 26 Da schlug Juda seinen Brüdern vor: Was haben wir davon, wenn wir unseren Bruder erschlagen und sein Blut zudecken? 27 Kommt, verkaufen wir ihn den Ismaelitern. Wir wollen aber nicht Hand an ihn legen, denn er ist doch unser Bruder und unser Verwandter. Seine Brüder waren einverstanden. 28 Midianitische Kaufleute kamen vorbei. Da zogen sie Josef aus der Zisterne heraus und verkauften ihn für zwanzig Silberstücke an die Ismaeliter. Diese brachten Josef nach Ägypten. (Gen 37,1–28)

Josef ist also die Hauptfigur dieser umfangreichsten Erzählung der Genesis. Ihm und seiner Geschichte widmet sie vierzehn Kapitel. Und stellt sie unter ein Leitwort: „Ich suche meine Brüder!" Dieses Wort gibt das Thema an. Es zieht sich wie ein roter Faden durch diese biblische Familiensaga[89]: Die Suche nach der Familie, die Frage nach Heimat und die Hoffnung auf Versöhnung. Handlungsort ist die Fremde, sowohl in Ägypten als auch in Kanaan, dem „Land der Fremdlingsschaft" (Gen 37,1).

Die Ausgangssituation der Geschichte ist recht kompliziert. Die Bibel nennt die Dinge beim Namen. Josefs Brüder sind eifersüchtig auf ihn. Die ersten elf Verse schildern das ständig wachsende Zerwürfnis in dieser Großfamilie.[90] Der erst siebzehnjährige Josef trägt nicht gerade dazu bei, die Lage zu beruhigen. Das hat im Wesentlichen zwei Gründe. Der erste Grund liegt auf der Hand: Josef ist selbstbewusst. Seine Brüder sagen: Er ist selbstherrlich. Das kommt nicht von ungefähr. Josef berichtet den Brüdern von seinen Träumen. Und die haben es in sich! Dass Josef alle Brüder an Bedeutung überragen werde und sogar Vater und Mutter sich anerkennend vor ihm verneigen werden, ist deren Quintessenz. Das ist zunächst einmal nur die Fantasie eines siebzehnjährigen Teenagers. Sie reicht indes aus, dass seine „Brüder eifersüchtig wurden" (Gen 37,11), dass sie ihn „hassen wegen seiner Träume und seiner Reden" (Gen 37,8). Der zweite Grund, verrät die Bibel, wiegt noch schwerer: Der Vater „liebte Josef unter seinen Brüdern am meisten, weil er ihm noch im hohen Alter geboren worden war"

(Gen 37,3). Ein strahlend-bunter Ärmelrock, den Jakob für ihn anfertigen ließ, unterstreicht die besondere Liebe des Vaters zu seinem Sohn Josef. Doch gerade so werden Neid und Hass der Brüder hervorgerufen. Sie „werden Josef feind“ und können ihn nicht einmal mehr freundlich grüßen (Gen 37,4). Der abgrundtiefe Groll hat ihnen das Herz versteinert und die Sprache verschlagen.

Als die Brüder längere Zeit mit den Herden unterwegs sind, wird Josef von seinem Vater Jakob zu ihnen geschickt, um nach ihnen zu schauen. – Wie alt ist wohl die Erfahrung, dass Väter für ihre Söhne und Mütter für ihre Töchter nur das Beste wollen und sie doch ins Unglück stürzen?[91] Josef leistet dem Auftrag des Vaters jedenfalls bereitwillig und gewissenhaft Folge – und trägt dabei ausgerechnet den Ärmelrock, dieses Ursymbol seiner vermeintlichen väterlichen Bevorzugung. Josef kommt nach Sichem, aber er findet seine Brüder nicht. Da begegnet ihm ein Fremder, der mitbekommen hat, dass die Verwandtschaft nach Dotan weitergezogen ist. Wie ein geheimnisvolles Zeichen taucht dieser Fremde in der Erzählung auf, um gleich wieder zu verschwinden. Vielleicht soll auf diese Weise eine Ahnung aufkommen, dass hinter all dem verhängnisvollen Geschehen ein höherer Wille steht, der ganz am Ende eben doch alles zum Guten lenkt.[92] Als die Brüder ihn von Ferne kommen sehen, lodert in ihnen schon ein Feuer der Gewalt. Hasserfüllt raunen sie einander zu: „Da kommt ja dieser Träumer. Jetzt aber auf, erschlagen wir ihn und werfen ihn in eine Zisterne!“ (37,19f.) Die Brüder verneinen Josef. Sie verneinen ihn so sehr, dass sie ihm nach dem Leben trachten. Hintergrund der Fehde ist natürlich die besondere Gunst, die Josef in den Augen Jakobs gebührt. Der Junge ist sein Augenstern. Er liebt ihn über alles. Liebt er ihn mehr als die anderen? Der Neid zerfrisst, er entfacht eine zerstörende Kraft. In was für Mühlen ist Josef geraten! Dabei sind seine Träume doch eigentlich wunderbar! Sie zeigen, dass Gott auf seiner Seite steht. Josef träumt, wie er größer und stärker wird als alle seine Brüder – weil Adonai es so fügt.

Verraten und verkauft

Die Brüder können das nicht einordnen. Sie halten Josef für abgedreht und arrogant. Also wollen sie ihm das Träumen austreiben. Hören und Sehen soll ihm vergehen. Und natürlich auch das Lachen. Ihr Plan ist unglaublich. Sie wollen den Bruder vernichten. Zum Mord kommt es nicht. Der älteste Bruder, Ruben, verhindert das Schlimmste – aus Rücksicht auf den Vater: „Wir nehmen ihm nicht das Leben! Vergießt kein Blut!" (Gen 37,21f.) Aber das Zweitschlimmste trifft ein. Die Brüder machen Ernst. Sie packen Josef wortlos, reißen ihm den verhassten Mantel vom Leib und werfen ihn in eine Zisterne. Soll er dort verrecken! Er würde ihre Wege nie wieder kreuzen.

Wie könnte man nach so etwas essen? Die Brüder können es (Gen 37,25). Sie sind tatsächlich abgebrüht. Plötzlich sehen sie eine heranziehende Karawane. Das bringt Juda auf die Idee, Josef zu verhökern. So können sie verhindern, dass Blut an ihren Fingern klebt, doch zugleich sind sie den verhassten Träumer los. Denn der ist verraten und verkauft. Die midianitischen Kaufleute nehmen ihn mit.

Ihrem Vater aber tischen die falschen Brüder eine schaurige Lügengeschichte auf. Sie legen ihm den vom Blut eines Ziegenbocks getränkten Ärmelmantel vor. Die Lüge kostet sie kein Wort.[93] Aus der Erkenntnis, dass der blutverschmierte Mantel Josef gehört, soll der Vater die entsprechenden Schlüsse ziehen. Jakob selbst hatte schon seinen Vater mit einem Kleidungsstück seines Bruders Esau betrogen. Nun wird er selbst hinters Licht geführt. Das Ganze ist eingebettet in eine unheimliche Schuld- und Verstrickungsgeschichte. Jakob scheint erschlagen vor Trauer. Sein Leid ist zu groß, um das Verbrechen durchschauen zu können. Der Plan der Brüder ist aufgegangen. Der Störfaktor ist ausgeschaltet, der Vater hintergangen. Der heimelige Familienfriede könnte sich wieder einstellen. Doch weit gefehlt – denn für Jakob scheint es keinen Trost zu geben. Klagend will er in die Unterwelt hinabsteigen.

Erste Gehversuche auf fremdem Gelände

Der verkaufte Josef wird noch einmal verkauft. Nichts anderes stand zu erwarten. Wie eine Ware landet er im Haus des ägyptischen Hofzeremoniars Potifar.[94] Der entdeckt recht bald, wie umsichtig und verlässlich Josef ist – und fördert seine Karriere. Am Ende macht er ihn zu seinem Verwalter. Das bringt Potifar Vorteile. Sein Wohlstand wächst.

Josef ist in Ägypten angekommen. Zwar gab es zur veranschlagten Zeit der Josefsgeschichte, d. h. im ersten und zweiten Jahrtausend v. Chr., eine Menge an politischen und kulturellen Beziehungen zwischen Kanaan und Ägypten, doch markanter als die Verbindungslinien waren die Gegensätze.[95] Ägypten stellte für jemanden wie Josef einen fremden Kulturkreis dar. Ein Teenager fern der Heimat, ohne Familie, auf eigenen Füßen in der neuen Welt! Das ist mehr als ein Abenteuer; das ist ein echtes Drama. Umso bemerkenswerter, wie geradlinig die Wege Josefs trotz aller Widerstände und in aller Abgründigkeit verlaufen. Adonai steht an Josefs Seite. Die Genesis wird das noch ausdrücklich ins Wort heben. Für die Leserinnen und Leser der Geschichte deutet es sich bereits an.

Josef enttäuscht das in ihn gesetzte Vertrauen nicht. Und bleibt sich darin selber treu – am meisten, als ihn die Frau des Potifar zu begehren scheint. Ägypten war, so will es scheinen, ein schlüpfriges Haus (vgl. nur Gen 12,11f.!). Die Dame macht sich also mächtig an Josef ran. Irgendwann will sie mit ihm ins Bett (Gen 39,7–21). Das Neue Testament, hat Erich Zenger einmal gesagt, schreibt die Geschichte des Lebens, das Alte Testament hingegen Geschichten, die das Leben schreibt. Diese ägyptische Episode scheint das zu belegen. Der Junge „von hübscher Gestalt und schönem Aussehen“ (Gen 39,6) weist die Ehefrau seines Chefs zurück. Er schubst sie förmlich von der Bettkante, will sich nicht hochschlafen, ist mithin das Gegenteil eines Karrieristen. Das kann sie ihm natürlich nicht verzeihen. Derweil Josef das Weite sucht, schlägt ihre Lust in Hass um. Als corpus delicti dient ihr ein zurückgelassenes, vielleicht wiederum vom Leib gerissenes Kleidungsstück Josefs. Die Verleumdung ist perfekt. Erneut wird eine Textilie zum Instrument böswilliger Täuschung. Und wirft ihn wiederum ins Loch, bringt ihn ungerechterweise hinter Schloss und Riegel. Interessant, wie die verschmähte Liebhaberin das Geschehen vor ihren Verwandten und Hausangestellten gewichtet: „Seht, einen hebräischen Mann hat er uns gebracht, damit er seinen Spaß mit uns treibe. Er ist zu mir gekommen, um mit mir zu schlafen. Aber ich habe laut geschrien!" (Gen 39,14) Die Lüge verzerrt alles. Das ist klar. Aber das Spiel, das sie spielt, ist noch in anderer Hinsicht perfide. Es ist der Ausländer, der Flüchtling, dem sie die Schuld so leicht in die Schuhe schiebt. Ein altbekanntes Muster, das zu allen Zeiten verfängt. Warum nur?

Die folgende Szene zeigt Josef im Gefängnis (Gen 39,20ff.). Wieder erweist er sich als er selbst, nämlich umsichtig und verlässlich. Und erneut kommt es zum Aufstieg. Vorerst nur im Knast, also im Kleinen. Der Leiter der Justizvollzugsanstalt macht ihn zu seinem Stellvertreter und vertraut ihm zwecks nachhaltiger Selbstentlastung gleich alle Gefangenen an (Gen 39,22f.). Doch damit nicht genug. Josef macht noch auf andere Weise von sich reden. Er deutet Träume. Traumdeuter gibt es viele. Aber Josef trifft ins Schwarze. Jedoch der Reihe nach: Unter den Häftlingen jenes Gefängnisses befanden sich auch der Mundschenk und der Bäcker des Pharaos. Beide waren bei Hofe in Ungnade gefallen. Josef sagt dem Bäcker nun traumdeutend die bevorstehende Hinrichtung an, dem Mundschenk hingegen sagt er voraus, dass er binnen drei Tagen rehabilitiert und sein altes Amt wieder ausüben werde. Und genau so kam es, dem einen zum Leid, dem anderen zum Segen. Der Mundschenk kann sein Glück kaum fassen – er verspricht sogar, dem Pharao von Josef und seinem Charisma zu erzählen. Was ist in der Geschichte der Menschen nicht schon alles versprochen worden? Der Mundschenk jedenfalls vergaß Josef ziemlich schnell. Und sein Versprechen an Josef vergaß er natürlich gleich mit. Erst zwei Jahre später kehrt die Erinnerung zurück. Der Pharao wird von Träumen gequält. Niemand ist in der Lage, sie zu deuten. Da erinnert sich der Mundschenk. In den Träumen des Pharao werden zuerst sieben fette Kühe von sieben dürren verschlungen (Gen 41,1–4). Danach sieben volle Ähren von sieben verkümmerten (Gen 41,5–7). Für Josef ist die Sache klar. Das Bildprogramm ist schnell entschlüsselt. Es bedeutet nur eins: Die fetten Jahre sind vorbei! Josef erläutert Pharao, was die Stunde geschlagen hat: Nach einer Phase ungemein starker Prosperität wird die wirtschaftliche Krise des Landes folgen. Es geht darum, eine Katastrophe zu bewältigen. Eine verheerende Hungersnot zieht langsam, aber sicher übers Land.

Der Pharao ist schwer beeindruckt. Jemanden wie Josef kann er gut gebrauchen. Josef wird wieder Stellvertreter. Jetzt aber ist er der Stellvertreter des Pharao. Josef hat Erfolg. Er ist ins Gelingen verliebt (vgl. Gen 39,2.3.21.23). Die Bibel lässt den Pharao aussprechen, weshalb das so ist: Josef ist einer, in dem Gottes Geist wohnt (vgl. Gen 41,38).

Wendende Hungersnot

39 Dann sagte der Pharao zu Josef: Nachdem dich Gott all das hat wissen
lassen, gibt es niemand, der so klug und weise wäre wie du. 40 Du sollst
über meinem Hause stehen, und deinem Wort soll sich mein ganzes Volk
beugen. Nur um den Thron will ich höher sein als du. 41 Der Pharao sag-
te weiter zu Josef: Hiermit stelle ich dich über ganz Ägypten. 42 Der Pha-
rao nahm den Siegelring von seiner Hand und steckte ihn Josef an die
Hand. Er bekleidete ihn mit Byssusgewändern und legte ihm die goldene
Kette um den Hals. 43 Dann ließ er ihn seinen zweiten Wagen besteigen.
Man rief vor ihm aus: Achtung! So stellte er ihn über ganz Ägypten. 44 Der
Pharao sagte zu Josef: Ich bin der Pharao, aber ohne dich soll niemand
seine Hand oder seinen Fuß regen in ganz Ägypten. 45 Der Pharao verlieh
Josef den Namen Zafenat-Paneach und gab ihm Asenat, die Tochter Poti-
feras, des Priesters von On, zur Frau. So wurde Josef Herr über Ägypten.
46 Josef war dreißig Jahre alt, als er vor dem Pharao, dem König von Ägyp-
ten, stand. Josef ging vom Pharao weg und durchzog ganz Ägypten. 47 Das

Land brachte in den sieben Jahren des Überflusses überreichen Ertrag. 48 Josef ließ während der sieben Jahre, in denen es Überfluss gab, alles Brotgetreide in Ägypten sammeln und in die Städte schaffen. Das Getreide der Felder rings um jede Stadt ließ er dort hineinbringen. 49 So speicherte Josef Getreide in sehr großer Menge auf, wie Sand am Meer, bis man aufhören musste, es zu messen, weil man es nicht mehr messen konnte. 50 Ein Jahr, bevor die Hungersnot kam, wurden Josef zwei Söhne geboren. Asenat, die Tochter Potiferas, des Priesters von On, gebar sie ihm. 51 Josef nannte den Erstgeborenen Manasse (Vergessling), denn er sagte: Gott hat mich all meine Sorge und mein ganzes Vaterhaus vergessen lassen. 52 Den zweiten Sohn nannte er Efraim (Fruchtbringer), denn er sagte: Gott hat mich fruchtbar werden lassen im Lande meines Elends. 53 Die sieben Jahre des Überflusses in Ägypten gingen zu Ende, 54 und es begannen die sieben Jahre der Hungersnot, wie es Josef vorausgesagt hatte. Eine Hungersnot brach über alle Länder herein, in ganz Ägypten aber gab es Brot. 55 Da ganz Ägypten Hunger hatte, schrie das Volk zum Pharao nach Brot. Der Pharao aber sagte zu den Ägyptern: Geht zu Josef! Tut, was er euch sagt. 56 Als die Hungersnot über das ganze Land gekommen war, öffnete Josef alle Speicher und verkaufte Getreide an die Ägypter. Aber der Hunger wurde immer drückender in Ägypten. 57 Auch alle Welt kam nach Ägypten, um bei Josef Getreide zu kaufen; denn der Hunger wurde immer drückender auf der ganzen Erde. **42** 1 Als Jakob erfuhr, dass es in Ägypten Getreide zu kaufen gab, sagte er zu seinen Söhnen: Warum schaut ihr einander so an? 2 Und er sagte: Ich habe gehört, dass es in Ägypten Getreide zu kaufen gibt. Zieht hin, und kauft dort für uns Getreide, damit wir am Leben bleiben und nicht sterben müssen. 3 Zehn Brüder Josefs zogen also hinunter, um in Ägypten Getreide zu kaufen. (Gen 41,39–42,3)

Die fetten Jahre gehen tatsächlich zu Ende. Glücklicherweise nicht ohne Vorwarnung. Der neue Stellvertreter des Pharao trifft alle nötigen Vorkehrungen. Die Fähigkeit, träume zu deuten, hilft ihm.

Was ist aus Josef geworden? Ein mächtiger und wohlhabender Mann. Und seine Vergangenheit? Denkt er manchmal an seinen Vater? Ist sein Herz hart geworden? Hegt er Rachegedanken, wenn er sich der Brüder erinnert? Die Bibel ist mit Antworten zurückhaltend. Zwanzig Jahre lässt sie verstreichen, bis sie einen Einblick gewährt in das Innenleben Josefs. Er wird Vater. Zusammen mit seiner Frau hat er zwei Söhne. Den Erstgeborenen nennt er Manasse, zu Deutsch: Vergessling. Denn er sagt: Gott hat mich alle meine inneren Schmerzen, meinen Kummer und mein ganzes Vaterhaus vergessen lassen. Der Zweitgeborene heißt Efraim, Fruchtbringer. Und Josef spricht: „Gott hat mich fruchtbar werden lassen im Land meines Elends." (Gen 41,50–52) – Die Kinder bekommen Namen, die die Lebenserfahrung des Vaters spiegeln. Gerade im Namen des Erstgeborenen ist das ganze Leben Josefs zusammengefasst: der Verrat, die Trennung, die Angst, die Demütigung, das Vergessen, die Trauer, die Heimatlosigkeit. Was mag das alles in ihm ausgelöst haben? Die Bibel hüllt sich in Schweigen. Jetzt sagt Josef, dass er klarkommt. Er kann alles hinter sich lassen. Das Blatt hat sich gewendet. Davon zeugt der Name des Zweiten: Josef ist heimatlos. Aber er kann sich von Gott getragen wissen. In Ihm ist er zu Hause. Das entdeckt Josef. Und diese Entdeckung macht ihn stark.

Wie aber steht es um seine Brüder? Lange war von ihnen nichts zu hören. Erst als sie daheim in Kanaan von derselben Misere heimgesucht werden wie die Menschen in Ägypten, geraten sie wieder in den Blick der Erzählung. Jakob hört, dass es im Land der Pharaonen noch Getreide zu kaufen gibt. Also schickt er seine zehn Söhne dorthin. Nur Benjamin, Josefs jüngeren Bruder, behält er bei sich – damit ihm nicht auch noch etwas zustoße. Die Brüder machen sich auf den Weg. Nicht allein, sondern in einer größeren Gruppe kanaanitischer Flüchtlinge brechen sie auf nach Ägypten. Mehrfach wird in altägyptischen Texten dargestellt, wie hungernde Nomaden an die Pforten des wohlhabenden Pharaonenreiches klopfen, um dem sicheren Hungertod zu entgehen. Hatte der Erzähler der Josefsgeschichte solche Not vor Augen? Die Bibel bezeugt jedenfalls mehrfach, dass es immer wieder Hungerkatastrophen waren, die Menschen nach Ägypten trieben (Gen 12,10; 26,1f.). Und die gerade erst der Knechtschaft Ägyptens entflohenen Israeliten sehnen sich recht bald nach den „Fleischtöpfen Ägyptens" zurück (Ex 16,3).

Josef, der die Verwaltung des Landes innehat, erkennt seine Geschwister sofort. Aber sie erkennen ihn nicht. Wie sollten sie darauf kommen, dass der zweitmächtigste Mann Ägyptens jener Bruder ist, den sie einst wie einen Hund verjagt und verkauft hatten?

Es beginnt eine Art Katz-und-Maus-Spiel. Bald nachdem die Brüder ihr Getreide gekauft haben, lässt Josef sie verhaften und wirft sie für drei Tage ins Gefängnis. Die Anklage ist schnell überlegt: „Spione seid ihr! Um nachzusehen, wo das Land eine Schwachstelle hat, seid ihr gekommen!" (Gen 42,9) Da sie falsch ist und keine Gründe für sie angegeben werden, haben die Jakobssöhne keine Chance, sie zurückzuweisen. Jede Beteuerung des Gegenteils ist von vornherein zwecklos. Sie bekommen keine Freiheit mehr und auch kein Getreide, bis sie ihre klägliche Verteidigungsrede, insgesamt elf Brüder zu sein (Gen 42,13: „einer ist nicht mehr"), die für ihre Familie Korn brauchen, beweisen können, indem sie den noch fehlenden Bruder vorweisen. Die Brüder haben Angst – zu verängstigten Flüchtlingen sind sie nun ihrerseits geworden: „Rechtschaffene Leute sind wir!" (Gen 42,11) In den Ohren Josefs muss das wie Hohn und Spott geklungen haben. Wie kann jemand sich als rechtschaffen vorstellen, der den eigenen Bruder ans Messer geliefert hat? Aber Josef ist ein gerechter Mensch, kein Racheengel. Ohne es eigens zu thematisieren, gewährt er seinen Brüdern die Chance, zu zeigen, dass sie tatsächlich rechtschaffene Leute sind: zum einen, indem sie ihrem Vater Jakob gegenüber ehrlich sind; zum anderen, indem sie jetzt untereinander solidarisch sind. Ihre Selbsteinschätzung soll keine Lüge bleiben. Josef will das sehen. Und aufdecken. Deshalb nimmt er Simeon in Geiselhaft. Wenn die Brüder ihn zurück haben wollen, müssen sie wiederkommen – mit Benjamin, dem Jüngsten, dem letzten Halt des Vaters. Der Befehl ergeht unter Todesandrohung (Gen 42,19f.). Josef meint es ernst. Die Brüder machen sich auf den Rückweg. Es ist ein schmaler Grat.

Just hier durchbricht der Panzer der Herzenshärte dieser Brüder. Die bis dato erfolgreich betriebene Verdrängung des Verbrechens funktioniert nicht länger. Die Brüder erinnern sich des Unrechts, das sie begangen haben, und empfinden Reue angesichts der inneren Not, die sie ihm eiskalt zugemutet haben. Anstelle der Chuzpe tritt das Bekenntnis von Schuld: „Gewiss, Schuldige sind wir an unserem Bruder Josef." (Gen 42,21) Die Brüder verändern sich. Ab jetzt wollen sie wahre Söhne ihres Vaters und ehrliche Geschwister sein. Dafür müssen sie weite Wege gehen.

Happy End in Ägypten

Natürlich weigert sich Jakob, Benjamin ziehen zu lassen. Als aber die Hungersnot immer schlimmer wird, gibt es keinen Ausweg mehr. Nachdem Juda sich für den Jüngsten verbürgt, gibt Jakob nach. Der Tross der Brüder zieht wieder hinab nach Ägypten. Jetzt sind sie komplett. Das Risiko, das sie eingehen, ist gewaltig.

Als Josef Benjamin sieht, überwältigt ihn die Rührung. Doch noch steht etwas zwischen ihm und den Geschwistern. Er offenbart sich ihnen nicht. Bevor er sie mit dem Getreide, das sie gekauft haben, von dannen ziehen lässt, veranlasst er, dass in Benjamins Gepäck ein wertvoller Silberbecher versteckt wird. Nachdem sie nun aufgebrochen waren, schickt Josef ihnen Soldaten nach, die Benjamin als Dieb überführen und verhaften. Alle Brüder zusammen kehren daraufhin zu Josef zurück. Dieses Mal werden sie sich des einen nicht entledigen! Juda begründet das neue Verhalten, das einer Umkehr des Herzens gleichkommt (Gen 44,18–34). Er zeichnet nach, wie die Brüder an ihrer Schuld und an ihrem Schuldbewusstsein gewachsen sind. Er zeigt, dass sie für den Vater eintreten, indem sie um Mitleid bitten. Schlussendlich erklärt Juda, dass sie von nun an in neuer Weise einander Brüder sein wollen – so wie er selbst, der sich für seinen Bruder und anstelle seines Bruders den Soldaten als Gefangener anbietet. Etwas Neues ist geworden. Die Brüder übernehmen Verantwortung füreinander und für ihr Tun. Es ist eine Sternstunde der Versöhnung.

Es ist zugleich und gerade deshalb auch der Moment, in dem sich Josef seinen Brüdern zu erkennen gibt. Wörtlich heißt es: „Ich bin Josef, euer Bruder, den ihr nach Ägypten verkauft habt. Jetzt aber lasst es euch nicht mehr leid sein und grämt euch nicht, weil ihr mich lieber verkauft habt. Denn um Leben zu erhalten, hat mich Gott vor euch hergesandt." (Gen 45,4f.)

Der Rest ist schnell erzählt: Die Brüder ziehen noch einmal von Ägypten nach Kanaan, um dem Vater alles zu beichten und ihn schließlich nach Ägypten zu holen. Für Jakob ist das ein schwerer Schlag und ein tiefer Schnitt zugleich. Man spürt sein Hadern, seinen Groll und seine Hoffnung, wenn man die Verse liest: „Genug. Mein Sohn lebt noch. Ich will hingehen und ihn sehen, bevor ich sterbe." (Gen 45,28)

Am Ende der Josefsgeschichte steht eine gute Migrationsgeschichte. Drei Stimmen umreißen sie. Die erste gehört Josef, der beinahe hymnisch zum Pharao spricht: „Mein Vater und meine Brüder sind mit ihren Schafen, Ziegen und Rindern und mit allem, was ihnen gehört, aus Kanaan gekommen. Sie sind bereits in Goschen." (Gen 47,1) Die zweite Stimme gehört den Brüdern, die geradezu demütig bitten: „Hirten von Schafen und Ziegen sind deine Knechte; wir sind es, und unsere Väter waren es auch schon. Wir sind gekommen, um uns als Freunde im Land aufzuhalten." (Gen 47,3) Die dritte gehört dem Pharao, es ist die Stimme von Macht und Politik: „Ägypten steht offen!" (Gen 47,6) Es ist das „Wir schaffen das" der Bibel. Die Erzählung setzt ins Bild, dass Flüchtlinge in Ägypten nicht nur überleben können, sondern dass das Land der Pharaonen ihnen auch ein Ort gewährter Gastfreundschaft und dauerhaften Lebens sein kann. Josef verbringt hier 93 seiner 110 Lebensjahre. „Die Josefsgeschichte ist in dieser Perspektive eine [...] Modellerzählung, die in Szene setzt, dass Menschen [...] im fremden Land nicht nur für das eigene Volk, sondern auch für das ‚Wirtsvolk' Gutes bewirken und dafür auch von beiden Seiten Anerkennung erfahren können."[96]

Wie zerbrechlich die gewonnene Versöhnung unter den Brüdern allerdings ist, zeigt sich ebenfalls am Ende der Geschichte.

Nach Jakobs Tod ist es die Sorge der Geschwister, dass Josef doch noch Rache an ihnen nehmen könnte. Also übermitteln sie ihm – zur Vorsicht – ein Wort des Vaters, das testamentarischen Charakter hat: „Dein Vater hat uns, bevor er starb, aufgetragen, dir zu sagen: Vergib doch deinen Brüdern ihre Untat und Sünde, denn Schlimmes haben sie dir angetan." (Gen 50, 16f.) Der Vater hat den Söhnen einen Weg geebnet. Er hat ihnen ein Wort gegeben, das die Kraft hat, Zukunft neu zu eröffnen. Es befreit die Brüder, eine eigene Sprache zu finden für das, was an Schuld noch im Raum steht[97]: „Nun vergib doch das Verbrechen der Knechte des Gottes deines Vaters." (Gen 50,17) Und darauf Josef, der sich selbst treu bleibende: „Habt keine Angst. Stehe ich denn an Gottes Stelle?" (Gen 50,19)

VI.
„Eine Nacht des Wachens für den Herrn“ (Ex 12,42)

Ein flüchtendes Volk

Die Exoduserzählung von der dramatischen Flucht des Volkes Israel aus der Sklaverei und Unterdrückung in Ägypten zählt zu den biblischen Urgeschichten. Sie ist nicht einfach nur ein Bericht unter vielen Berichten, sondern eher so etwas wie ein archetypisches Paradigma[98], weil sie an ein Geschehen von stets bleibender Gültigkeit erinnert: Gott befreit Menschen aus notvoller Situation und lebensfeindlicher Bedrängnis. Gerade so wurde der Exodus von den biblischen Autoren auf den Punkt gebracht und in ihre je neue Zeit hinein weitererzählt.

Die Vorgeschichte

Der Anfang des Buches Exodus schildert die Not des Volkes Israel. Nach Ex 1,11ff. wurden die Kinder Israels gezwungen, Ziegel zum Bau der Städte Ramses und Pitom zu streichen. Sie wurden dabei wie Sklaven behandelt. Der Hinweis wird abgesichert durch ägyptische Quellen, die bezeugen, dass semitische Kriegsgefangene auf Baustellen des Pharao als Bausklaven eingesetzt wurden.[99] Gleichwohl überrascht diese Notiz, weil doch die Josefsgeschichte unmittelbar zuvor noch so positiv und hoffnungsstark geendet hatte. Doch jetzt steht dem großzügigen Willkommensgruß des ägyptischen Herrschers (Gen 47,6) das fremdenfeindliche Kalkül seines Nachfolgers entgegen: „Seht nur, das Volk der Israeliten ist größer und stärker als wir. Gebt Acht! Wir müssen überlegen, was wir gegen sie tun können, damit sie sich nicht weiter vermehren. Wenn ein Krieg ausbricht, könnten sie sich unseren Feinden anschließen, gegen uns kämpfen und sich des Landes bemächtigen." (Ex 1,8ff.) Was hat er vor? Will er eine Obergrenze setzen? Will er den Nachzug von Angehörigen unterbinden? Gar eine rigorose Abschiebepraxis umsetzen? Drei aufeinanderfolgende Episoden beleuchten nicht nur die realpolitische Entschlossenheit, sondern auch die Herzenshärte des Pharao:

Zuerst zwingt er die Israeliten unter das Joch äußerst harter Fronarbeit, um sie nachhaltig zu schwächen und so dem langsamen, aber sicheren Tod preiszugeben. Das würde sie wohl davon abhalten, sich in Ägypten einzurichten und immer größere Familienverbände zu gründen. Man kann sich die Strategen solcher Planungen gut vorstellen. Über alle Zeiten hinweg und an ganz unterschiedlichen Orten – auch in Deutschland, Österreich, der Schweiz etc. – versuchen sie, billige und schlussendlich unmenschliche Programme als politische Alternative anzupreisen. Im biblischen Ägypten ging ihr Plan nicht auf: Je massiver staatliche Unterdrückungsmaßnahmen gegenüber den israelitischen Fremdarbeitern ausfielen, umso mehr trotzten sie ihnen und verstetigten die Ausländerquote im Land, sodass die Ägypter Angst und Schrecken befiel (vgl. Ex 1,8–14).

Also verschärft der Pharao das Aufenthaltsrecht, indem er den hebräischen Hebammen im Land befiehlt, jeden neugeborenen Israeliten bei der Geburt sterben zu lassen (Ex 1,15f.). Der Zweck scheint auch hier die Mittel zu heiligen. Jedenfalls würden sich die Migrationszahlen auf diese Weise wenigstens mittelfristig in den Griff bekommen lassen. Doch der Fürst hatte seine Rechnung ohne die hebräischen Hebammen gemacht. Im Gehorsam gegenüber Adonai widersetzen sie sich dem Befehl des Pharao. So wird das Volk der Israeliten in Ägypten noch zahlreicher und noch stärker (Ex 1,20).

Schließlich weitet der König das Tötungsedikt auf sein ganzes Volk aus, sodass alle Ägypterinnen und Ägypter gehalten sind, einen hebräischen Jungen, sollten sie seiner habhaft werden, im Nil zu ertränken (Ex 1,22). Kann man die Dichte von Menschenverachtung und Lebensfeindlichkeit messen? Wohl kaum. Aber die Bibel spart nicht an bitterer Ironie, wenn sie nun ausgerechnet die Tochter des Pharao in Szene setzt, wie sie den väterlichen Befehl verweigert, indem sie einen kleinen hebräischen Jungen aus dem Nil ziehen und dann auch noch am Hof des Pharao aufwachsen lässt. So betritt Mose, der Retter Israels, die Bühne der Geschichte. Es zeichnet sich zugleich ab, wie die Bibel einer sich stets steigernden lebensfeindlichen Dynamik ausländerfeindlicher Machtpolitik in erzählerisch geschickter Weise Grenzen aufzeigt. Dabei spielen Frauen die entscheidende Rolle. Neben den hebräischen Hebammen Schiffra und Pua zählen die namenlose Mutter des Mose, seine Schwester und die Tochter des Pharao dazu. Es wird zwar nicht ausdrücklich gesagt, tönt aber doch deutlich zwischen den Zeilen an, dass Adonai die Dinge ganz wundersam und wunderbar zugleich lenkt. Beim Anblick des Kindes in einem Bastkorb auf dem Strom und im Bewusstsein der gefährlichen Situation hört die Prinzessin auf die Stimme ihres Herzens, tut das Richtige und rettet das „Kind der Hebräer", das ihr auf diese Weise zum Sohn wird (Ex 2,10). Doch auch die leibliche Mama des Mose muss nicht um ihren Jungen weinen, denn es fügt sich, dass sie ihn – sozusagen im Schatten der Geschichte – im Auftrag der Tochter des Pharao als „Ziehmutter" aufziehen darf (Ex 2,8f.). Mose selbst wird durch diese Erzählung in doppelter Weise verortet: Von seiner Herkunft her ist er Hebräer, durch seine Geschichte wurde er zum Ägypter. Auf diese Weise stellt er eine Verbindung dar zwischen den in Ägypten unterjochten Kindern Israels, denen er entstammt, und der Gesellschaft Ägyptens, die er als Sohn der Tochter des Pharao repräsentiert. Mit dieser Verbindung erklärt das Buch Exodus, auf welche Weise Mose zum Retter Israels wird. Denn der Exodus ist in der Darstellung der biblischen Geschichte nicht vor allem Ausdruck einer Rebellion oder Ergebnis politischer Vertreibung, sondern ein Befreiungsgeschehen, für das Jahwe allein verantwortlich zeichnet.[100]

Die Jahre vergehen, Mose wächst heran (Ex 2,11). Schnell wird deutlich, dass dem Exodusbuch nicht an der Darstellung einer Biografie des Mose im engen Sinn liegt. Es gibt keine Details. Stattdessen werden von der Aufnahme des Kindes bei der Tochter des Pharao bis zu dem Punkt, an dem Mose selbst als Ehemann und Vater eines Sohnes in Erscheinung tritt (Ex 2,21f.), nur drei Ereignisse episodenhaft erzählt (Ex 2,11–22). Ihnen ist gemein, dass sie berichten, wie Mose in eine von ihm beobachtete Unrechtssituation eingreift. Die ersten beiden Ereignisse werden parallel an zwei aufeinander folgenden Tagen erzählt. Am ersten Tag sieht Mose, wie ein ägyptischer Aufseher einen hebräischen Sklaven schlug. Am zweiten Tag ist es ein Hebräer, der sich mit einem anderen Hebräer im Streit prügelt. Obgleich Mose beide Male in den Konflikt eingreift, geht es dem biblischen Text offenbar nicht darum, ihn in einem besonderen Gerechtigkeitsempfinden vorzustellen. Im ersten Fall wird Mose selbst zum Gewalttäter, der auch noch agiert wie irgendein x-beliebiger Mörder in einem durchschnittlichen Krimi. Im zweiten Fall wird Mose mit Verweis auf seinen Todschlag die Kompetenz zum Schlichten abgesprochen. Beide Ereignisse sind nun darin verwoben, dass sie zur Flucht des Mose aus Ägypten führen. Erst mit dem dritten Ereignis beginnt für ihn im fernen Midian ein neuer Lebensabschnitt[101]: Wieder erweist er sich als jemand, den das Unrecht anderer nicht kalt lässt. Doch jetzt kann er – anders als zuvor in Ägypten – wirksam helfen (Ex 2,19). Das Scheitern des Mose wird erst dann verständlich, wenn man den Fortgang der Exodusgeschichte kennt und sowohl den Auftrag an Mose zur Herausführung seines Volkes aus Ägypten als auch die Darstellung dieser Herausführung im Blick behält. Die beiden ersten Ereignisse zeigen Mose in seinem Eintreten für die Hebräer. Aber er handelt aus eigenem Impuls heraus. Seine Solidarität mit den hebräischen Brüdern übersieht, dass Adonai selbst die Stunde des rettenden Eingreifens bestimmt. So wird Mose selbst zum Flüchtling.[102] Er muss das Land verlassen, aus dem der „Hilfeschrei der Kinder Israels zu Gott von ihrer Sklavenarbeit aufstieg“ (vgl. Ex 2,23). Erst in Midian kommt er wieder zu sich selbst. Indem er hier als Ägypter gesehen wird und doch zugleich tatsächlich ein verborgener Bruder der Midianiter ist, wird seine doppelte Verortung, von der schon die Rede war, erneut bekräftigt. War er zuvor der Ägypter, der nicht wirklich Ägypter war, und dann der Hebräer, der nicht wirklich ein unterdrückter Hebräer war, steht er nun als Bruder der Midianiter auf der Seite der Midianiter. Dies bringt sein Leben weiter.[103] Er kann in der Familie Reguels bleiben und Zippora, eine seiner Töchter, zur Frau nehmen. Seinen Sohn nennt er Gerschom, denn er sagte: „Ein

Niedergelassener bin ich geworden im Lande der Fremdheit." (Ex 2,22)

Mose, der Flüchtling, findet einen neuen Lebensgrund. Nach außerbiblischen Überlieferungen bleibt er über vierzig lange Jahre hinweg Schafhirte im Auftrag seines Schwiegervaters. Als eines Tages die Weidegründe erschöpft sind, treibt Mose die Herde weiter. Er zieht über die Grenzen alles Bisherigen hinaus und sucht neues Land. Das Bisherige reicht nicht mehr zum Leben, es nährt nicht mehr. Da sieht er auf dem Weg in die Zukunft ein besonderes Phänomen.

Die Selbstoffenbarung Adonais

Ex 2,23–25 ist ein Spiegel der Nähe und Gegenwart Adonais. Die Verse tragen ein starkes Crescendo in die Präsenz Gottes ein[104]: Jahwe „hörte das Stöhnen" der Israeliten in ihrem Sklavendasein, er „gedachte seines Bundes mit Abraham", er „schaute auf die Söhne Israels und gab sich ihnen zu erkennen". Intensiv nimmt Adonai die Not Israels wahr, sie entgeht ihm nicht, ist ihm nicht einfach egal. Die in Ex 3 erzählte große Offenbarung seines Namens und darin seiner Wirklichkeit erklärt sich zunächst vor diesem Hintergrund. Mit Gott ist insbesondere dort zu rechnen, wo das Unrecht und Leid von Menschen an Menschen unerträglich wird. Die Sendung des Mose ist nichts anderes als Gottes Reaktion auf solche Missstände.[105]

Die Aufmerksamkeit des Mose wird durch eine eigenartige Entdeckung geweckt: Ein brennender Dornbusch, der brennt, doch niemals verbrennt (Ex 3,2). Die Kraft des Feuers symbolisiert Gottes rettende und richtende Macht. Das Spezifikum, dass dieser Busch brennt, aber nicht verbrennt, zeigt umgekehrt an, wie wenig diese Macht als solche lebensfeindlich, vernichtend oder zerstörend sein will. Gottes Liebe will wie jede echte Liebe ernst, sogar todernst genommen werden, sie ist aber ebenso entschieden und unermesslich zugleich. Das Zusammenfallen von anscheinenden Gegensätzen weckt Staunen, das zu Gott führen kann.[106] Für die Rabbinen jedenfalls ist klar, dass das Phänomen dieses Dornbusches schon eine Aussage über Gott selbst macht: Die Wahl eines unscheinbaren Wüstenstrauches symbolisiert die Leidenschaft Adonais für alles Unscheinbare und Unaufdringliche; sie bezeugt deshalb auch die Solidarität Gottes mit den erniedrigten und unterdrückten Söhnen und Töchtern Israels in Ägypten. Ab Ex 3,7 spricht Jahwe über die Beweggründe seiner Selbstoffenbarung. In zwei Anläufen (Ex 3,7–12 und Ex 3,13–22) teilt er Wesentliches mit über die Wahrheit seiner selbst und die seines Willens. Schon der Auftakt ist markant. Mittels dreier Verben knüpft er an seine bereits in Ex 2,24f. beschriebene Gegenwart und Nähe an. Neu ist seine ausdrückliche Solidarisierung mit den unterdrückten Israeliten in der Fremde des Sklavenhauses Ägypten, die er – erstmalig – explizit „mein Volk" nennt. Die Not seines Volkes rührt ihn zutiefst an, ihr Schmerz ist sein Schmerz. Adonai steht an der Seite Israels und beginnt zu handeln. Sein Ziel ist es, die Menschen seines Volkes aus der Knechtschaft Ägyptens zu befreien und sie hinaufzuführen in ein gutes Land, in dem Milch und Honig fließen. Deshalb beruft er Mose und gibt ihm den Auftrag, beim Pharao für die Freiheit seines Volkes einzustehen. Die Stichwörter „gehen" und „senden", die hier fallen, sind typisch für biblische Berufungs- und Sendungserzählungen (vgl. Ri 6,14; Jes 6,8; Jer 1,7; Ez 2,3f.; 3,11). Insgesamt fünfmal versucht Mose, seiner Berufung mit Fragen auf den Grund zu kommen. Zunächst weicht er zurück: „Wer bin ich denn, dass ich zum Pharao gehe und dass ich die Israeliten aus Ägypten herausführe?" (Ex 3,11). Was er, als er noch in Ägypten war, zutiefst wollte, scheint ihm nun eine Nummer zu groß zu sein. Doch dies ist nicht die Stunde der Skepsis. Jeder Frage folgt eine Antwort Adonais, die Mose immer tiefer in die an ihn ergangene Berufung hineinzieht.[107] Die Aufgabe, die sich stellt, ist kein einmaliger Auftrag. Es handelt sich vielmehr um ein alles bestimmendes Lebensthema.

Angestoßen durch die Frage des Mose nach der Bedeutung seines Namens[108] (Ex 3,13), kommt Adonai auf das Innerste seiner selbst zu sprechen. Es ist einer der heiligsten Momente biblischer Gottesrede. In der Mitte des Offenbarungsgeschehens steht die namentliche Selbstvorstellung Gottes. Sie wird flankiert von einer Reihe geschichtlicher Erinnerungen, die die Wirkmächtigkeit Adonais zum Inhalt haben. „Mit der Präzision eines Uhrwerkes"[109] und doch auch „geheimnisvoll"[110] geht Adonai auf die Frage des Mose ein: „Ich bin der ich bin." (Ex 3,14) Der Sinngehalt dieses Satzes ist schwer zu fassen, weil es sich um eine Erklärung handelt, bei der das zu Erklärende durch sich selbst zum Ausdruck gebracht wird. Hier versagt die Sprache. Die Grammatik reicht nicht aus, den Namen genau zu erklären. Durch die Risse der Sprache schimmert das Geheimnis jener Beziehung, die dieser Gott mit Mose und seinem Volk lebt. Man kann den Satz einfach im Sinne von „Ich bin ich" verstehen, oder – unter Berücksichtigung des futurischen Elements, das in der Verbform verankert ist – mit „Ich werde sein, der ich sein werde" wiedergeben. Die griechische Übersetzung der Hebräischen Bibel weist zudem einen Weg in Richtung des Seins des seienden Gottes. Das muss sich nicht widersprechen. Auf der Grundlage des genauen Sinnhorizontes des hebräischen Wortlautes zieht Christoph Dohmen[111] Ex 33,19 hinzu. Dort wird der Gottesname umschrieben: „Ich erweise Gnade, wem ich Gnade erweisen werde, und erweise mich barmherzig, wem ich mich barmherzig erweisen werde." Hier wird klargestellt, dass Gnade und Barmherzigkeit zwar das Wesen Gottes ausmachen, es aber zugleich seiner freien Souveränität obliegt, gegenüber wem, auf welche Weise und wann sich Jahwe als barmherzig und gnädig erweisen will. Gleiches gilt für Ex 3,14 hinsichtlich des Namens Gottes. Das „Ich werde sein" ruft den Aspekt bleibender Gegenwart und Nähe Gottes in der Mitte seines Volkes auf. Die Mitteilung des Namens Gottes ist in besonderer Weise auf Zukunft ausgerichtet, was dem Sendungsauftrag entspricht, den Mose entgegennimmt: Israel aus der Knechtschaft Ägyptens zu befreien. Jahwe erweist sich zugleich als ein mitfühlender und tatkräftiger

Gott. „Das ist seine Zusage: Was auch immer ist, wann es auch immer ist, wo es auch immer ist, wie es auch immer ist: Du triffst, wenn du dich rufen lässt, auf mich als dein lebendiges Gegenüber, als den ‚Ich werde da sein, als der ich da sein werde' (Martin Buber). Mose bekommt das als Erstes gesagt: Dieser Gott [...] lässt sich hineinrufen in die Geschichte seines Volkes und eines jeden Menschen."[112]

Rückkehr nach Ägypten

Mose kehrt dann nach Ägypten zu seinem Volk zurück und überbringt dem Pharao die Weisung Adonais: „So spricht Jahwe, der Gott Israels: Lass mein Volk ziehen, damit sie mir ein Fest feiern in der Wüste." (Ex 5,1) Der Pharao steht hier für alles, was Menschen hindert, menschenwürdig zu leben. Aus der Begegnung mit Jahwe im brennenden Dornenbusch hat Mose gelernt, dass es nur einen Herrn gibt, der vom Menschen Besitz ergreifen kann, ohne ihn seiner Würde zu berauben. Jetzt, im Wissen um Gottes wirkliche Gegenwart, tritt er dem Pharao entgegen und fordert die Freilassung seines Volkes, das Gottes Volk ist. Ein Fest in der Wüste wollen sie feiern. Dieses Fest ist die Sehnsucht der Armen, die man um ihr Leben betrogen hat. Jetzt sollen sie aufatmen und auf den Geschmack der Freiheit kommen.[113] Doch die Antwort des Pharao ist ebenso wenig erfreulich wie überraschend: „Wer ist denn Jahwe, dass ich auf seine Stimme hören und Israel ziehen lassen sollte? – Ich kenne Jahwe nicht, und Israel werde ich nicht ziehen lassen." (Ex 5,2) Die Geschichte wird immer vertrackter und komplizierter. Von nun an steht nicht mehr nur Mose als Repräsentant Gottes infrage, sondern Gott selbst mitsamt seiner Verheißung. Deshalb ergreift Jahwe die Initiative: „Ich führe euch aus der Fron Ägyptens heraus." (Ex 6,6)

Dies beginnt mit der Erzählung von den zehn ägyptischen Plagen. Sie stellen so etwas wie ein „Kräftemessen" zwischen Gott und dem Pharao dar.[114] Unter dem Eindruck der Plagen, die aus dem Herrschaftsraum des Pharao eine Trümmerlandschaft machen (angefangen beim Nil als dem Lebensnerv Ägyptens bis hin zum Tod jeder Erstgeburt als dem Lebensstrom Ägyptens), sagt der Herrscher die Entlassung Israels zunächst zu, um diese Zusage schlussendlich doch wieder zurückzunehmen. Über neun Episoden geht das Ganze hin und her und lässt die Spannung zum Zerreißen steigen.[115] Erst die letzte Plage leitet die Lösung ein. Jahwe war für den Pharao ein Fremder, weil er sich durch keinen irdischen Herrscher und durch keinen menschlichen Reichtum oder Einfluss abbilden lässt. Dieser Gott erweist sich von nun an als „Bündnispartner rechtloser Sklaven": „Statt im Bündnis mit irdischen Machthabern Unterwerfung unter die Obrigkeit einzufordern, gibt er Anweisungen, das Joch der Unterdrückung abzuschütteln."[116]

Der Auszug aus Ägypten

[1] Der Herr sprach zu Mose und Aaron in Ägypten: [2] Dieser Monat soll die
Reihe eurer Monate eröffnen, er soll euch als der erste unter den Mona-
ten des Jahres gelten. [3] Sagt der ganzen Gemeinde Israel: Am Zehnten die-
ses Monats soll jeder ein Lamm für seine Familie holen, ein Lamm für je-
des Haus. [4] Ist die Hausgemeinschaft für ein Lamm zu klein, so nehme er
es zusammen mit dem Nachbarn, der seinem Haus am nächsten wohnt,
nach der Anzahl der Personen. Bei der Aufteilung des Lammes müsst ihr
berücksichtigen, wie viel der Einzelne essen kann. [5] Nur ein fehlerfreies,
männliches, einjähriges Lamm darf es sein, das Junge eines Schafes oder
einer Ziege müsst ihr nehmen. [6] Ihr sollt es bis zum vierzehnten Tag die-
ses Monats aufbewahren. Gegen Abend soll die ganze versammelte Ge-
meinde Israel die Lämmer schlachten. [7] Man nehme etwas von dem Blut
und bestreiche damit die beiden Türpfosten und den Türsturz an den
Häusern, in denen man das Lamm essen will. [8] Noch in der gleichen
Nacht soll man das Fleisch essen. Über dem Feuer gebraten und zusam-
men mit ungesäuertem Brot und Bitterkräutern soll man es essen. [9] Nichts

davon dürft ihr roh oder in Wasser gekocht essen, sondern es muss über
dem Feuer gebraten sein. Kopf und Beine dürfen noch nicht vom Rumpf
getrennt sein. 10 Ihr dürft nichts bis zum Morgen übriglassen. Wenn aber
am Morgen noch etwas übrig ist, dann verbrennt es im Feuer! 11 So aber
sollt ihr es essen: eure Hüften gegürtet, Schuhe an den Füßen, den Stab in
der Hand. Esst es hastig! Es ist die Paschafeier für den Herrn. 12 In dieser
Nacht gehe ich durch Ägypten und erschlage in Ägypten jeden Erstgebo-
renen bei Mensch und Vieh. Über alle Götter Ägyptens halte ich Gericht,
ich, der Herr. 13 Das Blut an den Häusern, in denen ihr wohnt, soll ein Zei-
chen zu eurem Schutz sein. Wenn ich das Blut sehe, werde ich an euch vo-
rübergehen, und das vernichtende Unheil wird euch nicht treffen, wenn
ich in Ägypten dreinschlage. 14 Diesen Tag sollt ihr als Gedenktag bege-
hen. Feiert ihn als Fest zur Ehre des Herrn! Für die kommenden Genera-
tionen macht euch diese Feier zur festen Regel! 15 Sieben Tage lang sollt
ihr ungesäuertes Brot essen. Gleich am ersten Tag schafft den Sauerteig
aus euren Häusern! Denn jeder, der zwischen dem ersten und dem sieb-
ten Tag Gesäuertes isst, soll aus Israel ausgemerzt werden. 16 Am ersten
Tag sollt ihr eine heilige Versammlung einberufen und ebenso eine heili-
ge Versammlung am siebten Tag. An diesen beiden Tagen darf man kei-
nerlei Arbeit tun. Nur das, was jeder zum Essen braucht, dürft ihr zube-
reiten. 17 Begeht das Fest der ungesäuerten Brote! Denn gerade an diesem
Tag habe ich eure Scharen aus Ägypten herausgeführt. Begeht diesen Tag
in allen kommenden Generationen; das sei für euch eine feste Regel. 18 Im
ersten Monat, vom Abend des vierzehnten Tags bis zum Abend des ein-
undzwanzigsten Tags, esst ungesäuerte Brote! 19 Sieben Tage lang darf sich
in euren Häusern kein Sauerteig befinden; denn jeder, der Gesäuertes isst,
sei er fremd oder einheimisch, soll aus der Gemeinde Israel ausgemerzt
werden. 20 Esst also nichts Gesäuertes! Überall, wo ihr wohnt, sollt ihr un-
gesäuerte Brote essen. 21 Da rief Mose alle Ältesten Israels zusammen und
sagte zu ihnen: Holt Schafe oder Ziegen für eure Sippenverbände herbei,
und schlachtet das Paschalamm! 22 Dann nehmt einen Ysopzweig, taucht
ihn in die Schüssel mit Blut, und streicht etwas von dem Blut in der Schüs-
sel auf den Türsturz und auf die beiden Türpfosten! Bis zum Morgen darf
niemand von euch das Haus verlassen. 23 Der Herr geht umher, um die
Ägypter mit Unheil zu schlagen. Wenn er das Blut am Türsturz und an
den beiden Türpfosten sieht, wird er an der Tür vorübergehen und dem
Vernichter nicht erlauben, in eure Häuser einzudringen und euch zu
schlagen. 24 Haltet euch an diese Anordnung! Sie gelte dir und deinen

Nachkommen als feste Regel. 25 Wenn ihr in das Land kommt, das euch
der Herr gibt, wie er gesagt hat, so begeht diese Feier! 26 Und wenn euch
eure Söhne fragen: Was bedeutet diese Feier?, 27 dann sagt: Es ist das Pa-
scha-Opfer zur Ehre des Herrn, der in Ägypten an den Häusern der Isra-
eliten vorüberging, als er die Ägypter mit Unheil schlug, unsere Häuser
aber verschonte. Das Volk verneigte sich und warf sich nieder. 28 Dann
gingen die Israeliten und taten, was der Herr Mose und Aaron befohlen
hatte. So machten sie es. 29 Es war Mitternacht, als der Herr alle Erstgebo-
renen in Ägypten erschlug, vom Erstgeborenen des Pharao, der auf dem
Thron saß, bis zum Erstgeborenen des Gefangenen im Kerker, und jede
Erstgeburt beim Vieh. 30 Da standen der Pharao, alle seine Diener und alle
Ägypter noch in der Nacht auf, und großes Wehgeschrei erhob sich bei
den Ägyptern; denn es gab kein Haus, in dem nicht ein Toter war. 31 Der
Pharao ließ Mose und Aaron noch in der Nacht rufen und sagte: Auf, ver-
lasst mein Volk, ihr beide und die Israeliten! Geht und verehrt Jahwe, wie
ihr gesagt habt. 32 Auch eure Schafe, Ziegen und Rinder nehmt mit, wie
ihr gesagt habt. Geht und betet auch für mich! 33 Die Ägypter drängten
das Volk, eiligst das Land zu verlassen, denn sie sagten: Sonst kommen wir
noch alle um. 34 Das Volk nahm den Brotteig ungesäuert mit; sie wickel-
ten ihre Backschüsseln in Kleider ein und luden sie sich auf die Schultern.
35 Die Israeliten taten, was Mose gesagt hatte. Sie erbaten von den Ägyp-
tern Geräte aus Silber und Gold und auch Gewänder. 36 Der Herr ließ das
Volk bei den Ägyptern Gunst finden, sodass sie auf ihre Bitte eingingen.
Auf diese Weise plünderten sie die Ägypter aus. 37 Die Israeliten brachen
von Ramses nach Sukkot auf. Es waren an die sechshunderttausend Mann
zu Fuß, nicht gerechnet die Kinder. 38 Auch ein großer Haufen anderer
Leute zog mit, dazu Schafe, Ziegen und Rinder, eine sehr große Menge
Vieh. 39 Aus dem Teig, den sie aus Ägypten mitgebracht hatten, backten
sie ungesäuerte Brotfladen; denn der Teig war nicht durchsäuert, weil sie
aus Ägypten verjagt worden waren und nicht einmal Zeit hatten, für Rei-
severpflegung zu sorgen. 40 Der Aufenthalt der Israeliten in Ägypten dau-
erte vierhundertdreißig Jahre. 41 Nach Ablauf der vierhundertdreißig
Jahre, genau an jenem Tag, zogen alle Scharen des Herrn aus Ägypten fort.
42 Eine Nacht des Wachens war es für den Herrn, als er sie aus Ägypten he-
rausführte. (Ex 12,1–42)

Mose erhält von Gott her den Auftrag, in der Nacht des Auszugs aus Ägypten das Pascha zu begehen. Ursprünglich handelt es sich um eine alte Tradition der Nomaden, deren Entstehungsgeschichte bis in die vorisraelitische Zeit zurückreicht. Dabei handelt es sich um einen Übergangsritus, der im Frühling das alljährliche Herausführen der Herden aus der Wüste in das Kulturland begleitete, das notwendig wurde, weil die Wüste im Sommer zu heiß und zu trocken wurde, um Leben zu gestatten. In der Nacht vor dem Aufbruch wurde ein kultisches Mahl zelebriert, nach den alten Bräuchen der Nomaden. Daran erinnern bis heute die Rubriken, nach denen das Paschalamm am Feuer gebraten, mit bitteren Kräutern der Wüste gewürzt und mit dem ungesäuerten Brot der Nomaden hastig gegessen werden muss. Dieses rituelle Zeichen soll nun Israel setzen – in der Nacht seines Übergangs von einem alten zu einem neuen Leben. Israel soll aus dem fremden Kulturland hinaus in die Wüste ziehen, um eben dort seinem Gott zu begegnen. Aber es ist keine weglose Wüste. Am Ende steht die Verheißung der Landnahme in der Heimat eines Gelobten Landes. Damit wird der alte Brauch zu einem neuen Brauch. Es ist nicht länger ein Ritus, der der Gefahr wehren soll, sondern Zeichen von Rettung und Befreiung. Israel soll das Pascha als Volksgemeinschaft begehen. Vor allem sollen sie sich der Situation des Aufbruchs vergewissern (Ex 12,11). „Es ist ein Mahl ‚im Vorübergehen', ein Flucht-mahl, das Signal zum entschlossenen Aufbruch aus allen pharaonischen Nöten und Zwängen."[117] Die jüdische Schriftstellerin Raissa Maritain berichtet in ihrem Buch *Die großen Freundschaften* von der Zeit ihrer Kindheit im russischen Zarenreich. Sie erzählt von pogromartigen Verfolgungen, denen die jüdische Bevölkerung ausgesetzt war, erinnert sich an brennende Häuser und schlimmes Leid. Und doch gibt es für sie inmitten dieser Finsternis eine andere Erinnerung – an die alljährliche Feier des jüdischen Paschafestes: „Das eindrucksvollste Fest aber war Ostern. Am Vorabend fand zur Vesperzeit die liturgische Mahlzeit statt. [...] Die Nacht brach herein; man kostete die bitteren Kräuter; die Gebete begannen. [...] Alle Herzen waren aufgewühlt von der Größe der göttlichen Verheißungen und Huldbezeugungen, von der erschütternden Geschichte so vieler Jahrhunderte des

Leidens, die dennoch nicht vermocht hatten, die Hoffnung auszulöschen."[118]

Die Erzählung der letzten Nacht in Ägypten und vom Aufbruch der Israeliten ist Teil der vorausgehenden Plagenerzählung. Wenn Ex 12,29 einfach nur nüchtern erzählt wird, was bereits im Kontext der Berufung des Mose angekündigt wurde (Ex 4,22), scheint die Bedeutung des zehnten Schlages gegen die Ägypter als bekannt vorausgesetzt zu sein, denn der gesamte nun folgende Erzählteil achtet nicht auf die Verschonung Israels, sondern richtet alle Aufmerksamkeit auf die verheerende Wirkung, die die zehnte und letzte Plage entfacht. Deren Besonderheit liegt aber nicht im Grad ihrer Härte, sondern besteht darin, dass sie alle Ägypter unterschiedslos trifft. Der Aufschrei, der daraufhin in Ägypten zu hören ist, ist ein Echo jenes Aufschreies Israels, den Adonai vernommen hatte und zum Anlass nahm, sein Volk zu befreien (vgl. Ex 3,7.9).[119]

Der nächtliche Aufbruch ist ein großes Wagnis. Alles, sogar das Leben Israels, steht auf dem Spiel. Die Flucht des Gottesvolkes kennt keine Sicherheiten, einzig die Zusage Jahwes, treu seinem Namen das Volk durch die Wüste zu leiten und es in aller Gefahr zu schützen und zu bewahren. Diese „Nacht des Wachens für den Herrn" (Ex 12,42–51) zählt zu den dramatischsten Nächten, von denen die Bibel erzählt. Ps 121 besingt den „Hüter Israels": „Er schläft und schlummert nicht." Wie eine Mutter wacht in der Krisisnacht ihres Kindes[120], wacht Jahwe über die Geschehnisse dieser Schicksalsnacht. Darum ist die Nacht der Befreiung für die Söhne und Töchter Israels eine große Glaubenserfahrung: Adonai wacht über uns, Er rettet sein Volk. Die Osternacht wird ihre Dimensionen klären: Adonai ist ein Gott des Lebens. Wer auf ihn hofft, wird nicht zugrunde gehen.

Nicht nur der Pharao, ganz Ägypten drängt die Hebräer noch in derselben Nacht unter dem Schock der Ereignisse, das Land zu verlassen (Ex 12,30.33). Alles geschieht in großer Eile. Es bleibt nicht viel Zeit. Die Israeliten packen – Ex 12,34 deutet es an – ihre spärliche Habe hastig zusammen und nehmen das Nötigste mit. Doch halt: Ex 12,35 erwähnt noch Silber und Gold, das die Israeliten von den Ägyptern „erbaten". Es fällt sogar der Begriff „Plünderung". Die Zeit größter Not scheint noch nie die Stunde erlesenster Moral gewesen zu sein.

Das Ende der Knechtschaft lässt noch einmal an den Anfang (Ex 1) denken. Die Fluchtroute der Israeliten führt von Ramses über Sukkot (Ex 12,37). Das ist nach Ex 1,11 der erste Ort der Arbeit und Unterdrückung. Auch die Flüchtlingszahlen, die Ex 12,37 notiert, erinnern an Ex 1,7, wonach die hebräischen Sklaven in Ägypten fruchtbar und sehr zahlreich waren. Wenn Ex 12,37 nun allein 600.000 davonziehende Männer zählt, heißt das auch, dass die pharaonische Flüchtlingspolitik gegenüber dem Heilswillen Gottes chancenlos war.

Der Zug durchs Meer

Nachdem die Israeliten ausgezogen sind, scheinen die Ägypter einfach alles zuvor Geschehene hinter sich gelassen zu haben. Sie glauben, Israel habe sich in der Wüste verirrt und könne zurückgetrieben werden in Ausbeutung und Sklaverei. Also jagen sie mit Ross und Reiter hinter den Flüchtenden her. Und auch diese wundern sich über die Ereignisse, werden von Angst und Zweifel überrannt und wünschen sich lieber in die vermeintliche Sicherheit Ägyptens zurück (Ex 14,12). Die Exoduserzählung ist keine Geschichte ohne Brüche und Abgründe. Aber gerade dort, in den oft so unübersichtlichen Notsituationen eines Lebens, bewährt und bewahrheitet sich die Verheißungstreue Adonais. Er rettet Israel durch einen wundersamen Durchzug durch das Meer.

Mose macht den verängstigten Flüchtlingen Mut: Non abiate paura – Habt keine Angst! „Bleibt stehen, und schaut zu, wie Adonai euch heute rettet!" (Ex 14,13) Gegen alle Hoffnung sollen sie hoffen. Und vertrauen. Dieses „Habt keine Angst" setzt nicht auf eigenes Geschick und Vermögen, sondern verankert die Grundfeste des Lebens in Gott. Die Tora erzählt, wie sich der Engel Gottes und die Wolkensäule, jenes Ursymbol göttlichen Beistandes, dann schützend zwischen das Lager der Ägypter und den Flüchtlingskonvoi der Kinder Israels schiebt, sodass sich die Wege von Täter und Opfer nicht verhängnisvoll kreuzen können. Nach menschlichem Ermessen steckt Israel in der Klemme, mit dem Abgrund des Schilfmeeres voraus, mit dem Rücken zur Wand. Adonai allein kann helfen. Er ist treu und verlässlich. Er hält Wort. Und er zieht sein Volk aus der Falle. Den Weg durch das Meer gehen diese Menschen Schritt für Schritt – im vielleicht sogar hart errungenen Vertrauen, dass Adonai diesen Weg für sie gewählt hat und zugleich schützend bei ihnen ist. Dabei brauchen sie Mose, der sie trotz aller Angst und jeder Verzweiflung ermutigt, das Undenkbare zu denken und – vielleicht nicht trockenen Fußes, aber lebendig – an das rettende Ufer zu gelangen. Als das Wasser dann zurückflutet, ist die Macht der Finsternis gebrochen. Das festzuhalten ist der Bibel wichtig. Die ethischen Fragen, die sich heutigen Leserinnen und Lesern der Exodusgeschichte stellen mögen, wird sie sicher teilen. Doch was sie an dieser Stelle bewegt, ist die Verheißungstreue Gottes. Die ist hier entscheidend. Sonst nichts.

Spannend bis zur letzten Silbe der Exoduserzählung bleibt die Frage, ob Gottes Rettungshandeln wirklich Erfolg hat oder ob es schlussendlich doch noch scheitert – an der Übermacht des Pharao oder am Kleinmut der Israeliten. „Gegen beides, gegen die Verstocktheit, mit der Pharao seine Macht zu behaupten trachtet [...], und gegen die Kurzatmigkeit, die Ängste, die Abstumpfung der Unterdrückten [...] setzt die Exodustradition den ‚langen Atem Gottes', der sich in seinem Freiheitswillen nicht beirren lässt."[121]

Auf Adlers Schwingen

Israel ist frei. Was jetzt beginnt, ist die mühsame Wegsuche in das Land seiner Bestimmung. In Wahrheit steht Israel noch ganz am Anfang. Das Eigentliche beginnt gerade erst.[122] Das Buch Numeri hält fest, dass es 42 Stationen waren, die zwischen Ägypten als Ausgangspunkt des Exodus und seinem verheißenen Ziel des gelobten Landes lagen. Der zurückgelegte Weg scheint für die biblischen Autoren von besonderer Bedeutung zu sein, denn weder die Geißel der Plagen noch die Dramatik des Aufbruchs vermochten zuvor den ausdrücklichen Befehl Adonais an Mose zu begründen, die Orte und Wegstrecken des Wüstenmarsches schriftlich zu fixieren (vgl. Num 33,2). Doch so entsteht am Ende eine Liste, die zeigt, dass das Volk Israel trotz aller Gefahr nicht ins Ungewisse geflohen ist und dass der Exodus ein sicheres Ziel hatte: das Land zu erreichen, in das Abraham auf Gottes Geheiß hin aufgebrochen war, weil Adonai es ihm und den Seinen geben wollte.[123]

Die biblischen Schriften erinnern immer und immer wieder an das Sklavendasein der Kinder Israels in Ägypten und ihre machtvolle Rettung und Befreiung durch Jahwe – nicht, um eine Art kollektives Selbstmitleid zu kultivieren, sondern aus dem eigenen Geschick für alle Zukunft die richtigen ethischen Schlüsse zu ziehen und folglich allen Fremden, Migranten, sogar ausländischen Sklaven eine menschenwürdige und dem Willen Gottes entsprechende Behandlung zukommen zu lassen.[124] Die Tora selbst macht den Anfang: *„Einen Fremden sollst du nicht ausnützen oder ausbeuten, denn ihr selbst seid Fremde in Ägypten gewesen“* (Ex 22,20); *„Der Fremde, der sich bei euch aufhält, soll euch wie ein Einheimischer gelten, und du sollst ihn lieben wie dich selbst; denn ihr seid selbst Fremde in Ägypten gewesen.“* (Lev 19,34); *„Erinnere dich: Als du in Ägypten Sklave warst, hat der Herr, dein Gott, dich freigekauft. Darum verpflichte ich dich heute auf dieses Gebot.“* (Dtn 15,16) Nicht zuletzt auch kultisch wurde und wird die so gelagerte Erinnerungskultur Israels bis heute gepflegt, wenn die jährlich begangene Pascha-Memoria das einstige Sklavendasein Israels in Ägypten wachruft und die Erfahrung der Befreiung durch Gott so sehr im kulturellen Gedächtnis Israels verortet, dass es als Beweggrund ethischen Handelns unmittelbar einsichtig wird.

Adonai erweist sich als ein geschichtsmächtiger Gott, der insbesondere auf der Seite der Unterdrückten, Kleingehaltenen, Missachteten und Flüchtenden steht. Was in Ex 3,12 angekündigt wurde, erfüllt sich in Ex 19: Israel gelangt am Fuße des Berges Sinai an. Wieder ist ein Punkt erreicht, an dem das Exodusbuch den „Blick in den Rückspiegel", m.a.W. eine selbstvergewissernde Rekapitulation folgen lässt: *„Mose aber stieg hinauf zu Gott. Da rief Jahwe zu ihm vom Berg her: So sollst du zum Haus Jakob sagen und den Israeliten verkünden: Ihr selbst habt gesehen, was ich Ägypten getan habe. Dann habe ich euch auf Adlersflügeln getragen und euch zu mir gebracht. Jetzt aber, wenn ihr wahrhaftig auf meine Stimme hören werdet, meinen Bund bewahren werdet, dann werdet ihr mein eigenes Volk unter allen Völkern sein, wenngleich mir die ganze Erde gehört, werdet ihr mir aber ein priesterliches Königreich sein, ein heiliges Volk. Dies sind die Worte, die du zu den Israeliten sprechen sollst."* (Ex 19,3–6) Das Exodusgeschehen wird unter dem Bildwort vom Getragensein auf Adlers[125] Schwingen subsumiert. Wie auch immer man hier übersetzen mag – ganz sicher geht es um Jahwe, den Heiligen Israels, der der feste Halt aller ist, die an ihn glauben.

VII.
„Kehrt doch um, meine Töchter“ (Rut 1,11)

Notwendende Liebe

Eigentlich ist die Geschichte Ruts schnell erzählt. Das alttestamentliche Buch zählt nur vier Kapitel. Die aber haben es in sich. Sie berichten von Not und von Rettung, von Trauer und Treue, von Flucht und Heimat. Protagonisten dieser Novelle sind einfache Menschen. Was sie tun, ist nach den Maßstäben derer, die Weltgeschichte machen, nicht sonderlich bemerkenswert. „Es ist eine Alltagsgeschichte, die hier erzählt wird. Der Alltag konfrontiert diese Menschen mit der leidvollen Dimension menschlicher Existenz."[126]

Wieder geht es auch um Migration. Es sind die Themen, die gegenwärtig zu den brennenden und drängenden Fragen der gesellschaftlichen Diskussion gehören und die zugleich von der Rut-Geschichte aufgeworfen werden, um sie aus einer biblischen Perspektive des Glaubens, der Hoffnung und der Liebe zu beantworten: Wie umgehen mit Menschen, die infolge von Krieg oder Armut aus fernen Ländern kommen? Was muss geschehen, damit Inkulturation von Migranten gelingen kann? Was kann es bedeuten, ein Auge und ein Herz für Menschen in Not zu haben, und wie könnte Hoffnung wider alle Hoffnung begründet sein?

Israel stand im 5. Jahrhundert v. Chr. vor ähnlichen Fragen. Nachdem sich die Weltmachtverhältnisse grundlegend gedreht und verändert hatten, durften die Kinder Israels aus dem babylonischen Exil in ihre Heimat zurückkehren. Doch dort ergaben sich handfeste Probleme: Bedingt durch eine Reihe politischer Instabilitäten, hatten sich inzwischen Migranten aus allen Himmelsrichtungen im Lande Israels angesiedelt. Sollte es möglich sein, fortan als Gast im eigenen Land leben zu müssen? Wie würde man eine Gesellschaftsform etablieren können, die jüdischer Identität entspräche? Das Buch Rut ist ein Antwortversuch: Ausländer können zum Volk Israel gehören – sie können sogar wichtig sein für den Aufbau des Landes. Kronzeugin dafür ist Rut, eine Ausländerin aus Moab. Gerade sie wird zur Retterin Israels. Das ist die größte, doch lange nicht einzige Provokation, die diese biblische Schrift in sich birgt.

Aufbruch und Zusammenbruch

[1] Zu der Zeit, als die Richter regierten, kam eine Hungersnot über das Land. Da zog ein Mann mit seiner Frau und seinen beiden Söhnen aus Betlehem in Juda fort, um sich als Fremder im Grünland Moabs niederzulassen. [2] Der Mann hieß Elimelech, seine Frau Noomi, und seine Söhne hießen Machlon und Kiljon; sie waren Efratiter aus Betlehem in Juda. Als sie im Grünland Moabs ankamen, blieben sie dort. [3] Elimelech, der Mann Noomis, starb, und sie blieb mit ihren beiden Söhnen zurück. [4] Diese nahmen sich moabitische Frauen, Orpa und Rut, und so wohnten sie dort etwa zehn Jahre lang. [5] Dann starben auch Machlon und Kiljon, und Noomi blieb allein, ohne ihren Mann und ohne ihre beiden Söhne. [6] Da brach sie mit ihren Schwiegertöchtern auf, um aus dem Grünland Moabs heimzukehren; denn sie hatte dort gehört, der Herr habe sich seines Volkes angenommen und ihm Brot gegeben. [7] Sie verließ zusammen mit ihren beiden Schwiegertöchtern den Ort, wo sie sich aufgehalten hatte. Als sie nun auf dem Heimweg in das Land Juda waren, [8] sagte Noomi zu ihren Schwiegertöchtern: Kehrt doch beide heim zu euren Müttern! Der Herr erweise euch Liebe, wie ihr sie den Toten und mir erwiesen habt. [9] Der Herr lasse jede von euch Geborgenheit finden bei einem Gatten. Damit küsste sie beide zum Abschied; doch Orpa und Rut begannen laut zu weinen [10] und sagten zu ihr: Nein, wir wollen mit dir zu deinem Volk gehen. [11] Noomi sagte: Kehrt doch um, meine Töchter! Warum wollt ihr mit mir ziehen? Habe ich etwa in meinem Leib noch Söhne, die eure Männer werden könnten? [12] Kehrt um, meine Töchter, und geht; denn ich bin zu alt, noch einem Mann zu gehören. Selbst wenn ich dächte, ich habe noch Hoffnung, ja, wenn ich noch diese Nacht einem Mann gehörte und gar Söhne bekäme: [13] Wolltet ihr warten, bis sie erwachsen sind? Wolltet ihr euch so lange abschließen und ohne einen Mann leben? Nein, meine Töchter! Mir täte es bitter leid um euch; denn mich hat die Hand des Herrn getroffen. [14] Da weinten sie noch lauter. Doch dann gab Orpa ihrer Schwiegermutter den Abschiedskuss, während Rut nicht von ihr ließ. [15] Noomi sagte: Du siehst, deine Schwägerin kehrt heim zu ihrem Volk und zu ihrem Gott. Folge ihr doch! [16] Rut antwortete: Dränge mich nicht, dich zu verlassen und umzukehren. Wohin du gehst, dahin gehe auch ich, und wo du bleibst, da bleibe auch ich. Dein Volk ist mein Volk, und dein Gott ist mein Gott. [17] Wo du stirbst, da sterbe auch ich, da will ich begraben sein. Der Herr soll mir dies und das antun – nur der Tod wird mich von dir scheiden. (Rut 1,1–17)

Der Einstieg dieser Erzählung ist klassisch: Ein Mann namens Elimelech hatte eine Frau namens Noomi. Sie hatten zwei Söhne, Machlon und Kiljon. Eine israelitische Kleinfamilienidylle. Es fällt nicht schwer, sich das unbeschwerte Familienleben in und um Betlehem vorzustellen. Der Name dieser Stadt war Programm: Haus des Brotes. Damit ist all das angezeigt, was das Leben lebenswert macht. Und davon gab es in Betlehem mehr als genug. Doch Schicksalsschläge, sagt man, kommen unangemeldet. Und so war es. Wieder einmal zog eine schlimme Hungerkatastrophe über das Land. Sie machte aus dem Land, in dem eigentlich Milch und Honig fließen sollten, einen Ort tödlichster Bedrohung. Elimelech war plötzlich ohne Perspektive. Sein Urauftrag war es, das Leben von Frau und Kindern abzusichern. Doch diesen Auftrag konnte er nun in seiner Heimat nicht länger erfüllen. Nicht nur das Überleben dort, auch guter Rat war teuer.

Jenseits des Jordan, in Moab, war fruchtbares Land. Das hat er gewusst oder zumindest gehört. Dort gab es keine Katastrophe. Im Gegenteil: Die Menschen schienen dort aus dem Vollen zu leben. Als nichts mehr geht, entscheidet sich Elimelech, mit seiner Familie die judäische Heimat zu verlassen. Sie packen die Habseligkeiten, die sie tragen können, und ziehen ins Land der Moabiter. Dort würden sich Möglichkeiten ergeben, den Lebensunterhalt zu verdienen. Die hätte es in Ägypten, der Kornkammer der Region, mit hoher Wahrscheinlichkeit auch gegeben. Elimelech jedoch zieht es nach Osten. Warum nur? Moab zählt nicht gerade zu den Lieblingsnachbarn Israels, wird vielmehr aufgrund unschöner Erinnerungen (vgl. Dtn 23) als Feindesland geführt, sodass qua Gesetz kein Moabiter in die Volksgemeinschaft Israel aufgenommen werden darf (vgl. Dtn 23,4–7; Esr 9,1–2; Neh 13,1–3)[127]. Von all dem ist nichts zu hören. Doch eines ist sicher: Der Abschied vom Land der Verheißung führt Elimelech, seine Frau Noomi und seine Söhne Machlon und Kiljon nur noch tiefer in die Not hinein.[128] Denn gleich nach der Ankunft in Moab stirbt Elimelech. An fremdem Ort, an fremder Stelle! Die Not der Familie lässt sich erahnen. Seine Witwe Noomi ist jetzt mit ihren zwei Söhnen allein. Wie kann sie ihre Familie ernähren?

Die Geschichte geht weiter. Doch sie bleibt eine Unheilsgeschichte. Die Söhne Noomis und Elimelechs heiraten zwei moabitische Mädchen, Orpa und Rut. Das Schlimmste scheint damit überstanden. Die Söhne scheinen sich im Land der Moabiter sogar ganz gut zurechtzufinden. Und Noomi? Sie schweigt. Schon die ganze Zeit. Ob sie vielleicht unglücklich ist, dass ihre Söhne außerhalb ihres Glaubens heiraten? Noomi sagt nichts. Sie leidet leise.

Schließlich schlägt das Schicksal erneut zu. Mit beispielloser Wucht. Beide Söhne sterben. Über die näheren Umstände schweigt sich die Bibel aus. Ein tragischer Unfall? Eine heimtückische Krankheit? Ein gewaltsamer Übergriff? Was sich jedenfalls ursprünglich als chancenreicher Ausweg auftun sollte, entpuppt sich am Ende als ein verheerender Irrweg. Noomi, inzwischen alt und betagt, steht jetzt allein da mit ihren kinderlosen Schwiegertöchtern. Menschlich gesehen ist das schon schlimm genug. Doch drohte noch größeres Ungemach. Witwen verfügten damals über keinen gesicherten rechtlichen und sozialen Status. Hinter jeder Häuserecke schien der Tod zu lauern. Der Lebensfaden der Familie war endgültig abgerissen. Aber Noomi zeigt ihre Trauer nicht. Alles, was die Geschichte preisgibt, ist, dass Noomi kurz nach dem Tod ihrer Söhne hört, die Situation in ihrem Heimatland Judäa habe sich gebessert. Auf der Stelle will sie zurück nach Betlehem. Es soll dort wieder Leben geben. So kam die Stunde, nach Hause zu gehen. Da Noomi durch den Tod von Mann und Söhnen alles genommen wurde, streckt sie sich nach dem Letzten aus, das ihr geblieben ist: die Heimat. Dieser Aufbruch markiert keinen Neuanfang. Schlussendlich soll es ein Trauerzug sein. Noomi kehrt zurück – dorthin, wo sie bar jeder Freude den Tod finden und gleichfalls begraben werden will.[129] Bleibt da noch Raum für ein Happy End?

Die drei Frauen brechen auf. Eine Trotzgemeinschaft im Leid wollen sie sein. Geografisch betrachtet bewegen sie sich im Niemandsland zwischen Moab und Betlehem. Die Wegstrecke ist aber auch auf andere Weise Niemandsland. Wer sollte sie erwarten? Worauf könnten sie sich freuen? Wie könnte eine Hoffnungsperspektive neu entwickelt werden? Die erste plausible Antwort müsste lauten: Durch nichts und niemanden. Nichts als Störbilder auf dem Radarschirm ihrer Hoffnung. An solchem Tiefpunkt angelangt, führen die drei Frauen den entscheidenden Dialog. Noomi teilt den Schwiegertöchtern mit, beschlossen zu haben, dass es besser für sie wäre, den jeweils eigenen Weg zu gehen. Sie waren jung, das Leben lag noch vor ihnen. Warum sollte man sie in ein Land führen, das nicht ihr Land war? Warum sollte man ihnen die Last aufbürden, ihr Dasein als Fremde unter Fremden fristen zu müssen? Doch so einfach ist das nicht. Die Töchter wollen sich nicht von ihr trennen. Stärker als alle Skepsis ist die Verbundenheit. Eigentlich wäre das Anlass größter Freude. Doch die Fähigkeit zur Freude war mitgestorben. Noomi wird deutlicher. Und legt nach: Es gibt keine Hoffnungsperspektive mehr! In Judäa wird kein Leben für die jungen Witwen möglich sein. Da fallen die endgültigen Entscheidungen. Die andere, Orpa, geht. Die eine, Rut, bleibt. Und spricht die berühmten Worte: „Dein Volk ist mein Volk [...] Nur der Tod wird uns trennen."

Rut und Noomi gehen nach Betlehem. „Doch diesen Weg muss man erst einmal gehen, und auf diesem Weg muss man erst einmal andere, die kaum noch selbst gehen können, mitnehmen: in der Haltung und mit dem Einsatz der Rut![130]" Und Noomi? Obwohl sie sich durch Ruts Entscheidung gehalten und getragen fühlen müsste, will sie von den Frauen, die sie in Betlehem empfangen, nicht länger mit Noomi („meine Wonne"), sondern mit Mara („Die Bittere") angesprochen werden. In ihrer Trauer nimmt Noomi Züge des klagenden Ijob an.[131] Zweimal nennt sie Jahwe „Schaddaj": Verwüster. Dabei ist er derjenige, der Noomi nach Betlehem „zurückkehren lässt" (Rut 1,21) und so für sie und Rut eine neue Zukunft eröffnet.[132] Doch das zu sehen ist nicht leicht. Wer kann das Morgenrot wecken?

Hoffnungsschimmer und Lichtblicke

Noomi und Rut sind wieder in Betlehem. Für Noomi ist es die Heimat, für Rut die Fremde. Es fällt nicht schwer, sich vorzustellen, wie man dort in Judäa auf eine junge verwitwete Frau – auch noch aus Moab – hinabschaute. Aber es hilft alles nichts. Rut muss ihr neues Leben in die Hand nehmen, wenigstens so gut es geht den Alltag gestalten. Es gibt sogar einen Hoffnungsschimmer: In Betlehem lebt Boas, einer von Noomis Verwandten. Zu seinem Besitz zählten große bewirtschaftete Felder. Die Hungersnot war wirklich zu Ende.

Rut ergreift die Initiative. Und Adonai tut es auch. Sie profitiert vom Armenrecht, das in Israel gilt, und sammelt Ähren von frisch abgeernteten Feldern. Dabei lernt sie Boas kennen. In dieser Begegnung treffen, so hat es den Anschein, Welten aufeinander: Auf der einen Seite der einheimische, gut situierte und angesehene Gutsherr, auf der anderen die verarmte Witwe mit Migrationshintergrund. Trotz ihres Engagements für Noomi bleibt Rut Ausländerin, nicht allein dem Personalausweis nach, sondern auch dem gesellschaftlichen Ansehen nach. Es gibt Regionen, in denen einem so etwas noch nach Jahrzehnten nachgesagt wird. Trotzdem hat sich Ruts Eintreten für Noomi herumgesprochen. Ländliche Regionen sind an solchen Punkten sehr verlässlich. Das kann das Ansehen der Ausländerin stabilisieren. Jedenfalls hat auch Boas davon erfahren. Er scheint Rut wohlgesinnt zu sein und behandelt sie freundlich. Am Ende verhilft er ihr zu einer großzügigen Tagesernte, die Brot für eine ganze Woche bedeutet.

Jetzt, angesichts des Erfolgs, erwachen auch in Noomi die Lebensgeister: Gibt es nicht ein Gesetz, demzufolge die Verwandten eines Verstorbenen sich dessen kinderlos gebliebener Witwe anzunehmen und sie zur Frau zu nehmen zu haben, um gewissermaßen stellvertretend dem Verstorbenen post mortem zur Nachkommenschaft zu verhelfen? Und war Boas denn nicht ein Verwandter Elimelechs? Wäre Boas, der Gutsherr, nicht eine gute Partie? Noomi spinnt die Fäden, und sie spinnt sie fein.[133]

List und Liebe

Für kinderlose Witwen gibt es das Rechtskonstrukt der „Leviratsehe“, die regelt, dass der Bruder eines verstorbenen Mannes dessen Witwe heiraten und mit ihr ein Kind zeugen soll, das den Namen des Verstorbenen weiterführt (Dtn 25,5–10). Im Hintergrund steht die Absicht, den Fortbestand des Namens des verstorbenen Mannes und vor allem die Versorgung seiner Familie zu gewährleisten. So weit, so gut. Nur leider ist Boas kein Schwager. Er ist ein Verwandter des verstorbenen Elimelech. Noomi scheint das nicht sonderlich zu beunruhigen. Im Gegenteil: Mit Boas vor Augen setzt die Spitzfindigkeit der alten Noomi an.

Das dritte Kapitel des Buches Rut spielt in einer milden Frühsommernacht am Ende der Erntezeit. Noomi schickt Rut auf die Tenne zu Boas, der dort, vor den Toren der Stadt, seine Schlafstätte errichtet hat. Sie soll sich zu seinen Füßen legen und sich mit seiner Decke zudecken, um wenigstens zeichenhaft anzuzeigen, wie schutzbedürftig sie ist. Die nächtliche Begegnung ist also genauestens geplant. Rut soll baden, sich parfümieren und das Obergewand anlegen. Diese Vorbereitungen markieren in manchen Erzählungen der Bibel einen Neuanfang (vgl. 2 Sam 12,20; Ez 16,8–10; Dan 10,3).

Das Geschehen bewegt sich zweifelsohne in einer Szenerie, die für sexuelle Konnotationen offen ist. Durch Sprache und Handlung wird eine erotisch-sexuelle Atmosphäre aufgebaut. Dass Rut den schlafenden Boas sexuell überrascht, wird hingegen nicht gesagt. Es schwingt auch in der Formulierung nicht mit. Im Fortgang des Geschehens dieser Nacht kommt es nicht zum Sex[134] – auch wenn alles darauf hinzuzielen scheint. Die Pointe des Erzählabschnitts liegt vielmehr darin, dass Rut die Decke, mit der Boas sich schlafen gelegt hat, aufdeckt, darunter schlüpft und sich an die Seite Boas' legt. So entsteht eine Szene, die unterschiedliche Reaktionsmuster infrage kommen lässt: Boas könnte Rut verstört und erschreckt davonjagen; er könnte das nächtliche Beisammensein für ein sexuelles Abenteuer nutzen und Rut anschließend wie eine Prostituierte behandeln; Boas könnte schließlich Ruts Ansinnen einer Leviratsehe mit ihm, dem Großgrundbesitzer, als überambitioniert verspotten. Wie dem auch sei: Boas nutzt die Situation nicht aus. Vielleicht gibt es noch eine vierte Option, mittels derer diese Geschichte doch noch ein glückliches Ende nimmt.[135]

In der Mitte dieser Nacht führen Rut und Boas ein Schlüsselgespräch. Entgegen der Weisung Noomis („Er wird dir sagen, was du tun sollst") sagt Rut Boas, was er tun soll[136]: Sie bittet ihn tatsächlich um die Ehe. Als Begründung führt Rut seine Löseverpflichtung an. Die so eindeutig gar nicht ist! Rut ist im entscheidenden Moment nur wenig bescheiden. Umso deutlicher werden die Ausmaße ihres Wunsches. Sie reichen weit über das normale Maß und damit über das zu Erhoffende hinaus. Und wen wundert's: Boas bezeichnet Rut anerkennend – analog zum Ideal in Spr 31,10–31 – als „fähige Frau". Damit ist sie von ihm, der zuvor als „fähiger Mann" vorgestellt wurde (Rut 2,1), als ebenbürtig akzeptiert.[137]

Rettung und Lösung

Keine gute Geschichte geht zu schnell zu Ende. Es ist wie im Leben: Glatte Lösungen gibt es selten. Weil es noch jemand anderes gibt, der mit Rut näher verwandt ist als Boas, und weil auch Grundbesitz noch eine Rolle spielt, muss mit großem Geschick und Sachverstand verhandelt werden. Die Rechtslage ist kompliziert. Doch auch ihr gegenüber erweist sich Boas gewachsen. Zielstrebig und im Guten entschieden verhandelt er – so lange, bis er schlussendlich öffentlich erklären kann: „Rut, die Mobiterin, habe ich mir zur Frau erworben, um den Namen ihres verstorbenen Mannes auf seinem Erbe wieder erstehen zu lassen, damit sein Name unter seinen Verwandten und innerhalb der Mauern seiner Stadt nicht erlischt. Ihr seid heute Zeugen." (Rut 4,10) Boas – „Verteidiger der Schwachen, Beschützer der Armen. Er bemerkte eine unbekannte Frau auf seinen Feldern und tat alles, ihr nicht das Gefühl zu geben, sie sei ein Eindringling. [...] In seiner Gegenwart konnte nichts Böses geschehen. Boas, der von allen angesehen und bewundert wurde, rief ein Gefühl der Sicherheit und Dankbarkeit hervor."[138] Die Bibel ergänzt, dass Adonai Rut schließlich Schwangerschaft schenkt und dass sie einen Sohn zur Welt bringt (Rut 4,13). So erfüllt sich für sie, was Noomi längst ahnte: „Gott ist da als der, der seine Gnade nicht den Lebenden und nicht den Toten entzieht." (Rut 2,20)

Die Geschichte von Noomi und Rut wird überaus kunstvoll erzählt. Unterm Strich geht es aber nicht um Erzählkunst. Auch nicht um eine anrührende Geschichte, die die Herzen der Menschen erreicht. Tatsächlich geht es um die proklamatorische Auslegung des Willens Gottes, der sich Bahn bricht im solidarischen Handeln der Menschen und in der Fülle des Lebens, die so entsteht.[139] Diese Geschichte arbeitet mit vielen Leerstellen. Doch in allem zeigt sich der „Leben gebende Gott", der sich offenbaren will in Leben gebenden Menschen".[140] Darum ist das Buch Rut ein Plädoyer gegen Nationalismus und für eine Öffnung zum respekt- und liebevollem Umgang mit vermeintlich Fremden. Wer wüsste das besser als Israel? Die Juden waren selbst Fremde in Ägypten; deshalb sind sie gerufen, alle Fremden so zu respektieren, wie sie sind: „Man darf deren Art zu leben nicht zu ändern trachten. Man darf nicht versuchen, sie sich anzugleichen. Jedes menschliche Wesen spiegelt das Bildnis Gottes wider, der selbst kein Bildnis besitzt."[141]

VIII.
„Bringst du dich nicht in Sicherheit, wirst du umgebracht“ (1 Sam 19,11)

Die Not Davids

Die Bibel ist reich an Gestalten, die über Jahrhunderte hinweg die Menschen zu faszinieren vermochten. Nur selten kann eine einzelne Gestalt einen solchen Facettenreichtum aufweisen wie David. Beinahe neunhundertmal wird er in der Bibel erwähnt, große Textzyklen sind ihm und seiner Geschichte gewidmet. Ihre Verfasser schufen sehr unterschiedlich akzentuierte David-Bilder. „Da finden wir den Hirtenjungen, den Musikanten und Patron des Liedguts, den Krieger und Guerillero, den skrupellosen Kriegsherrn, Politiker und Taktiker, aber auch den weitsichtigen Staatschef, der auf Integration setzt. Wir lernen David in Männer- wie Frauenbeziehungen kennen, als jungen kraftvollen Burschen und als alten Mann, dem nicht mehr warm wird."[142] Es gibt in der Bibel einen David, dem die Herzen zufliegen, es gibt aber auch den Flüchtling, der um sein Leben zu fürchten hat. Diese Geschichte erzählt das Erste Samuelbuch.

Bei Hofe

Nach 1 Sam 16,14–23 kommt David als Musiktherapeut an den Hof des Königs Saul. Doch auch diese Geschichte hat eine Vorgeschichte. Saul, Sohn des Kisch (1 Sam 9,1), geht aus dem vielleicht kleinsten, zugleich kriegstüchtigsten Stamm Benjamin hervor. Von Gott erwählt, wird er zum ersten König Israels. Seine Biografie ist Ausdruck einer erfolgreichen Karriere. Sie ist aber zugleich Zeugnis eines beispiellosen Niedergangs. Die einst so verheißungsvoll begonnene Laufbahn des Königs endet in Misserfolg und seelischem Zusammenbruch. Im Hintergrund seines allmählichen, aber doch stetigen Machtverlustes steht die Tatsache, dass Adonai sich von ihm abwandte. Der Geist des Herrn, heißt es, war von dem Machthaber gewichen (1 Sam 16,14). Ein launischer Gott? Wohl kaum. Nicht etwa, dass Saul sich in Gottes Augen zu nachsichtig gegenüber den Amalekitern erwies, begründet das Misstrauensvotum. In Wahrheit geht es um einen brüchigen Glauben des Königs. Und im Flüsterton fügt die Bibel hinzu: Es geht auch um Korruption. Die Glanzzeit des Königs ist zu Ende. Stattdessen „quälte ihn ein böser Geist“ (1 Sam 16,14) – möglicherweise das Synonym für eine psychische Erkrankung. Einige Kommentatoren sprechen von Schwermütigkeit, andere von einer Depression. David soll für Saul auf der Zither spielen, wann immer es dem König schlecht geht. Die Musik der Zither würde den Quälgeist besänftigen, sodass es Saul wieder besser ginge. So kam David zu ihm und trat als Musiktherapeut[143] in seinen Dienst. Saul gewann ihn lieb, und David wurde sein Waffenträger (1 Sam 16,21). Diese Aufgabe ist im Alten Orient Ausdruck größten Vertrauens, da vom engsten Mitarbeiter eines hochgestellten Militärs im Ernstfall ja leichthin Leben oder Tod abhängen konnte. Die Bibel lässt Saul den Ersten sein, der dem Charme Davids verfällt. Seine beiden Kinder werden es ihm gleichtun. Jedenfalls wird aus dem Angestelltenverhältnis eine Freundschaft. So wird das eine Weile gegangen sein: David spielte viel auf der Zither – und Saul bekam seine Krankheit in den Griff (vgl. 1 Sam 16,23). Das Machtproblem des Königs hingegen blieb.

Gegen Goliat

Eines Tages zogen die Philister ihre Truppen zum Kampf zusammen. Mit knappen Federstrichen wird das Kriegsszenario umrissen (1 Sam 17,1ff.). Nach der Beschreibung der Kriegsgebiete wird der gewaltige Gegner, der Israel bedroht, vorgestellt. Repräsentativ geschieht das, als pars pro toto. Denn der Fokus richtet sich auf einen Vorkämpfer namens Goliat aus Gat, einer der fünf Philisterstädte. Seine hünenhafte Gestalt fällt nicht weniger furchterregend aus als seine militärische Ausstattung. Die Pointe der Beschreibung liegt in der offenkundigen Unverwundbarkeit des gepanzerten Riesen, der – um im Bild zu bleiben – wohl auch eine große Schnauze hat: „Heute habe ich ganz Israel verhöhnt“ (vgl.

1Sam 17,10). Das ist Kampfansage und Demütigung, Schlachtruf und Spottvers zugleich. Als König Saul und sein Heer ihn vernehmen, durchfährt es sie. Die Sache scheint gelaufen zu sein. Doch es kommt anders, als man denkt. Dies ist Davids Stunde.

Bei seinem Auftritt vor dem König pokert er dem Anschein nach hoch: „Niemand soll wegen dieses Philisters den Mut sinken lassen!" (1 Sam 17,32) Und er kommt zur Sache: „Dein Knecht wird mit ihm kämpfen." Es stockt einem der Atem. Ist es Mut? Ist es Größenwahn? Ist es Leichtsinn? Saul vermutet wohl eine Mischung aus allem. Er pfeift David zurück. Mit begründetem Einwand: „Du kannst nicht hingehen, um mit ihm zu kämpfen, du bist zu jung; er hingegen ist ein Krieger von Jugend an (1 Sam 17,33)", ein kampferfahrener Berufssoldat. David scheint sich zunächst tatsächlich auf dem Niveau eines sich selbst überschätzenden Teenagers zu bewegen. Geradezu niedlich verweist er auf seine Erfahrungen mit wilden Tieren, die er als Hirtenjunge gesammelt haben will. Es hat den Anschein, als mache David aus der Mücke einen Elefanten. Doch dann klingen plötzlich andere Töne an. David bringt Adonai ins Spiel: „Diesem unbeschnittenen Philister wird es genauso ergehen (wie einst im Gelände den wilden Tieren), weil er die Schlachtreihen des lebendigen Gottes verhöhnt hat. […] Der Herr, der mich aus der Gewalt von Löwen und Bären gerettet hat, wird mich auch aus der Gewalt dieses Philisters retten." (1 Sam 17,36f.) Es stimmt also doch. Und jetzt ist es ausgesprochen: Diese Angelegenheit ist Sache Adonais, des Heiligen Israels. Der König kann nur noch sagen: „Geh! Der Herr sei mit dir!" (1 Sam 17,37)

Anstelle schwerer Waffen wählt David einen Stock, fünf Kieselsteine aus dem Bach und eine Schleuder. Waffen sind das, die ihm von klein auf vertraut sind. Damit rückt er gegen den Philister vor. Natürlich kann Goliat sich kaum vor Lachen halten. Aber das Lachen wird ihm bald vergehen. David retourniert alle Beleidigungen des Philisters. Am Ende fällt der entscheidende Satz: „Heute wird dich der Herr mir ausliefern!" (1 Sam 17,46) Jahwe rettet sein Volk, jedoch nicht durch Schwert und Speer, sondern durch den Mut eines Teenagers.[144] Adonai steht einmal mehr auf der Seite der Schwachen und Unscheinbaren. Der Bericht über den eigentlichen Kampf ist so kurz wie der Kampf selbst.[145] Auf das Vorrücken Goliats folgt ein Entgegenlaufen Davids. Ein Griff in die Tasche, ein Kieselstein, die Schleuder – alles geht blitzschnell. Am Ende liegt der Philister geschlagen am Boden (1 Sam 17,48ff.). Der Sieg gehört David. Aber es ist ein unglaublicher Sieg! Die feindlichen Philister fliehen über alle Berge.

Deutlich genug arbeitet die Bibel an dieser Stelle mit Kontrasten. Dem Schwermut Sauls stellt sie den Sieg Davids entgegen. Der König wird von einem bösen Geist gequält (1 Sam 16,14), der Hirtenjunge ist vom Gottesgeist inspiriert (1 Sam 16,13). Des einen Stern sinkt, des anderen Stern geht auf: Als neuer Retter Israels hat David den Feind vernichtet und – in den Vorstellungskategorien seiner Zeit – einen großen Sieg errungen. Längst deutet sich an, dass David zum künftigen König bestimmt ist. Auch Saul hat eine Ahnung. Doch diese führt dazu, dass sich sein Argwohn gegenüber David verfestigt und dass daraus eine Art von Besessenheit erwächst, die selbst vor Mord nicht zurückschreckt. Davids Musik kann das Dunkle in Saul nicht länger einschmelzen.[146] Fast hat es den Anschein, als habe sich William Shakespeare für seine Dramen vom ersten Samuelbuch inspirieren lassen.

Saul stellt sich im Anschluss an Davids Sieg die Frage nach der Herkunft dieses jungen Mannes (1 Sam 17,55ff.). Er scheint längst zu verstehen, dass Gott hinter David steckt. Vielleicht wurde dieser Passus erst nachträglich in den Erzählkranz eingetragen. Ursprünglich könnte er aus einer Überlieferung stammen, nach der David erst durch seinen Kampf gegen Goliat mit Saul in Kontakt kam. Anstatt nun Sauls Erkundigung nach der Herkunft Davids vor dem Hintergrund des in 1 Sam 16 bereits Berichteten einfach zu streichen, wurde sie beibehalten[147] – mit dem Effekt, dass sie nun eine tiefere Bedeutungsebene erschließt: Indem Saul seine Frage recht kurz hintereinander dreimal wiederholt (1 Sam 17,55.56.58), zeigt sich das Ausmaß seiner Beunruhigung. Ist der

Sieger über den Philister jener Mensch, von dem Samuel einst geweissagt hatte, dass er „besser ist" als Saul (1 Sam 15,28) – ein „Mensch nach dem Herzen Jahwes" (1 Sam 13,14)? Schon bald ist Saul nicht nur von einem quälenden Geist, sondern auch von Eifersucht geplagt. Er wirkt hin- und hergerissen. Einerseits gilt, dass David auch Sauls Herz erobern konnte. Möglicherweise spiegelt das Staunen, das aus des Königs Frage (1 Sam 17,55) tönt, die Verbundenheit, die Saul mit David empfindet (1 Sam 16,21). Andererseits spielt Saul mit dem Gedanken, David zu töten. Und dieser Drang scheint ihn immer stärker zu beseelen.

Ungnade

1 Sam 18,6–16 markiert die Veränderung. Nach Davids Sieg über die Philister gibt es eine Art Siegesfeier. Die Rede ist von Frauen aus allen Städten Israels, die dem königlichen Tross singend und tanzend mit Pauken und Fanfaren entgegenzogen. Kein Wunder: Sie freuen sich, dass nicht das Verderben, sondern der Sieg über sie und ihr ganzes Volk kam. Zu diesem Sieg gehört ein Sieger. Und auch den lassen sie hochleben – mit Namen und nicht ohne diplomatische Spitze: „Saul hat tausend erschlagen, David hingegen zehntausend!" (1 Sam 18,7). Die Bibel notiert, dass Saul darüber sehr zornig wurde, dass ihm das Lied missfiel und dass er Konkurrenz witterte (1 Sam 18,8). Von nun an hegt der König Argwohn gegen David.

Schon am nächsten Tag kommt es zu einem Anschlag Sauls auf David. Der Text schreibt die Raserei, der der König verfiel, dem bösen Geist zu, der ihn quält. Für David wird sie zur tödlichen Gefahr. Der Blutrausch Sauls setzt bemerkenswerterweise beim Zitherspiel Davids ein, das ja eigentlich der Besänftigung dienen soll. Saul „will David an die Wand spießen" und schleudert einen Speer gegen ihn (1 Sam 18,11). David entkommt diesem Anschlag nur knapp. Zweimal muss er dem Speer ausweichen.

Doch auch in lichten Phasen sucht Saul, der begonnen hatte, sich vor David zu fürchten – weil der Herr mit David war (1 Sam 18,12) –, nach einer Gelegenheit, den Kontrahenten loszuwerden. Er verspricht David seine ältere Tochter, gibt ihm aber die jüngere – nicht ohne Hintergedanken. Die ältere Tochter des Königs zu heiraten wäre für David nicht nur eine besondere Ehre gewesen, sondern hätte auch einen beträchtlichen Zuwachs an Einfluss und Macht bedeutet. Das darf jetzt nicht mehr sein. Kurzerhand verheiratet Saul seine ältere Tochter anderweitig; David soll Michal, die jüngere Tochter, heiraten. Das scheint Saul besser ins Kalkül zu passen. Denn längst hatte er sich vorgenommen, David auf unauffällige Weise aus dem Weg zu schaffen. Er soll sterben. Doch diesen Job würden schon die Philister übernehmen (vgl. 1 Sam 18,17). Der Spekulation des Königs nach wird Michal jedenfalls dem David zum Verhängnis, sodass er den Philistern in die Hände fällt. Der Plan ist perfide, wie der Fortgang der Geschichte zeigt: Saul schickt heimlich seine Vertrauten zu David, die die Verbindung Davids mit der Tochter des Königs als Wunsch des ganzen Volkes beschreiben. David ist nun vorsichtiger. Er insistiert darauf, nur ein armer Mann zu sein, der den Brautpreis für eine Königstochter nicht aufbringen könne. Doch der König, heißt es, wolle keine andere Brautgabe als hundert ermordete Philister. Der biblische Text begründet die große Zahl, die nicht ohne schwere Kampfhandlungen zu erreichen sein dürfte, noch einmal mit Sauls wahrer Absicht, David in den Tod zu schicken. Aber auch der hat sein Ziel erreicht. Von großen Emotionen ist hier nicht die Rede. Was für David zählt, ist, dass er bald Schwiegersohn des Königs sein wird, ausgestattet mit Macht und Einfluss.

David soll also hundert Feinde töten. Tatsächlich tötet er zweihundert. Und für Saul ist klar: Das kann nicht mit rechten Dingen zugehen. Als er schlussendlich „immer deutlicher erkannte, dass der Herr mit David war“ gibt er ihm seine Tochter und „fürchtet sich fortan vor David“ (1 Sam 18,28f.). Mehr noch: Er wird ihm zum Erzfeind (1 Sam 18,29).

Des Todes

Erzfeindschaften vollziehen sich meistens öffentlich. So auch hier. Frei heraus bekennt der König jetzt vor seinem Sohn Jonatan und allen Dienern, dass er David töten will (1 Sam 19,1). Natürlich setzt er hier auf Diskretion und Loyalität. Aber zu Unrecht. Jonatan hatte David sehr gern. Weil sie echte Freunde sind, verrät Jonatan David die finsteren Pläne des Vaters. Er gewichtet die Freundschaftsbande höher als die Bande des Blutes. Zunächst bringt der Königssohn David in Sicherheit. Danach will er zugunsten des Freundes beim Vater intervenieren: „Der König möge sich doch nicht an seinem Knecht David versündigen; denn er hat sich ja auch nicht an dir versündigt, und seine Taten waren für dich sehr nützlich!" (1 Sam 19,4) Und tatsächlich: Saul hört auf Jonatan. Er nimmt die Todesdrohung zurück und schwört. „So wahr der Herr lebt: David wird nicht umgebracht!" (1 Sam 19,6) Die Bibel zitiert die starken Worte des Königs sicher nicht ohne Ironie. Sie weiß ja, dass Sauls Versprechungen keine lange Halbwertzeit haben. Für die Beteiligten hingegen scheint sich die Sache erledigt zu haben: Jonatan führt David zu Saul, und David war wieder in des Königs Diensten wie zuvor.[148]

Der Krieg geht weiter, und David zieht erneut gegen die Philister in den Kampf. Wieder hat er Erfolg, und wieder ergreifen die Feinde die Flucht. Doch auch der andere Krieg geht weiter. Denn Sauls Versprechen war nur in den Wind gesprochen. Erneut kommt es zu einer lebensgefährlichen Speerattacke des Königs auf David, der sich aber retten kann und nun zu seiner Frau nach Hause flieht (1 Sam 19,10). Doch auch dort gibt es keine Sicherheit. Noch in derselben Nacht schickt Saul Boten, die David auflauern und ihn am nächsten Morgen umbringen sollen. Jetzt ist es Michal, die Schwester Jonatans, die David warnt: „Wenn du dich nicht noch in dieser Nacht in Sicherheit bringst, wirst du morgen früh umgebracht!" (1 Sam 19,11) Offenkundig wusste sie vom Befehl des Königs. Da sich die Mörder vor der Haustür verstecken, lässt sie David leise und vorsichtig durchs Fenster hinab, sodass er fliehen und sich in Sicherheit bringen kann. So wurde Michal, die nach Sauls Plan ein Fallstrick für David werden sollte (1 Sam 18,12), durch ihre Liebe zum Werkzeug seiner Rettung.[149] Um ihrem Mann einen Vorsprung zu verschaffen, greift Michal tief in die Trickkiste: Sie legt eine Götterstatue in Davids Bett mit einem Geflecht von Ziegenhaaren auf dem Kopf und deckt es mit einem Kleidungsstück zu. Als nun die Häscher des Königs kommen, um David zu verhaften, sagt sie, dass er krank sei. Die Boten kehren mit leeren Händen zum König zurück, doch der ist außer sich, schickt sie erneut zu Michal – jetzt mit dem Befehl: „Bringt ihn im Bett zu mir her; er soll umgebracht werden." (1 Sam 19,15) Doch die Schergen des Königs finden nichts außer einer Götterfigur mit Ziegenhaaren auf dem Kopf. Der Betrug ist aufgedeckt. Saul ist außer sich. Ausgerechnet seine Tochter hat seinen Feind entkommen lassen. Wieder ist Liebe stärker als Blut.

Der König setzt David ein drittes Mal nach. David war nach Rama geflohen, in die Obhut des Propheten Samuel (1 Sam 19,18). David erzählt ihm alles, was ihm am Hof des Königs widerfuhr. Der Prophet erkennt die Not der Lage. Es ist nicht die Stunde langer Reden, aber beherzter und bedachter Taten. Samuel weiß, dass David bei ihm zu Hause in der Ortschaft Rama nicht sicher war. Also versteckt er ihn im Prophetenhaus – einem Anwesen in der Nähe einer Kultstätte oberhalb von Rama, wo sich die Mitglieder eines von Samuel gegründeten Propheten-Ordens zu Gebet und Gesang versammelten. Tatsächlich gibt Saul nicht auf. Es ist wie im Krimi. Und es ist aus dem Leben. Der König schickt seine Leute nach Rama. Aber dort geschieht etwas Seltsames: Die Häscher des Königs werden David nicht habhaft, weil sie, sobald sie Samuel und die Schar der Propheten in ekstatischer Verzückung sehen, selbst in prophetische Trance geraten. Obwohl der König aus eigener Erfahrung wissen musste, wie ansteckend prophetische Ekstase sein kann (1 Sam 10,10), schickt er weitere Schergen nach Rama. Es hilft alles nichts. Zuletzt kommt er selbst. Doch auch bei ihm zeigt das prophetische Phänomen Wirkung – mehr als bei den anderen. Als Saul unweit von Rama die Leute fragt: „Wo sind Samuel und David?“ (1 Sam 19,22), gerät er schon beim Hören der Auskunft: „Sie sind im Prophetenhaus“, in prophetische Verzückung. Als er schließlich zum Prophetenhaus kommt, entledigt er sich all seiner Kleider und legt sich nackt auf den Boden – ein unerhörter Vorgang, des Königs sicher nicht würdig. Was ist das für eine Geschichte? Sicher ist es eine humorige Story, mit Witz und nicht ohne Augenzwinkern erzählt. Es ist aber auch eine Fluchtgeschichte, die zeigt, wie unberechenbar manche Fluchtwege verlaufen und wie Gott mitunter auf krummsten und skurrilsten Linien gerade schreibt, um Menschen in Not auf seine ganz eigene, unvorhersehbare Weise zu behüten und zu beschützen. David jedenfalls floh aus dem Prophetenhaus von Rama.

Freundschaftsdienste

[1] David floh aus dem Prophetenhaus in Rama, ging zu Jonatan und hielt
ihm vor: Was habe ich denn getan? Was ist meine Schuld? Was habe ich
gegen deinen Vater verbrochen, dass er mir nach dem Leben trachtet?
[2] Jonatan antwortete ihm: Das ist undenkbar. Du wirst nicht sterben. Du
weißt doch: Mein Vater tut nichts Wichtiges oder Unwichtiges, ohne es
mir zu offenbaren. Warum sollte mein Vater gerade das vor mir verheim-
lichen? Nein, das kann nicht sein. [3] David aber beteuerte nochmals: Dein
Vater weiß genau, dass ich dein Wohlwollen gefunden habe, und sagt sich:
Jonatan soll das nicht wissen, sonst wird er betrübt. Aber so wahr der
Herr lebt und so wahr du selbst lebst: Zwischen mir und dem Tod liegt nur
ein Schritt. [4] Jonatan fragte David: Was meinst du? Was könnte ich für
dich tun? [5] David antwortete Jonatan: Du weißt doch, morgen ist Neu-
mond. Da müsste ich unbedingt am Mahl des Königs teilnehmen. Lass
mich fortgehen, damit ich mich bis übermorgen Abend auf dem Feld ver-
steckt halte. [6] Wenn dein Vater mich vermisst, dann sag: David hat mich
dringend gebeten, in seine Heimatstadt Betlehem gehen zu dürfen, weil
dort das jährliche Opfer für die ganze Sippe stattfindet. [7] Wenn er dann
sagt: Gut!, dann steht es günstig für deinen Knecht. Wenn er aber in hef-
tigen Zorn gerät, dann kannst du daran erkennen, dass das Unheil von
ihm beschlossen ist. [8] Zeig deinem Knecht also deine Freundschaft; denn

du hast mit deinem Knecht einen Bund vor dem Herrn geschlossen. Wenn
ich Schuld auf mich geladen habe, dann töte mich gleich! Warum willst
du mich erst zu deinem Vater bringen? 9 Jonatan antwortete: Das darf
nicht mit dir geschehen. Sobald ich sicher weiß, dass mein Vater beschlos-
sen hat, Unheil über dich zu bringen, werde ich es dir auf jeden Fall mit-
teilen. 10 David aber fragte Jonatan: Wer wird mir die Nachricht bringen,
wenn dir dein Vater etwa eine schroffe Antwort gibt? 11 Jonatan sagte zu
David: Komm, wir wollen aufs Feld hinausgehen. Beide gingen aufs Feld
hinaus. 12 Und Jonatan sagte zu David: Beim Herrn, dem Gott Israels:
Wenn ich morgen oder übermorgen um diese Zeit bei meinem Vater in
Erfahrung bringe, dass es gut für David steht, dann werde ich jemand
schicken und es dir sagen lassen. 13 Der Herr möge Jonatan dies und das
antun: Wenn mein Vater Böses gegen dich im Sinn hat, werde ich es dir
sagen und werde dich in Frieden gehen lassen. Der Herr möge mit dir
sein, wie er mit meinem Vater gewesen ist. 14 Nicht wahr, wenn ich dann
noch am Leben bin, wirst du entsprechend der Huld des Herrn an mir
handeln. Wenn ich aber umkomme, 15 dann entzieh meinem Haus nie-
mals deine Gunst, selbst wenn der Herr jeden der Feinde Davids auf dem
Erdboden ausrottet. 16 So schloss Jonatan einen Bund mit dem Haus Da-
vid. – Der Herr halte sich schadlos an Davids Feinden. – 17 Und Jonatan
ließ auch David bei seiner Liebe zu ihm schwören; denn er liebte ihn wie
sein eigenes Leben. 18 Dann sagte Jonatan zu ihm: Morgen ist Neumond.
Du wirst vermisst werden; denn man wird deinen Platz beobachten.
19 Übermorgen aber geh weit hinab, an den Ort, wo du dich am Tag der Tat
versteckt hattest, und setz dich neben den Stein dort. 20 Ich werde dann
drei Pfeile in seine Nähe schießen, als ob ich ein Ziel treffen wollte.
21 Dann gib Acht: Ich schicke meinen Diener (und sage zu ihm): Geh, such
nach den Pfeilen! Wenn ich dem Diener ausdrücklich sage: Pass auf, die
Pfeile liegen von dir aus herwärts, hol sie!, dann komm, denn es steht
günstig für dich, und es liegt nichts vor, so wahr der Herr lebt. 22 Wenn
ich aber zu dem jungen Mann sage: Pass auf, die Pfeile liegen von dir aus
weiter draußen!, dann geh weg, denn der Herr schickt dich fort. 23 Für
diese Vereinbarung, die wir, ich und du, getroffen haben, soll der Herr auf
ewig mein und dein Zeuge sein. 24 Daraufhin versteckte sich David auf
dem Feld. So kam der Neumond, und der König setzte sich zu Tisch, um
das Mahl zu halten. 25 Er setzte sich wie jedes Mal auf seinen gewohnten
Platz an der Wand; Jonatan saß ihm gegenüber, und Abner saß an Sauls
Seite. Davids Platz aber blieb leer. 26 Saul sagte an diesem Tag nichts, denn

er dachte: Es ist ihm etwas zugestoßen, was ihn unrein sein lässt; sicher
ist er nicht rein. 27 Als aber am zweiten Tag, dem Tag nach dem Neumond,
der Platz Davids wieder leer blieb, sagte Saul zu seinem Sohn Jonatan: Wa-
rum ist der Sohn Isais gestern und heute nicht zum Essen gekommen?
28 Jonatan antwortete Saul: David hat mich dringend gebeten, nach Betle-
hem gehen zu dürfen. 29 Er sagte: Lass mich gehen; denn in der Stadt fin-
det ein Opfer unserer Sippe statt. Mein Bruder selbst hat mich aufgefor-
dert (zu kommen). Wenn ich dein Wohlwollen gefunden habe, dann
möchte ich jetzt gehen und meine Brüder wiedersehen. Deswegen ist Da-
vid nicht an den Tisch des Königs gekommen. 30 Da wurde Saul zornig
über Jonatan und sagte: Du Sohn eines entarteten und aufsässigen Wei-
bes! Ich weiß sehr gut, dass du dich zu deiner eigenen Schande und zur
Schande des Schoßes deiner Mutter für den Sohn Isais entschieden hast.
31 Doch solange der Sohn Isais auf Erden lebt, wirst weder du noch dein
Königtum Bestand haben. Schick also sofort jemand hin und lass ihn ho-
len; denn er ist ein Kind des Todes. 32 Jonatan antwortete seinem Vater
Saul: Warum soll er umgebracht werden? Was hat er getan? 33 Da schleu-
derte Saul den Speer gegen ihn, um ihn zu töten. Nun wusste Jonatan, dass
sein Vater beschlossen hatte, David umzubringen. 34 Voll Zorn stand er
vom Tisch auf und aß an diesem zweiten Neumondtag nichts; denn er war
bekümmert wegen David, weil sein Vater ihn beschimpft hatte. 35 Am
nächsten Morgen ging Jonatan, wie er mit David verabredet hatte, aufs
Feld hinaus, und ein junger Diener war bei ihm. 36 Er sagte zu dem Die-
ner: Lauf, such die Pfeile, die ich abschieße. Der Diener lief, und er schoss
einen Pfeil über ihn hinaus. 37 Als der Diener an die Stelle kam, wohin Jo-
natan den Pfeil geschossen hatte, rief Jonatan dem Diener nach: Liegt der
Pfeil von dir aus nicht noch weiter draußen? 38 Und er rief dem Diener
nach: Beeil dich, schnell, bleib nicht stehen! Der Diener Jonatans hob den
Pfeil auf und kam zu seinem Herrn zurück. 39 Der Diener aber ahnte
nichts; nur Jonatan und David wussten von der Vereinbarung. 40 Jonatan
gab dem Diener, den er bei sich hatte, seine Waffen und sagte zu ihm: Geh,
bring sie in die Stadt! 41 Als der Diener heimgegangen war, verließ David
sein Versteck neben dem Stein, warf sich mit dem Gesicht zur Erde nieder
und verneigte sich dreimal tief (vor Jonatan). Dann küssten sie einander,
und beide weinten. David hörte nicht auf zu weinen, 42 und Jonatan sag-
te zu ihm: Geh in Frieden! Für das, was wir beide uns im Namen des
Herrn geschworen haben, sei der Herr zwischen mir und dir, zwischen
meinen und deinen Nachkommen auf ewig Zeuge. (1 Sam 20,1–42)

Nunmehr ist allen klar, dass das Verhältnis Sauls zu David irreparabel zerrüttet ist. Es kommt zu einer Zwiesprache unter engen Freunden (1 Sam 20,1–21,1). David stellt Jonatan drei Fragen, aufgeregt und voller Empörung: „Was habe ich denn getan? Was ist meine Schuld? Was habe ich gegen deinen Vater verbrochen, dass er mir nach dem Leben trachtet?" (1 Sam 20,1) Der Form nach entspricht dies der Anklage in einer Streitsache. Jonatan nimmt die Verteidigung auf und macht aus seiner Verbundenheit zum Vater ein Indiz für die Abwegigkeit der Anklage: „Das ist undenkbar. Du wirst nicht sterben. Du weißt doch: Mein Vater tut nichts Wichtiges oder Unwichtiges, ohne es mir zu offenbaren. Warum sollte mein Vater gerade das vor mir verheimlichen? Nein, das kann nicht sein!" (1 Sam 20,2) David gibt indes zu bedenken, dass Saul um die Freundschaft zwischen Jonatan und David wisse, und mit einem Schwur unterlegt er seine Situationsanalyse: „Zwischen mir und dem Tod liegt nur ein Schritt." (1 Sam 20,3) Da lenkt Jonatan ein. Doch wie kann er helfen? David erbittet von ihm einen Freundschaftsdienst. Anlass ist das bevorstehende Neumondfest. Es wurde damals in den Sippen und Verbänden und auch am Hofe des Königs festlich begangen. Für David herrscht also Präsenzpflicht. Sollte sein Fehlen bemerkt werden, bittet er Jonatan zu sagen, der Freund habe sich zur Sippenfeier in seine Heimatstadt Betlehem begeben. Sollte der König einverstanden sein, wäre es ein gutes Zeichen. Andernfalls deutete alles darauf hin, dass das Unheil Davids beschlossene Sache sei. Davids Bitte ist einfach: „Zeig deinem Knecht deine Freundschaft. Lass mich fortgehen, damit ich mich bis übermorgen Abend auf dem Feld versteckt halte." (1 Sam 20,8.5) Es braucht für die Abwesenheit vom Hof eine Erlaubnis, weil man David sonst als Deserteur bestrafen könnte. Unter den Umständen ist die Zustimmung Jonatans nicht risikolos für ihn. Das ist der Grund, weshalb David dem Freund gegenüber so inständig, von sich selbst in der dritten Person redend, bittet.[150] Jonatan willigt ein und bestätigt die Freundschaft. Auf Davids Frage, wer ihn über den Fortgang der Dinge auf dem Laufenden halte, antwortet er ausweichend: „Komm, wir gehen aufs Feld hinaus." (1 Sam 20,11) Der Prinz will sicherstellen, dass es keine Mithörer gibt. Das Feld, d. h. das unbesiedelte Land, wird zum Versteck und zum Zufluchtsort.[151]

Für den günstigeren Fall verspricht Jonatan David, jemanden zu schicken, um die entsprechende Nachricht zu überbringen (1 Sam 20,12). Im Alarmfall hingegen würde er selbst kommen, um David zu informieren (1 Sam 20,13). Zuletzt schließen beide vor dem Herrn den Bund ewiger Freundschaft. Das Ganze endet in der Katastrophe. Am Tag des Neumonds bemerkt der König zwar das Fehlen Davids, bleibt aber ruhig. Erst am Tag danach fragt Saul nach David, nennt ihn allerdings nicht beim Namen, sondern spricht verächtlich und distanziert vom „Sohn Isais". Jonatan gibt die verabredete Erklärung – und Saul rastet aus (1 Sam 20,30ff.). Sein unbändiger Zorn richtet sich gegen David. Er richtet sich aber auch gegen den eigenen Sohn. Hätte dieser David nicht ziehen lassen, würde jener jetzt nicht in Sicherheit sein. „Du Sohn eines entarteten und aufsässigen Weibes!" (1 Sam 20,30) – in vulgärer Wendung sollen die harten Worte des Königs den Königssohn noch härter treffen. Die Tobsucht gipfelt in dem Befehl des Vaters, Jonatan solle den „Sohn Isais" ausliefern und übergeben, denn er sei „ein Kind des Todes" (1 Sam 20,31). Das alles wird den Königssohn nicht unberührt gelassen haben. Trotzdem lässt er Ruhe walten. In fast wörtlicher, auf jeden Fall sachlicher Anlehnung greift Jonatan die Klage Davids auf: „Warum soll er umgebracht werden? Was hat er getan?" (1 Sam 20,32) Da wird der Vater übergriffig – und trachtet dem eigenen Sohn nach dem Leben. Könnte Abgründigeres gedacht werden? Wie einst David attackiert der König Jonatan mit dem Speer. Das unaussprechlich Irrationale lässt sich nicht erklären. Die Mächte der Finsternis sind hier am Werk. Aber eines ist klar: Wer jemanden, der sich als treuer und echter Freund erweist, durchbohrt, trifft nicht nur das Herz des einen, sondern auch das des anderen. Möglicherweise liegt darin die Absicht des Königs. Für Jonatan besteht Gewissheit: Sein Vater trachtet David nach dem Leben. Voll Zorn steht er auf und isst an diesem Neumondfest keinen Bissen. Die Bibel macht nicht viele Worte. Sie sagt nur ganz schlicht, aber ergreifend, dass Jonatan traurig war wegen David, weil sein Vater ihn beschimpft hatte (1 Sam 20,34).

Flüchtling

Am nächsten Morgen geht Jonatan hinaus auf das Feld. Ein Diener begleitet ihn. Jonatan sagt ihm in königlicher Manier: „Lauf, such die Pfeile, die ich abschieße!" (1 Sam 20,36) Der Diener läuft – und Jonatan schießt einen Pfeil weit über ihn hinaus. Das gibt ihm die unauffällige Gelegenheit, über ein zum Diener gesprochenes Wort eine versteckte Botschaft an David zu richten: „Liegt der Pfeil von dir aus nicht noch weiter draussen? [...] beeil dich, schnell, bleib nicht stehen!" (1 Sam 20,37f.). Die traurige Botschaft ist klar. Das Signal zur Flucht ist gegeben. Der Diener ahnt nichts, aber die Freunde wissen Bescheid. Was bleibt, ist die Stunde des Abschieds voneinander. Nachdem Jonatan den Diener zurückgeschickt hat, verlässt David sein Versteck, wirft sich zur Erde nieder und verneigt sich danach dreimal tief vor Jonatan zum Zeichen großer Dankbarkeit. Es ist eine emotionale, anrührende Abschiedsszenerie. Die Freunde umarmen sich ein letztes Mal. Danach heißt es nur noch: „Geh in Frieden!", begründet durch die Erinnerung an den Bund, den beide im Namen des Herrn für alle Zeiten geschlossen haben (1 Sam 20,42; vgl. 1 Sam 20,23). David bricht auf. Er ist ein Flüchtling.

Von nun an lebt er als Guerillakämpfer[152] in unwegsamem Gelände am Rande des Kulturlandes (1 Sam 22,1–5), wo Saul ihn zwar weiter sucht und von Versteck zu Versteck jagt, ihn schlussendlich aber nicht zu fassen bekommt. Zweimal hat David Gelegenheit, Saul zu töten. Die Situation wird ebenso meisterlich wie komisch erzählt[153]: Just in der Höhle, in der David sich versteckt, verrichtet Saul seine Notdurft. Es wäre für David ein Leichtes, die Gelegenheit beim Schopfe zu packen und diesen Feind zu vernichten.

Dass er es dennoch und trotz allem nicht tut, hängt zusammen mit seinem tiefen Glauben und seinem Respekt vor dem „Gesalbten des Herrn“. Was in der Logik von Schlag und Gegenschlag nur folgerichtig erschiene, unterbricht David mit Verweis auf den lebendigen Gott. Wer erwählt ist, handelt anders. David weiß, dass Adonai die Geschichte lenkt, und wartet auf dessen Initiative.[154] Am Ende verlässt David entmutigt das Land und tritt mit seinen Leuten in den Dienst der Philister. Die Stadt Ziklag wird ihm zum Zufluchtsort. Das ist noch nicht das Ende der Geschichte. Das Zweite Samuelbuch wird weiter erzählen: Vom Aufstieg Davids zum König, von glücklichen und auch von unglücklichen Jahren. Es ist die Geschichte Gottes mit David. Dass sie zunächst zur Fluchtgeschichte wurde, mag verblüffen. Aber doch auch trösten. Die Protagonisten der Bibel sind keine Supermänner, sondern Alltagsmenschen, die Gott suchen und eben dort finden, wo das Leben spielt.

IX.
„Nimm das Kind und seine Mutter, und flieh“ (Mt 2,13)

Die Flucht des Messias

Die Kindheitsgeschichte des Matthäusevangeliums ist zwar nicht so berühmt wie die lukanische, die – so scheint es jedenfalls – auf keiner ordentlichen Weihnachtsfeier fehlen darf; sie zeichnet sich gleichwohl aus durch die hohe Intensität, mit der sie erzählt wird, und mehr noch durch die große theologische Qualität der Gedanken, die ihr zugrunde liegen. Die entscheidenden Parameter der Jesus-Geschichte nach Matthäus werden schon hier grundgelegt: Die Verwurzelung des Gottessohnes Jesus in der Geschichte des Gottesvolkes Israel; das lebensbejahende Programm, das sich aus seinem Namen erschließt; seine Anbetung durch Repräsentanten ferner und fremder Völker; die tödliche Bedrohung, der Jesu Leben von Beginn an ausgeliefert ist.

Im Kontext der gegenwärtigen Debatte entzündet sich bisweilen Kritik an der matthäischen Version der Kindheitsgeschichte Jesu. Sie zieht nicht nur die geheimnisvolle Geburt Jesu aus der Jungfrau Maria in Zweifel, sondern hinterfragt auch die historische Referenz des Kindheitsevangeliums, zum Beispiel im Blick auf die Geburtsstadt Betlehem, die manche Bibelwissenschaftler für eine theologische Finte halten, oder im Blick auf den behaupteten Kindermord auf Befehl des Herodes, von dem andere Quellen nichts wissen. Der Befund verlangt eine Klärung.

Den Bericht des Lukas und den des Matthäus verbinden wichtige Elemente der Weihnachtsgeschichte: dass Maria und Josef, die Eltern des Kindes, zwar verlobt, aber nicht verheiratet sind; dass Josef nicht der leibliche Vater Jesu ist; dass die Schwangerschaft Mariens auf das Wirken des Geistes Gottes zurückgeht und dass Jesus der verheißene Messias Israels ist. Es gibt aber auch Unterschiede zwischen beiden Evangelien und besondere Akzente, die Matthäus setzt: Vor allem scheint Josef, der Ziehvater Jesu, eine markantere, größere Rolle zu spielen. Er flieht nach einer im Traum empfangenen Weisung des Himmels gerade noch rechtzeitig mit seiner Verlobten und dem Kind von Betlehem nach Ägypten – eine Flucht, von der nur das Matthäusevangelium zu wissen scheint und die notwendig wurde, nachdem das hinterhältige

Komplott eines machthungrigen Königs durchschaut wurde von den drei Weisen aus dem Osten, deren Geschichte sich wiederum nur bei Matthäus findet.

Die Wurzeln des Messias

Am Anfang des Matthäusevangeliums steht ein langer Stammbaum. Er umfasst dreimal vierzehn Generationen und verbindet die Geschichte Jesu mit der Geschichte Israels: Von Abraham zieht sich eine Linie zu David, von David bis zum Babylonischen Exil, vom Babylonischen Exil bis zu Jesus. Durch den schlichten, aber klärenden Hinweis, mit der Geschichte Jesu verhalte es sich wie folgt (Mt 1,18), wird nicht nur die Architektur der Genealogie, sondern auch ihr Sinnhorizont ausgeleuchtet: Schlussendlich geht es um die Formulierung einer plausiblen Antwort auf die durch den Stammbaum aufgeworfene zentrale Frage, inwiefern Jesus in der Abstammungslinie Davids und Abrahams steht und weshalb er als Messias die an Abraham ergangene Verheißung des Segens für alle Völker verwirklicht – nicht nur durch die mystische Erzählung seiner Geburt, sondern durch alle Stationen seines Lebens, Leidens, Sterbens und Auferstehens hindurch. In diesem Zusammenhang stehen auch die knappen und schnörkellosen Verse, die von der notvollen Flucht der Heiligen Familie nach Ägypten berichten.

Die Struktur des matthäischen Kindheitsevangeliums gewinnt ihre Tiefenschärfe nicht zuletzt durch eine Reihe alttestamentlicher Schriftzitate, die jede einzelne Episode gewichten und theologisch verorten. Darüber hinaus scheint im Blick auf die Fluchterzählung Mt 2,13–23 ein religionsgeschichtlicher Vergleich aufschlussreich zu sein, der die vielen Erzählungen von tödlicher Gefahr ausgesetzten Königskindern, die auf wundersame Weise gerettet werden, analysiert und so das besondere Profil der neutestamentlichen Narration deutlicher hervortreten lässt.[155] Am nächsten liegt die Mose-Erzählung Ex 1–4, vor allem in Form der „Mose-Haggada" genannten Nacherzählung durch den römischen Historiker Flavius Josephus (Ant. II 205–212). Der problematische Knackpunkt der Geschichte liegt bei der schicksalhaften Verknüpfung der Rettung des einen Kindes auf der einen Seite und der Ermordung unzähliger Kinder auf der anderen. Im Mythos gibt es ein Gleichgewicht, das entsteht, weil sich die Götter uneins sind: Die vielen Kinder müssen sterben, damit das eine Kind leben kann. Anders bei Mose: Er soll als Säugling sterben, weil auf Befehl des Pharao alle neugeborenen Knaben der Hebräer in den Nil geworfen und somit umgebracht werden sollen (Ex 1,22). Dank der Umsicht seiner Eltern wird Mose gerettet (Ex 2,1ff.). Später wird er selbst zum Retter seines Volkes werden. Nochmals anders verläuft die Geschichte bei Jesus: Hier müssen die Kinder von Betlehem allesamt sterben, weil der Plan des Königs, des einen als bedrohlich empfundenen Kindes habhaft zu werden, um sich seiner zu entledigen, nicht aufging. Movens der Ereignisse ist nicht der Wille Gottes, sondern die Bosheit Herodes' des Großen. Jesus aber wird gerettet, nicht nur des schlichten Überlebens wegen, sondern um am Ende seiner vorösterlich-irdischen Wirksamkeit in Freiheit den Kreuzestod erleiden zu können – um der vielen willen, die zu retten er gesandt ist. Als der Gekreuzigte ist er der „König der Juden", dessen Konkurrenz Herodes irrtümlicher- und fatalerweise schon beim Neugeborenen fürchtete. Der unschuldig getötete Jesus steht in der Gemeinschaft mit den unschuldig Getöteten. Er wendet jedoch ihr Schicksal, weil er auch für sie den Tod überwindet.

Am Ende des Stammbaums Jesu steht eine Leerstelle, die die lange Kette von Erzeugern und Gezeugten unterbricht. Es wird nämlich gerade nicht im Sinne einer Kulmination der Erbfolge gesagt, dass Josef Jesus „zeugte", sondern dass er mit Maria verlobt war, „aus der Jesus geboren wurde" (Mt 1,16). Die Leerstelle wird der Fortgang der Erzählung füllen. Sie setzt am Beginn des Erzählkranzes eine zweifache Lese- und Interpretationshilfe: Zum einen entspricht sie der frühjüdisch geprägten Messiaserwartung, die – 2 Sam 7 klar vor Augen – angesichts der Katastrophe des Babylonischen Exils und aller nachfolgender Unheils- und Verfehlungsgeschichten nicht länger am genealogischen Prinzip der davidischen Dynastie festhalten will und stattdessen einen neuschöpferischen Akt Adonais erhofft; zum anderen folgt sie wohl der vielfach im Text verankerten Glaubensüberzeugung des Matthäus, nach der eine Jungfrau nicht durch Josef, aber durch das Wirken des Geistes Gottes den ersehnten Retter und Messias Jesus zur Welt brachte.

Mt 1,18–23 setzt bei der Schwierigkeit Josefs an, dies zu ermessen. Er denkt an Ehebruch, nicht an Geistzeugung. „Weil er gerecht ist" und Maria nicht bloßstellen will (Mt 1,19), beschließt er, sich von ihr in aller Stille zu trennen. Damit aber Jesus mit Josef das Geschenk eines gerechten Ziehvaters in Empfang nehmen kann, erscheint Josef im Traum ein Engel, der ihm reinen Wein einschenkt: Das Kind ist vom Heiligen Geist. Es spricht für Josef und seine Gerechtigkeit, dass er das – vielleicht unter Tränen und um Glauben ringend – annehmen kann. Matthäus weiß um diese Zumutung. Wie Pflöcke in Beton setzt er darum in seinen Text hinein die im Glauben gewonnene Überzeugung: Das Kind ist geistgezeugt und sonst gar nichts (vgl. Mt 1,18.20.23.25). So sehr Matthäus sich an dieser Stelle unmissverständlich festlegt, so wenig geht es ihm um die Einholung biologischer Details. Im Gegenteil. Der Text ist kein anthropologisches Lehrstück über gemeinhin Denk- und Vorstellbares, aber ein Zeugnis höchster christologischer Reflexion[156]: Mt 1,20 erklärt die Herkunft Jesu aus Gott. Seine schöpferische Macht bricht sich im Kind von Betlehem Bahn, nicht an der Freiheit Marias vorbei, sondern durch sie und mit ihr gemeinsam. Mt 1,21 deutet vor diesem Hintergrund den Namen des neugeborenen Kindes (Jeschua – Gott hilft) und gleicht ihn zugleich mit seiner soteriologischen Rolle ab: Jesus ist Retter seines Volkes, er ist der „Erlöser", der Menschen aus ihrer Gefangenschaft unter der Unheilsmacht von Schuld und Versagen befreit. Das zentrale Reflexionszitat, das alle bis hier erreichten christologischen Gedanken subsumiert, ist Mt 1,22f.: Jesus ist der „Immanuel“, der „Gott mit uns“. Als solcher redet er nicht nur über das Mitsein Adonais mit den Menschen[157], sondern steht für dieses Mitsein ein, indem er es verkörpert.

Die Flucht des Messias

> Als die Sterndeuter wieder gegangen waren, erschien dem Josef im Traum
> ein Engel des Herrn und sagte: Steh auf, nimm das Kind und seine Mut-
> ter, und flieh nach Ägypten; dort bleibe, bis ich dir etwas anderes auftra-
> ge; denn Herodes wird das Kind suchen, um es zu töten. 14 Da stand Josef
> in der Nacht auf und floh mit dem Kind und dessen Mutter nach Ägyp-
> ten. 15 Dort blieb er bis zum Tod des Herodes. Denn es sollte sich erfüllen,
> was der Herr durch den Propheten gesagt hat: Aus Ägypten habe ich mei-
> nen Sohn gerufen. 16 Als Herodes merkte, dass ihn die Sterndeuter ge-
> täuscht hatten, wurde er sehr zornig, und er ließ in Betlehem und der gan-
> zen Umgebung alle Knaben bis zum Alter von zwei Jahren töten, genau
> der Zeit entsprechend, die er von den Sterndeutern erfahren hatte. 17 Da-
> mals erfüllte sich, was durch den Propheten Jeremia gesagt worden ist:
> 18 Ein Geschrei war in Rama zu hören, lautes Weinen und Klagen: Rahel
> weinte um ihre Kinder und wollte sich nicht trösten lassen, denn sie wa-
> ren dahin. 19 Als Herodes gestorben war, erschien dem Josef in Ägypten
> ein Engel des Herrn im Traum 20 und sagte: Steh auf, nimm das Kind und
> seine Mutter, und zieh in das Land Israel; denn die Leute, die dem Kind
> nach dem Leben getrachtet haben, sind tot. 21 Da stand er auf und zog mit
> dem Kind und dessen Mutter in das Land Israel. 22 Als er aber hörte, dass
> in Judäa Archelaus an Stelle seines Vaters Herodes regierte, fürchtete er
> sich, dorthin zu gehen. Und weil er im Traum einen Befehl erhalten hat-
> te, zog er in das Gebiet von Galiläa 23 und ließ sich in einer Stadt namens
> Nazaret nieder. Denn es sollte sich erfüllen, was durch die Propheten ge-
> sagt worden ist: Er wird Nazoräer genannt werden. (Mt 2,13–23)

Für die Erzählung von der Flucht der Heiligen Familie nach Ägypten (Mt 2,13–23) gibt es das Vorbild des alttestamentlichen Josef (Gen 37–50). Der flieht zwar nicht, sondern wird von seinen Brüdern seiner Freiheit beraubt und als Sklave nach Ägypten verkauft. Zieht man das Reflexionszitat Hos 11,1 hinzu, wird deutlich, dass der Clou der Geschichte Mt 2,13ff. zunächst weniger beim Zug nach Ägypten (und seinen konkreten Umständen) liegen soll und anscheinend mehr bei der Bewegung der Rückkehr von Ägypten in das „gelobte Land" Israel. Denn so entsteht eine Parallele zum alttestamentlichen Auszug des Gottesvolkes Israel aus der Knechtschaft Ägyptens (vgl. Ex 12–18). Das Hosea-Zitat taucht das Schicksal des Flüchtlingskindes Jesus in das Licht einer neuen Exodusvision. Überhaupt ist das hohe Vorkommen von Reflexionszitaten an dieser Stelle des matthäischen Kindheitsevangeliums auffällig. Sie interpretieren das Geschehen vor dem Hintergrund der gesamten Heilsgeschichte. Jesus erscheint als der von den Propheten Israels immer schon gemeinte und verheißene Messias.

Die Geschichte fällt außerdem durch ihre sprachliche Kargheit auf. Beschrieben wird nur das Notwendigste. Einzelheiten erfährt der Leser nicht: Keine Information über Zeiten und Fristen, kein Hinweis auf Routen und Wege. Nicht einmal über das ägyptische Exil verliert das Matthäusevangelium ein Wort: Wo sind Maria, Josef und ihr Sohn untergekommen? Gab es Identitätskontrollen an der Grenze? Haben sie sich einem zwielichtigen Menschenschlepper anvertraut? Mussten sie einen Sprachkurs absolvieren? Gab es politische Gruppen, die versucht haben, aus ihrer Not Profit zu schlagen? Elf kurze Verse lassen nicht viel Raum für Spekulationen. Man kann sich vorstellen, was diese Flucht der jungen Familie abverlangte an äußerer und innerer Kraft. Die Erzählung deutet das allenfalls an. Dennoch handelt es sich um ein szenisches Meisterstück.[158] Sie lässt sich in drei Episoden gliedern, von denen jede ein Detail der Kindheit Jesu erinnert:

Die *erste Episode* (Mt 2,13–15) schildert, dass Josef im Traum ein Engel erscheint, der ihm aufträgt, mit dem Kind und seiner Mutter nach Ägypten zu fliehen, weil Herodes die Absicht habe, das Kind zu ermorden. Noch in derselben Nacht steht Josef auf und flieht mit seiner Familie nach Ägypten. Dort bleibt er bis zum Tod des Königs Herodes. Das angefügte Erfüllungszitat bezieht sich auf Hos 11,1: „Aus Ägypten habe ich meinen Sohn gerufen." So wird ein theologischer Vergleich von Flucht bzw. Rückkehr des göttlichen Kindes einerseits und dem einstmaligen Exodus Israels andererseits gezogen – um dadurch in der Verlängerung eine christologische Klärung aus der Gegenüberüberstellung der Gottesrepräsentanten Mose und Jesus zu erreichen.

Matthäus zweifelt nicht an der Historizität dieser Flucht. Die kritische Bibelwissenschaft hingegen schon. Häufig geäußerter Fachmeinung nach ermangelt dieser Geschichte ein mit den Mitteln der Geschichtswissenschaft auszumachender historischer Kern. Demgegenüber wird man einwenden können, dass für die altehrwürdige ägyptisch-koptische Kirche bis in die Gegenwart hinein ein Wissen um das Exil der Familie Jesu in Ägypten zum identitätsstiftenden kollektiven Erinnerungsschatz gehört.[159] Warum sollte man dem Zeugnis des Matthäus an dieser Stelle kein Vertrauen entgegenbringen? Wie auch immer man sich hier entscheidet, es wird auf der Ebene der Erzählung deutlich, wie sehr das Matthäusevangelium das Flüchtlingskind Jesu vorstellt als den Gottessohn aus Betlehem, der die Gebrochenheit menschlicher Existenz und zeitlose Not im Ereignis seiner Selbstoffenbarung unter den Menschen nicht ausspart, sondern mit seiner Gegenwart erhellt und verwandelt. Letzteres darf vor allem deshalb ausgesagt werden, weil der Rekurs der Erzählung auf den Exodus Israels insbesondere das rettende Handeln Gottes zugunsten der Menschen, die Gottes Volk sind, hervorhebt. Das väterlich-fürsorgliche Heilshandeln Gottes, das im Exodus zur Erfahrungswirklichkeit Israels wurde, konzentriert sich in Mt 2,13–15 auf Jesus, um von hier aus erneut das Immanuel-Motiv als theologisches Hoffnungspotenzial für Menschen in jedweder Lebensnot tröstend und ermutigend in Anschlag zu bringen.

Die Fluchtroute der Heiligen Familie beginnt nach der Darstellung des Matthäusevangeliums in Betlehem, dem Geburtsort Jesu. Doch erblickte Jesus tatsächlich in Betlehem das Licht der Welt? Oder hatte man angesichts der Nichtigkeit der Ortschaft Nazaret und ihrer vermeintlichen Unvereinbarkeit, Geburtsort des Messias sein zu können, auf ein Theologoumenon, eine theologische Deutungskategorie also, zurückgegriffen, um so die Peinlichkeit der historischen Umstände der Geburt Jesu einfach, aber nachhaltig zu kaschieren? Die historische Kritik gibt gerne Nazaret den Vorzug und nennt auch gute Gründe: Jesus wird innerhalb der Evangelientradition durchgängig „Jesus von Nazaret" und nicht „Jesus von Betlehem" genannt. Es gibt zudem eine Reihe von Uneindeutigkeiten, die um die beiden neutestamentlichen Geburtsgeschichten ranken: Nach Matthäus scheint die Familie Jesu ursprünglich in Betlehem zu wohnen, nach Lukas müssen sich Maria und Josef wegen eines kaiserlich verordneten Zensus aus ihrer galiläischen Heimat auf den Weg nach Betlehem machen. Über Betlehem liegt last but not least – die prophetische Verheißung Mi 5,1 als Ort des Hervorgangs des Messias. Es fällt nicht schwer, sich vorzustellen, dass die neutestamentliche Betlehemtradition auf dieser Welle surft und ihr historische Einzelheiten unterordnet. Es gibt aber auch nennenswerte Gegenstimmen, die argumentative Zugkraft haben. Es kann zum Beispiel darauf verwiesen werden, dass auch Matthäus und Lukas Nazaret wichtig ist, ohne dass sie darin einen Gegensatz zur Betlehemtradition zu erkennen scheinen. Die sich abzeichnenden Unstimmigkeiten bei Matthäus und Lukas in der Heimatstadtfrage lassen sich erklären, wenn die Betlehem-Tradition grundsätzlich historisch gesetzt war, jeder Evangelist jedoch auf seine Weise Wege fand, sie in den Duktus seiner Jesus-Geschichte zu integrieren. Schließlich hätte die frühjüdische Polemik gegen das werdende Christentum wohl kaum die Gelegenheit zur Fundamentalkritik ausgelassen, wenn sich der Verdacht abgezeichnet hätte, die Christen würden bei der Lokalisierung des Geburtsortes Jesu schummeln. Eine solche Kritik liegt aber nicht vor. Umgekehrt spricht für Betlehem die Übereinstimmung von matthäischer und lukanischer Kindheitsüberlieferung an dieser Stelle bei sonst deutlicher literarischer Eigenständigkeit. Es ist somit keineswegs ausgemacht, dass Jesus tatsächlich nicht in Betlehem, sondern in Nazaret geboren sei. Bis zum Erweis des Gegenteils darf also davon ausgegangen werden, dass der

Fluchtweg der Familie Jesu sie von Betlehem ins Land der Pharaonen führte.

Die *zweite Episode* (Mt 2,16–18) berichtet, wie Herodes bemerkt, von den Weisen aus dem Osten getäuscht worden zu sein (vgl. Mt 2,8.12), und voller Zorn seinen Soldaten den Befehl erteilt, alle Knaben bis zum Alter von zwei Jahren in Betlehem und Umgebung zu töten. Das Erfüllungszitat rekurriert auf Jer 31,15: „Ein Geschrei war in Rama zu hören, lautes Weinen und Klagen: Rahel weinte um ihre Kinder und wollte sich nicht trösten lassen, denn sie waren dahin."

Der behauptete Kindermord von Betlehem (Mt 2,16ff.) ist die düstere Kehrseite der Flucht des Kindes Jesus nach Ägypten und seines dortigen Überlebens in Sicherheit. Historisch lässt sich das Massaker bis heute nicht anhand von außerbiblischen Quellen nachweisen oder gar rekonstruieren. Die grausame Tat würde allerdings durchaus zur Brutalität und Skrupellosigkeit des Herodes passen. Der römische Historiker Flavius Josephus schildert ihn als jemanden, der „gegen alle ohne Unterschied mit gleicher Grausamkeit wütete, im Zorn kein Maß kannte und sich über Recht und Gerechtigkeit erhaben wähnte" (Ant. XVII 191). Matthäus sieht jedenfalls alle Verantwortung bei Herodes. Das macht er auch sprachlich deutlich. Denn das Erfüllungszitat dieser Episode leitet er – anders als gewöhnlich (vgl. Mt 2,15; 4,14: „Dies geschah, damit sich die Schrift erfüllte ...") – nicht konsekutiv, sondern rein beschreibend mit der bewusst gewählten Formulierung „Damals erfüllte sich, was durch den Propheten Jeremia gesagt worden ist ..." (Mt 2,17) ein. Die Verantwortung liegt hier nicht bei Gott, sondern beim machtgierigen Despoten Herodes.

Die Szene hat trotz ihrer düsteren Einfärbung einen leuchtenden Kern, weil sie lichtdurchlässig ist für das geheimnisvoll Größere, das sich hier andeutet.[160] Veranschaulicht wird das Ausmaß tödlicher Bedrohung, mit der das Leben Jesu von Beginn an konfrontiert war. Es ist eine Gefahr, die sich mit dem Schatten des Kreuzes verbindet. Der Kreuzestod Jesu bedeutet für alle, die an ihn glauben, Licht und Leben. Der Weg des Evangeliums und seiner Verheißung führt nicht an den Dunkelheiten eines gelebten Lebens vorbei, sondern durch sie hindurch auf Rettung und Leben in Fülle hin.

Die *dritte Episode* (Mt 2,19–23) erzählt, dass dem Josef nach dem Tod des Königs Herodes erneut im Traum ein Engel des Herrn erscheint und ihm gebietet, mit seiner Familie in das Land Israel zurückzukehren. Josef erfüllt die Weisung des Engels wiederum noch in derselben Nacht. Weil er aber hört, dass in Judäa anstelle seines Vaters Herodes der grausame Sohn Archelaos regiert, zieht er, wie in einem weiteren Traum vernommen, nach Nazaret in Galiläa. Das Erfüllungswort ruft Ri 13,5.7 auf: „dass er Nazoräer gerufen wird".

Eine neuerliche Gefährdung steht im Raum; sie verbirgt sich hinter dem Namen Archelaos. Nach dem Tod seines Vaters Herodes (4 v. Ch.) übernimmt er für ungefähr zehn Jahre die Regentschaft in Judäa, Samaria und Idumäa. Danach wird er vom römischen Kaiser abgesetzt, weil er selbst ihm zu grausam erschien.[161] Wieder ist es ein Engel des Herrn, der Josef im Traum gebietet, seine ursprünglichen Pläne zu ändern, was dazu führt, dass der kleine Jesus mit seinen Eltern der allgegenwärtigen Gefahr entgeht. Die Intervention des Engels ist entscheidend. Matthäus operiert an allen entscheidenden Stationen seiner Erzählung mit ihr (Mt 2,13.19.22). Im Hintergrund des Engelswortes steht der Heilswille Gottes selbst. Adonai ist mit diesem Kind. Es ist sein geliebter Sohn, an dem er Gefallen gefunden hat (vgl. Mt 3,17 mit Ps 2,7 und Jes 42,1 als messianische Beglaubigung im Hintergrund). Er weist den richtigen Weg und leitet das Kind aus aller Not: zuerst aus der Gefahrenzone des Herodes nach Ägypten, danach zurück nach Israel, näherhin nach Nazaret in Galiläa. Gott ist mit diesem Kind, aber nicht so, dass ihm ein sorgenfreies Leben bevorstünde. Schon dem Kleinkind wird die Strapaze einer harten Flucht in ein fremdes Land zugemutet. Das ist das Geheimnis, das über dem Lebens- und Leidensweg Jesu liegt. Ganz am Ende ist der Gekreuzigte der Auferweckte, den seine Jünger nicht an irgendwelchen Herrschaftsinsignien, sondern an seinen Wunden und Narben erkennen (vgl. nur Joh 20,24–29). Im Auf und Ab der Geschichte, in nach menschlichem Ermessen anscheinenden Brüchen und Widersprüchen ist Gott der eigentlich Handelnde. Dies gilt für den Weg Jesu, dies gilt aber in gleicher Weise für den Weg eines jeden Menschen. Gott ist von seinem Wesen her „Immanuel" – ein mit-gehender, mit-fühlender, beschützender Gott, der Not nicht erspart, aber zu überwinden hilft.[162]

Flüchtlingsliteratur

Das Matthäusevangelium trägt Spuren seiner Entstehungszeit an sich. Es war eine schwere Zeit. In Israel war es zuvor zu einem Aufstand der einheimischen Bevölkerung gegen Rom gekommen. Im Sommer des Jahres 70 zerstören römische Truppen den Jerusalemer Tempel und vernichten die Heilige Stadt. Der antike Kirchenhistoriker Eusebius berichtet in seiner Kirchengeschichte (III 5,3), den Leitern der Urgemeinde sei kurz vor Ausbruch des Krieges in Jerusalem eine Offenbarung zuteil geworden, derzufolge die christliche Gemeinde angewiesen wurde, aus Jerusalem gen Norden zu fliehen und sich in der Stadt Pella in Peräa niederzulassen, um so dem sicheren Tod zu entgehen. In diesem urchristlichen Flüchtlingsmilieu wird man mit der Entstehung des Kindheitsevangeliums zu rechnen haben. Matthäus übernimmt diese Tradition und pflegt sie zu späterer Zeit (ca. 90 n. Chr.) in sein Evangelium ein. Von ihren Ursprüngen her aber handelt es sich um Flüchtlingsliteratur. Und es ist bezeichnend, dass diese Jesus-Geschichte aller Wahrscheinlichkeit nach im heutigen Syrien entstand, dort also, wo gegenwärtig ein tödlicher Krieg wütet, der Millionen von Menschen in die Flucht schlägt.

X.
„An jenem Tag brach schwere Verfolgung herein“ (Apg 8,1)

Verfolgter Glaube

8 Stephanus aber, voll Gnade und Kraft, tat Wunder und große Zeichen un-
ter dem Volk. 9 Doch einige von der sogenannten Synagoge der Libertiner
und Zyrenäer und Alexandriner und Leute aus Zilizien und der Provinz
Asien erhoben sich, um mit Stephanus zu streiten; 10 aber sie konnten der
Weisheit und dem Geist, mit dem er sprach, nicht widerstehen. 11 Da stif-
teten sie Männer zu der Aussage an: Wir haben gehört, wie er gegen Mose
und Gott lästerte. 12 Sie hetzten das Volk, die Ältesten und die Schriftge-
lehrten auf, drangen auf ihn ein, packten ihn und schleppten ihn vor den
Hohen Rat. 13 Und sie brachten falsche Zeugen bei, die sagten: Dieser
Mensch hört nicht auf, gegen diesen heiligen Ort und das Gesetz zu re-
den. 14 Wir haben ihn nämlich sagen hören: Dieser Jesus, der Nazoräer,
wird diesen Ort zerstören und die Bräuche ändern, die uns Mose überlie-
fert hat. 15 Und als alle, die im Hohen Rat saßen, auf ihn blickten, erschien
ihnen sein Gesicht wie das Gesicht eines Engels. 7 1 Der Hohepriester aber
fragte: Ist das wahr? 2 Stephanus antwortete: Brüder und Väter, hört mich
an! Der Gott der Herrlichkeit erschien unserem Vater Abraham, als er in
Mesopotamien lebte, ehe er sich in Haran niederließ, 3 und sagte zu ihm:
Zieh weg aus deinem Land und aus deiner Verwandtschaft, und geh in das
Land, das ich dir zeigen werde. 4 Da zog er aus dem Land der Chaldäer
fort und ließ sich in Haran nieder. Von dort ließ Gott ihn nach dem Tod
seines Vaters in dieses Land übersiedeln, in dem ihr jetzt wohnt. 5 Er hat
ihm darin kein Erbteil gegeben, auch nicht einen Fußbreit, doch hat er
verheißen, das Land ihm und seinen Nachkommen zum Besitz zu geben,
obwohl er kinderlos war. 6 So sprach Gott: Seine Nachkommen werden
als Fremde in einem Land wohnen, das ihnen nicht gehört; und man wird
sie zu Sklaven machen und sie vierhundert Jahre lang hart behandeln.
7 Aber auch über das Volk, dem sie als Sklaven dienen, werde ich Gericht
halten, sprach Gott, und nachher werden sie ausziehen und mich an die-
sem Ort verehren. 8 Und er gab ihm den Bund der Beschneidung. So wur-
de Abraham der Vater Isaaks und beschnitt ihn am achten Tag, ebenso
Isaak den Jakob, und Jakob die zwölf Patriarchen. 9 Die Patriarchen aber
waren eifersüchtig auf Josef und verkauften ihn nach Ägypten; doch Gott
war mit ihm. 10 Er rettete ihn aus allen seinen Nöten, schenkte ihm Weis-
heit und die Gunst des Pharao, des Königs von Ägypten, und er bestellte
ihn zum Herrscher über Ägypten und über sein ganzes Haus. 11 Es kam
aber eine Hungersnot über ganz Ägypten und Kanaan, und das Elend war
groß. Auch unsere Väter hatten keine Nahrung mehr. 12 Als Jakob hörte,
dass es in Ägypten Getreide gab, schickte er unsere Väter ein erstes Mal

dorthin. 13 Beim zweiten Mal gab Josef sich seinen Brüdern zu erkennen,
und dem Pharao wurde Josefs Herkunft bekannt. 14 Josef aber ließ seinen
Vater Jakob und seine ganze Familie holen: fünfundsiebzig Menschen.
15 So zog Jakob nach Ägypten hinab; und er starb, und auch unsere Väter
starben. 16 Man brachte sie nach Sichem und bestattete sie in dem Grab,
das Abraham von den Söhnen Hamors in Sichem für Silbergeld gekauft
hatte. 17 Als aber die Zeit der Verheißung herankam, die Gott dem Abra-
ham zugesagt hatte, vermehrte sich das Volk und breitete sich in Ägypten
aus, 18 bis ein anderer über Ägypten König wurde, der von Josef nichts
wusste. 19 Er ging gegen unser Volk heimtückisch vor und zwang unsere
Väter, ihre Kinder auszusetzen; sie sollten nicht am Leben bleiben. 20 In
dieser Zeit wurde Mose geboren, und Gott hatte Gefallen an ihm. Drei
Monate lang wurde er im Haus seines Vaters aufgezogen; 21 als er aber
ausgesetzt wurde, nahm ihn die Tochter des Pharao auf und erzog ihn als
ihren Sohn. 22 Und Mose wurde in aller Weisheit der Ägypter ausgebildet,
und er war mächtig in Wort und Tat. 23 Als er vierzig Jahre alt war, reifte
in ihm der Gedanke, nach seinen Brüdern, den Söhnen Israels, zu sehen.
24 Und als er sah, wie einem von ihnen Unrecht geschah, kam er dem Un-
terdrückten zu Hilfe und rächte ihn, indem er den Ägypter erschlug. 25 Er
dachte, seine Brüder würden begreifen, dass Gott ihnen durch seine Hand
Rettung bringen wolle; doch sie begriffen es nicht. 26 Am folgenden Tag
kam er dazu, wie sie sich stritten; er versuchte, sie auszusöhnen und Frie-
den zu stiften, und sagte: Männer, ihr seid doch Brüder. Warum tut ihr
einander Unrecht? 27 Der Mann aber, der seinem Nächsten Unrecht ge-
tan hatte, stieß ihn weg und sagte: Wer hat dich zum Anführer und
Schiedsrichter über uns bestellt? 28 Willst du mich etwa umbringen, wie
du gestern den Ägypter umgebracht hast? 29 Daraufhin floh Mose und
hielt sich als Fremder in Midian auf; dort wurden ihm zwei Söhne gebo-
ren. 30 Als vierzig Jahre vergangen waren, erschien ihm in der Wüste beim
Berg Sinai ein Engel im Feuer eines brennenden Dornbusches. 31 Als Mose
die Erscheinung sah, wunderte er sich darüber. Er ging näher hin, um sie
genauer zu betrachten. Da ertönte die Stimme des Herrn: 32 Ich bin der
Gott deiner Väter, der Gott Abrahams, Isaaks und Jakobs. Mose begann
zu zittern und wagte nicht hinzusehen. 33 Da sagte der Herr zu ihm: Zieh
deine Schuhe aus! Denn der Ort, wo du stehst, ist heiliger Boden. 34 Ich
habe das Elend meines Volkes in Ägypten gesehen und seine Klage gehört.
Ich bin herabgestiegen, um sie zu retten. Und jetzt geh, ich sende dich
nach Ägypten. 35 Diesen Mose, den sie verleugnet hatten mit den Worten:

Wer hat dich zum Anführer und Schiedsrichter bestellt?, ihn hat Gott als
Anführer und Befreier gesandt durch die Hand des Engels, der ihm im
Dornbusch erschien. 36 Dieser Mose hat sie herausgeführt, indem er Zei-
chen und Wunder tat in Ägypten und im Roten Meer und in der Wüste,
vierzig Jahre lang. 37 Dies ist der Mose, der zu den Söhnen Israels gesagt
hat: Einen Propheten wie mich wird Gott euch aus euren Brüdern erwe-
cken. 38 Dieser stand bei der Versammlung des Volkes in der Wüste zwi-
schen dem Engel, der mit ihm auf dem Berg Sinai redete, und unseren Vä-
tern. Er hat Worte des Lebens empfangen, um sie uns zu geben. 39 Aber
unsere Väter wollten sich ihm nicht unterordnen; sie wiesen ihn ab und
wandten ihr Herz nach Ägypten zurück. 40 Sie sagten zu Aaron: Mach uns
Götter, die vor uns herziehen! Denn dieser Mose, der uns aus Ägypten he-
rausgeführt hat – wir wissen nicht, was mit ihm geschehen ist. 41 Und sie
fertigten in jenen Tagen das Standbild eines Kalbes an, brachten dem Göt-
zen Opfer dar und freuten sich über das Werk ihrer Hände. 42 Da wand-
te sich Gott ab und überließ sie dem Sternenkult, wie es im Buch der Pro-
pheten heißt: Habt ihr mir etwa Schlachtopfer und Gaben dargebracht
während der vierzig Jahre in der Wüste, ihr vom Haus Israel? 43 Das Zelt
des Moloch und den Stern des Gottes Romfa habt ihr herumgetragen, die
Bilder, die ihr gemacht habt, um sie anzubeten. Darum will ich euch in
die Gebiete jenseits von Babylon verbannen. 44 Unsere Väter hatten in der
Wüste das Bundeszelt. So hat Gott es angeordnet; er hat dem Mose befoh-
len, es nach dem Vorbild zu errichten, das er geschaut hatte. 45 Und unse-
re Väter haben es übernommen und mitgebracht, als sie unter Josua das
Land der Heidenvölker besetzten, die Gott vor den Augen unserer Väter
vertrieb, bis zu den Tagen Davids. 46 Dieser fand Gnade vor Gott und bat
für das Haus Jakob um ein Zeltheiligtum. 47 Salomo aber baute ihm ein
Haus. 48 Doch der Höchste wohnt nicht in dem, was von Menschenhand
gemacht ist, wie der Prophet sagt: 49 Der Himmel ist mein Thron und die
Erde der Schemel für meine Füße. Was für ein Haus könnt ihr mir bau-
en?, spricht der Herr. Oder welcher Ort kann mir als Ruhestätte dienen?
50 Hat nicht meine Hand dies alles gemacht? 51 Ihr Halsstarrigen, ihr, die
ihr euch mit Herz und Ohr immerzu dem Heiligen Geist widersetzt, eure
Väter schon und nun auch ihr. 52 Welchen der Propheten haben eure Vä-
ter nicht verfolgt? Sie haben die getötet, die die Ankunft des Gerechten
geweissagt haben, dessen Verräter und Mörder ihr jetzt geworden seid,
53 ihr, die ihr durch die Anordnung von Engeln das Gesetz empfangen, es
aber nicht gehalten habt. 54 Als sie das hörten, waren sie aufs Äußerste

> über ihn empört und knirschten mit den Zähnen. [55] Er aber, erfüllt vom Heiligen Geist, blickte zum Himmel empor, sah die Herrlichkeit Gottes und Jesus zur Rechten Gottes stehen [56] und rief: Ich sehe den Himmel offen und den Menschensohn zur Rechten Gottes stehen. [57] Da erhoben sie ein lautes Geschrei, hielten sich die Ohren zu, stürmten gemeinsam auf ihn los, [58] trieben ihn zur Stadt hinaus und steinigten ihn. Die Zeugen legten ihre Kleider zu Füßen eines jungen Mannes nieder, der Saulus hieß. [59] So steinigten sie Stephanus; er aber betete und rief: Herr Jesus, nimm meinen Geist auf! [60] Dann sank er in die Knie und schrie laut: Herr, rechne ihnen diese Sünde nicht an! Nach diesen Worten starb er. (Apg 6,8–7,60)

Die Apostelgeschichte erzählt unter anderem die Geschichte des Diakons Stephanus (Apg 6–8). Der erste Märtyrer der christlichen Ekklesia wird als ein überragend guter Verkünder des Wortes beschrieben, der die Botschaft Jesu kraftvoll verbreitete (vgl. Apg 6,1–7). Die Menschen mochten ihn, weil sie spürten, dass er eine tiefgläubige charismatische Gestalt war. Einer, der darum viel Beifall und Zuspruch erntete (Apg 6,5), der gleichwohl umgänglich und nahbar blieb. Sogar für die griechisch sprechenden Diasporajuden, die in jenen Tagen aus verschiedenen Gründen – auch aufgrund politischer Verfolgung – nach Israel zurückkehrten, um sich in und um Jerusalem zur Heimatfindung anzusiedeln, war Stephanus als prominenter Vertreter des ebenfalls Griechisch sprechenden und denkenden Teils der in Jerusalem ansässigen christlichen Urgemeinde der ideale Gesprächspartner. Mit ihm konnten sie vortrefflich diskutieren. Mitunter auch streiten. Aber immer ging es um das Ringen um die richtigen Ausdrucksformen des Glaubens. Nie ging es um religiösen Fanatismus oder gar um Hass. Doch eines Tages ändert sich das. Es kommt zu einem Konflikt, der in die Tiefe geht.

Ringen um Positionen

An den Anfang seiner Ausführungen stellt der Evangelist Lukas, der zugleich Verfasser der Apostelgeschichte ist, eine knappe Charakterisierung des Stephanus: Er war voll „Gnade" und „Kraft", „tat Wunder und große Zeichen" (Apg 6,8). Auf diese Weise wird er in eine gewisse Nähe gerückt – nicht nur zu den Aposteln Petrus und Paulus, sondern sogar zu Mose, dem großen Repräsentanten Adonais. Mehr noch: Dieser Mann, so will es Lukas wohl anerkennend zum Ausdruck bringen, bewegte sich sicher und verlässlich auf den Pfaden der Nachfolge Jesu. An seiner besonderen Art, den neuen christlichen Glauben zu leben, konnte man offenbar etwas ablesen von der Botschaft, dem Reden und Handeln Jesu selbst. Stephanus folgte den Spuren Jesu. Aber der Weg der Nachfolge ist eben immer auch Kreuzesnachfolge. Lukas hält fest: Wie Jesus – und vor ihm alle Propheten Israels – stößt auch Stephanus bei den Menschen auf Widerstand und Ablehnung (vgl. Apg 7,51). Nicht etwa, weil er sie leichtsinnig provoziert hätte, sondern weil es offenbar ein Wesensmerkmal der Kundschafter Gottes ist, angefeindet zu werden.[163] So schimmert durch diese Verszeilen das gewaltige alttestamentliche Bild des Gottesknechtes (Jes 53) hindurch, der leidet, nicht obwohl, sondern weil er gerecht ist, und der sein Leben hingibt für die vielen.

Man kann die Spannung, die die Apostelgeschichte erzählend einholt, nur verstehen, wenn man sich vor Augen führt, dass die christliche Kirche nicht einfach fertig „vom Himmel fiel". Sie hat von ihren Ursprüngen her eine Entstehungsgeschichte, die in wesentlichen Punkten ein schmerzhafter Loslösungsprozess war. Mit der Zeit wurde nämlich nach innen und außen hin klar, dass die nachösterliche Jüngergemeinschaft nicht einfach nur als eine jüdische Konfession eingestuft werden kann, sondern vielmehr als eine neue, eigenständige Religion zu gelten hat. Die Apostelgeschichte spricht mit Blick auf das frühe Christentum nicht ohne Grund vom „neuen Weg" (Apg 19,9; 22,4; 24,14.22). Der entscheidende Impuls zum Konflikt um Stephanus kommt, jedenfalls in der lukanischen Sicht der Dinge, von einigen Mitgliedern der griechisch-jüdischen Synagogengemeinde. Sie „führen den Streit". Es ist nicht ganz klar, wer genau sich hinter dieser streitsuchenden Partei verbirgt.[164] Lukas verrät, dass es „einige von der sogenannten Synagoge der Libertiner und Zyrenäer und Alexandriner und Leute aus Zilizien und der Provinz Asien" waren (Apg 6,9). So viel scheint klar: Die Gegner des Stephanus kommen aus der Diaspora. Dabei handelt es sich um Juden, deren Wurzeln außerhalb des Heiligen Landes liegen, weil sich ihre Familien zu unterschiedlichen Zeiten und aus unterschiedlichen Gründen gezwungen sahen, zu emigrieren. Als sogenannte Diasporajuden siedelten sie sich im gesamten Mittelmeerraum an. Unter sich zum Teil erheblich vom Judentum unterscheidenden kulturellen und religiösen Bedingungen waren sie es durchaus gewohnt, ihre religiöse Überzeugung nach außen und innen hin einzufordern. Es gehörte zu ihrer Überlebensstrategie, jüdische Identität mit Überzeugung und Konsequenz zu leben. Die Apostelgeschichte nennt Namen: Bei den Libertinern, die Stephanus anfeinden, handelt es sich um ursprünglich in die Fremde deportierte, später freigelassene jüdische Kriegsgefangene.[165] Gerade diese ehemaligen Sklaven werden extrem dünnheutig auf jede Form von Neu- oder Uminterpretation des traditionellen Glaubens reagiert haben, weil ihnen die Sorge um seine Authentizität und Ursprünglichkeit in der Vergangenheit größte Anstrengungen abverlangt haben dürfte. Man kann ihren Verdruss leicht erahnen, wenn sie erleben mussten, dass es „abtrünnige Juden" wie Stephanus gab, die mitten in der Heiligen Stadt Jerusalem ohne äußeren Zwang von zentralen jüdischen Gesetzen abwichen. Ähnlich werden das die Zyrenäer[166], die Alexandriner[167] und die erwähnten Bewohner Kleinasiens, der heutigen Türkei, empfunden haben. Welch schwierigen Spagat diese Gruppen von Diasporajuden zwischen den „identity markern" ihrer ursprünglichen religiösen Prägung und den Lebensformen in der Weltstadt Jerusalem zu vollziehen hatten, lässt übrigens auch die Tatsache erahnen, dass sie sich offenbar landsmannschaftlich in eigenen Gebetsgemeinschaften organisierten. Ein Ausweis von Integration ist das nicht unbedingt.

Radikalisierungen

Damit ist der Nährboden des Konflikts umrissen. Seine Wurzeln reichen tiefer. Zuerst geht es um ein handfestes theologisches Problem, dem man – wie Apg 6,10 andeutet – anfangs noch mit den akademischen Mitteln von Argumentation und Diskussion Herr zu werden glaubte. Doch das ändert sich bald. Stephanus hält eine gelehrte Rede. Das entspricht seinem Naturell, es entspricht auch seinem Charisma. „Mit Weisheit und Kraft", notiert Lukas, sei er vor seine Kritiker getreten – und legt den Finger mitten hinein in die Wunde seiner Kontrahenten: Ausgerechnet sie, die drohenden Identitätsverlust fürchten, belehrt der christliche Diakon – freilich mit stechenden Argumenten und rhetorischer Brillanz – über Glaube und Gesetz, Gottesdienst und Kult.[168] Im Hintergrund wird nichts Geringeres verhandelt als dieses: Welchen Stellenwert kann der Tempel, *das* Jerusalemer Heiligtum, nach den Ereignissen von Ostern eigentlich noch haben? Und was ist mit dem Gesetz des Mose, wenn Jesus doch gekommen ist, es zu erfüllen? Paradoxerweise schwört hier derjenige einen Konflikt um diese damals so zentralen Fragen herbei[169], der „voll Gnade" war und „Wunder und Zeichen unter dem Volk vollbrachte" (Apg 6,8). Schützt Geist vor Torheit nicht? Oder wächst menschlicher Widerstand vor allem dort, wo Gottes Gnade am machtvollsten wirkt?

Die Gegner, die zunehmend Feinde sein wollen, können Stephanus mit der Macht von Worten und Argumenten nicht beikommen. Zu überlegen ist seine argumentative Stringenz, zu brillant seine Theologie, zu geschliffen seine Exegese. Vor allem aber steht seiner Rede die Kraft des Geistes Gottes im Rücken (vgl. Apg 6,3.10). Deshalb müssen jetzt wohl nach Ansicht der Gegner andere Register gezogen werden. Es ist die Stunde von Lüge und Denunziation. Die Verleumdung besteht darin, dass Männer angestiftet werden, zu behaupten, sie hätten Stephanus sprechen hören, und zwar lästerliche – im Licht der Tora (Lev 24,16) sogar todeswürdige – Schmähgedichte gegen Mose und sogar Adonai (Apg 6,11). Dem Anstiften von Denunzianten folgt, wie so oft in der Geschichte von Verleumdung und Verrat, das Aufwiegeln der Bevölkerung samt ihrer politischen und religiösen Autoritäten (Apg 6,12). Die Empörung ist groß. Und der Wunsch nach baldiger Ruhe ist auch groß. Die Sache ist jedenfalls publik geworden. Als solche gehört sie vor Gericht. Lukas zeigt, wie Stephanus mitgerissen und vor den Hohen Rat gebracht wird. Kampagne und Tumult tarnen sich hier mit Rechtsstaatlichkeit.[170] Die Rede ist von Falschaussagen (Apg 6,13). Die Verleumdungsstrategie und die Verdrehung von Tatsachen enden in diesem Gerichtssaal nicht, sondern grassieren. Ungerechtigkeit begegnet Stephanus in lupenreiner Weise: als bewusstes Missverstehen, als dreiste Lüge, als boshafte Hinterlist.

Durch die nüchterne Schilderung der Ereignisse taucht Lukas das Zeugnis des Stephanus sehr bewusst in das Licht der Passion Jesu (vgl. Lk 22,66–71 und 23,1–25). Neu ist die Verbindungslinie, die zwischen der Thematik von Gericht, Tempelheiligung und mosaischer Sinai-Gesetzgebung gezogen wird. Stephanus wird vorgeworfen, er stelle alle drei Aspekte auf einmal infrage. Die falschen Zeugen erinnern an eine angebliche Äußerung des Stephanus über „Jesus, den Nazoräer", über den er prophezeit haben soll, dass er den Jerusalemer Tempel zerstören (vgl. Mk 14,58) und die von Mose überlieferten Bräuche, also die kultische Gesetzgebung, ändern werde. Dieser Vorwurf barg genug Sprengkraft, um Jesus und alle, die zu ihm gehören, als gefährliche Irrlehrer dastehen zu lassen (vgl. 1 Makk 1, 44–49; Dan 7,25). Das Falschzeugnis erschließt sich den Leserinnen und Lesern der Apostelgeschichte aus der Tatsache, dass Jesus zwar die Zerstörung des Tempels vorausgesagt hat, aber nicht als eigene Aktion, sondern als Konsequenz des Unglaubens Israels (Lk 19,41–44; 21,5f.). Außerdem hat Jesus das Gesetz nicht geändert, sondern unter dem Anspruch der anbrechenden Gottesherrschaft neu ausgelegt (Lk 16,16f.).

Stephanus hält die Verteidigungsrede selbst (Apg 7,1–53). Da er sich vor Gericht mit einem lebensbedrohlichen Falschzeugnis (Apg 6,13f.) konfrontiert sieht, steht eigentlich zu erwarten, dass er die Unterstellungen jetzt Punkt für Punkt aus dem Weg räumt, indem er den Nachweis führt, dass das Anliegen Jesu sehr wohl mit dem hergebrachten Kult vereinbar ist und dass es erst recht die übliche Gesetzespraxis stützt und mitträgt. Doch genau diese Verteidigungsstrategie lässt Stephanus nicht zum Zug kommen. Stattdessen begründet er in großer Ausführlichkeit, dass seine feindseligen Ankläger mit ihren Vorwürfen durchaus richtig liegen – allerdings nur, weil sie das, was es eigentlich heißt, Mitglied des Volkes Israel zu sein, in der Tiefe nicht begreifen. Nicht Stephanus haben sie also missverstanden, sich selbst missverstehen sie in der ganzen Art ihres Wesens.[171]

Im Kern stellt die Rede des Stephanus[172] eine differenziert akzentuierte, abrisshafte Geschichte Israels von Abraham bis Salomo dar. Die Epoche der Patriarchen (Apg 7,2–16) und die Zeit von Mose bis David (Apg 7,17–50) werden als Zeit der Verheißung und der Erfüllung aufeinander bezogen. Der wahre Gottesdienst im verheißenen Land kommt ebenso in den Blick wie das rettende Handeln Adonais. Dem entgegen stehe Israels Verschlossenheit. Die gesamte Geschichte des Gottesvolkes stellt in der Sicht des Stephanus nichts anderes dar als eine Geschichte des Widerstandes gegen die je neue Zuwendung Gottes. Schon der Widerstand gegen Josef, mit dem Gott war (Apg 7,9), und auch der gegen Mose, durch dessen Hand Gott Rettung gab (Apg 7,25), würden typologisch auf die Ablehnung Gottes in Jesus hinweisen. Die Serie der Prophetenmorde bis hin zur Kreuzigung Christi erweise den permanenten Gesetzesbruch.[173] Zu verurteilen sei folglich – darauf zielt die Rede – nicht Stephanus, sondern der Kreis seiner Feinde, der auf die Seite derer gehöre, deren Geschichte eine Geschichte des Ungehorsams gegen Gott und der Abkehr von ihm sei.[174]

Zur Zeit des Diakons Stephanus galt für das Judentum weithin das Axiom, dass sich die Gotteskindschaft Israels vornehmlich in der strengen und ausnahmslos wortgetreuen Einhaltung der Gesetzesvorschriften realisiere. Entsprechend eng gestalteten sich die Standards einer nationalreligiösen Bewegung in Israel, mit der Stephanus nach Ausweis der Apostelgeschichte aneinandergeriet. Kern seiner Fundamentalkritik ist, dass seine Ankläger weit mehr

Recht haben als sie glauben, und dass sie dennoch völlig Unrecht haben, indem das, was sie zu schützen meinen, insgesamt falsch ist.[175] Die Umkehr, die Stephanus in Jesu Namen einfordert, macht nicht vor Israel halt, im Gegenteil, sie entspricht dem Wesen nach dem Glauben und der Hoffnung Israels. Worauf Stephanus in seiner Verteidigungsrede abhebt, ist nicht mehr und nicht weniger als eine grundlegende Neubestimmung und Neubesinnung auf die Essentials der Berufung des Gottesvolkes. An keiner Stelle geht es dabei um eine Absage an Israel. Aber es geht um seine grundlegende Neuausrichtung im Licht von Jer 31,31–34 – und so, wie es der Praxis Jesu entspricht: „Jesus hat Jeremias Verheißungen [...] erfüllt. Gott ist in Jesus Israel nahegekommen. [...] Jeremia verheißt, dass Gott ein Israel schaffen wird, das ihn erkennt, in direktem Kontakt mit ihm steht und dessen Sünden vergeben sind [...] Jesus ist somit selbst das endgültige Israel, denn in Jesus ist das Wort des Heils (Apg 13,26) und Friede (Apg 10,36) gegenwärtig, der Abrahamsbund (Apg 3,24f.; 13,26) und der Jeremiabund (Apg 26,18) erfüllt.“[176] Der Glaube ist Herzenssache.

Zeugnis und Martyrium

„Welchen Propheten haben eure Väter nicht verfolgt?“, fragt Stephanus (Apg 7,52). Es scheint keine Gemeinsamkeit mehr zu geben. Kein „wir“ könnte den Gegensatz noch versöhnen (vgl. Apg 7,51f.). Die geforderte innerliche Neuorientierung des Glaubens wird von den Vertretern vermeintlicher Rechtgläubigkeit abgelehnt. Sie fürchten um ihre Zukunft und mehr noch um ihren Bestand. Dass die Betonfraktion „in ihrem Herzen ergrimmt“ und dass sie gegen Stephanus „die Zähne knirschen“, wirkt wie eine Karikatur ihrer selbst. Sie haben sich radikalisiert. Jetzt geht es um Leben und Tod. Von einem geordneten Verfahren kann längst nicht mehr die Rede sein. Die spontane Lynchjustiz[177], von der Lukas nun berichtet, wird durch eine Vision des Stephanus ausgelöst, die das Fass zum Überlaufen bringt (Apg 7,55f.). Er sieht und spricht aus, was schon der Himmelfahrtsbericht Apg 1,9–11 zum Ausdruck brachte: Jesus ist in den Himmel aufgenommen, erhöht zur Rechten Gottes. Von dort wird er einst kommen, die Welt zu vollenden. Beide Perspektiven spielen auch in Apg 7,55 eine Rolle: sowohl die Erhöhung des gekreuzigten und auferstandenen Kyrios als auch die endzeitliche Erwartung seiner Wiederkehr (Apg 1,11; 10,42; 17,31). Erzähltechnisch gesehen bewegt sich Lukas auf den Bahnen frühchristlicher Märtyrerberichte (vgl. MartJes 5): Dort schaut ein Märtyrer in seiner Todesstunde immer den Lichtglanz Gottes.

Wutentbrannt stürmen die Feinde auf Stephanus los, bringen ihn vor die Tore der Stadt und steinigen ihn dort (Apg 7,57f.). Frühjüdische Schriften kennen ein bestimmtes Ritual: Der Delinquent wird an einen Abhang geführt, entkleidet, von einem ersten Zeugen hinabgestoßen und von einem zweiten Zeugen gesteinigt (vgl. Sanh 6,1–4). Bei der Ermordung des Stephanus hingegen gibt es keinerlei Ordnung mehr. Alles ist aus dem Ruder gelaufen. Es regiert der blanke Hass. Vielleicht lässt Lukas, der ansonsten ein Faible hat für geordnete Verfahren, gerade deshalb alle entsprechenden Hinweise weg. So kann er deutlich machen, wie groß das Ausmaß des Unrechts ist, das Stephanus getroffen hat. Überdeutlich sind die Parallelen, die die Apostelgeschichte bei der Beschreibung dieser Exekution zwischen Stephanus und dem leidenden Gekreuzigten zieht. Gerade so wird Stephanus zum Erzmärtyrer, zum Trostbild aller, die um ihres Glaubens willen verfolgt werden.

Stephanus stirbt mit der Bitte um Gemeinschaft mit dem auferstandenen Gottessohn Jesus (Apg 7,59). Er spricht bezeichnenderweise dieselben Worte, die Jesus sterbend am Kreuz betete (Lk 23,46 nach Ps 31,6). Seinen Geist haucht Stephanus aus mit einem Wort des Friedens, der Versöhnung und der Liebe (Apg 7,60). Das christliche Martyrium ist kein Akt des Hasses. Es zielt nicht auf unüberwindbare Feindschaft, sondern auf das Gegenteil dessen. Wie Jesus bestatten auch Stephanus „gottesfürchtige Männer" (Apg 8,2; vgl. Lk 23,50). So leuchtet dieses erste Märtyrergrab im Licht österlicher Hoffnung.

Verfolgter Glaube

Das ist kein kitschiges Happy End. Klar und schnörkellos fügt Lukas eine Notiz über die Verfolgung der frühchristlichen Gemeinschaften hinzu (Apg 8,1–39). Historisch liegt hier vieles im Dunkeln. Antike Quellen dokumentieren aber, dass es erhebliche Fluchtbewegungen von Christinnen und Christen aus Judäa gegeben hat, insbesondere im Zusammenhang der Eroberung und Zerstörung Jerusalems durch die Römer 70 n. Chr. Dieses Datum dürfte das Ende der Jerusalemer Urgemeinde markieren. Das Martyrium des Stephanus ist zeitlich etwas früher zu veranschlagen. Offenbar hat es gezielte Übergriffe insbesondere gegen den griechischsprachigen, heidenchristlichen Teil der Jerusalemer Urgemeinde gegeben.[178] Stephanus ist vielleicht nur das prominenteste, aber nicht das einzige Opfer. Viele „Griechen" flüchteten daraufhin nach Antiochien und Syrien.[179]

Für das frühe Christentum in neutestamentlicher Zeit ist die Minderheitensituation nicht untypisch. Oftmals resultierten daraus Verfolgungs- und Fluchtsituationen. Der erste Petrusbrief und die Johannesoffenbarung beschreiben Probleme, denen viele christliche Gemeinden des Anfangs schutzlos ausgesetzt waren: dass Christinnen und Christen von ihrer alltäglichen Umgebung, von Nachbarn, von Kollegen, von Familienmitgliedern, auch vom Staat angefeindet, verdächtigt, benachteiligt, ausgegrenzt, am Ende sogar vertrieben wurden (vgl. 1 Petr 3,9.16; 4,14; Offb 12–13). Sich zu Christus zu bekennen bedeutete vielfach auch, aus dem Sozialgefüge von Familie und Gesellschaft auszubrechen und eine Alternative zu wagen, die vielen verdächtig, möglicherweise sogar illegitim erschien. Durch ihren Lebensstil, der den christlichen Glauben spiegelte, erregten die Christen bei ihren jüdischen und heidnischen Mitbürgern Anstoß. 1 Petr 4,4 bringt das Dilemma – sicher nicht frei von Polemik, aber doch plausibel – auf den Punkt: „Das befremdet sie (i. e. die Nachbarn und Kollegen): dass ihr nicht mehr mit ihnen mitschwimmt im Strom ihrer Heillosigkeit; deshalb verlästern sie euch."

Der erste Petrusbrief gehört zu den theologischen Schwergewichten des Neuen Testaments. Er redet die Christen als eine gesellschaftlich angefochtene Minderheit an, die gegen Ende des ersten christlichen Jahrhunderts unter starker Ausgrenzung und anfänglicher Verfolgung durch ihre städtischen Nachbarn zu leiden haben. Der Brief ist geschrieben, um diesen Christen die Größe ihrer Berufung und Erwählung wieder neu vor Augen zu stellen. 1 Petr ruft weder zur Revolution auf noch zum gesellschaftlichen Opportunismus, wohl aber zu einer humanen Gestaltung der vorgegebenen Lebensverhältnisse, zur selbstkritischen Prüfung der eigenen Situation, zur Leidensfähigkeit und zum christlichen Zeugnis in einer nichtchristlichen Welt

Die Johannesapokalypse hat eine weiter zugespitzte Situation vor Augen. Also zeichnet sie mit großer theologischer Passgenauigkeit den (heils-)dramatischen Prozess nach, dass die Offenbarung der Herrschaft Gottes zuerst den erbittertsten Widerstand des Bösen hervorruft. Aber die Glaubenden müssen nicht sinnlos leiden. Die nur scheinbare Übermacht des Todes und seine zahllosen Übergriffe sind in der Perspektive der Johannesoffenbarung nichts als Nachhutgefechte. Christliche Hoffnung harrt hier der Vollendung entgegen. Die Konsequenz dieses Weltbildes liegt aber nicht im Sektierertum, sondern im profilierten christlichen Lebenszeugnis, d. h. in der kompromisslosen Bejahung des Hauptgebotes Dtn 6,4f. und im Bekenntnis zum Kyrios Jesus Christus.

Beide Linien, das Glaubenszeugnis der Christinnen und Christen in der Welt, in der sie leben, und vor der Welt, von der sie angefeindet werden, kommen in der Apostelgeschichte zusammen, am markantesten dort, wo die Geschichte des Märtyrers Stephanus erzählt wird. Durch das Dunkel der Dramatik schimmert das Licht einer großen Verheißung hindurch: Nicht bloß die, dass die Ausbreitung des Christusglaubens trotz aller Feindseligkeiten und Widrigkeiten unaufhaltsam ist. Mag die Kirche des Anfangs zersprengt und zerstreut worden sein, die geflüchteten Christinnen und Christen verkündeten das Wort an neuer Stelle nur umso entschiedener als Botschaft vom Leben für alle Menschen der Welt (vgl. Apg 8,4). Das Zeugnis des Stephanus steht aber zugleich für Friede und Verständigung unter den Religionen. Der „neue Weg" des Christusglaubens ist ein jüdischer Weg für alle Völker und gerade so die Erfüllung des Auftrags Israels. Diese Erfüllung ist nicht möglich ohne stetige Erneuerung und je intensivere Hinwendung zu Gott. Das verkündet Stephanus. Das lebt und bezeugt er. Sein Tod ist nicht sinnlos. Er verachtet das Leben nicht. Aber er führt es hinaus ins Weite.

XI.
„Petrus aber klopfte immer noch“ (Apg 12,16)

Der Flüchtling vor der Tür

1 Um jene Zeit ließ der König Herodes einige aus der Gemeinde verhaften
und misshandeln. 2 Jakobus, den Bruder des Johannes, ließ er mit dem
Schwert hinrichten. 3 Als er sah, dass es den Juden gefiel, ließ er auch Pe-
trus festnehmen. Das geschah in den Tagen der Ungesäuerten Brote. 4 Er
nahm ihn also fest und warf ihn ins Gefängnis. Die Bewachung übertrug
er vier Abteilungen von je vier Soldaten. Er beabsichtigte, ihn nach dem
Paschafest dem Volk vorführen zu lassen. 5 Petrus wurde also im Gefäng-
nis bewacht. Die Gemeinde aber betete inständig für ihn zu Gott. 6 In der
Nacht, ehe Herodes ihn vorführen lassen wollte, schlief Petrus, mit zwei
Ketten gefesselt, zwischen zwei Soldaten; vor der Tür aber bewachten Pos-
ten den Kerker. 7 Plötzlich trat ein Engel des Herrn ein, und ein helles
Licht strahlte in den Raum. Er stieß Petrus in die Seite, weckte ihn und
sagte: Schnell, steh auf! Da fielen die Ketten von seinen Händen. 8 Der En-
gel aber sagte zu ihm: Gürte dich, und zieh deine Sandalen an! Er tat es.
Und der Engel sagte zu ihm: Wirf deinen Mantel um, und folge mir!
9 Dann ging er hinaus, und Petrus folgte ihm, ohne zu wissen, dass es
Wirklichkeit war, was durch den Engel geschah; es kam ihm vor, als habe
er eine Vision. 10 Sie gingen an der ersten und an der zweiten Wache vor-
bei und kamen an das eiserne Tor, das in die Stadt führt; es öffnete sich
ihnen von selbst. Sie traten hinaus und gingen eine Gasse weit; und auf
einmal verließ ihn der Engel. 11 Da kam Petrus zu sich und sagte: Nun
weiß ich wahrhaftig, dass der Herr seinen Engel gesandt und mich der
Hand des Herodes entrissen hat und all dem, was das Volk der Juden er-
hofft hat. 12 Als er sich darüber klar geworden war, ging er zum Haus der
Maria, der Mutter des Johannes mit dem Beinamen Markus, wo nicht we-
nige versammelt waren und beteten. 13 Als er am Außentor klopfte, kam
eine Magd namens Rhode, um zu öffnen. 14 Sie erkannte die Stimme des
Petrus, doch vor Freude machte sie das Tor nicht auf, sondern lief hinein
und berichtete: Petrus steht vor dem Tor. 15 Da sagten sie zu ihr: Du bist
nicht bei Sinnen. Doch sie bestand darauf, es sei so. Da sagten sie: Es ist
sein Engel. 16 Petrus aber klopfte noch immer. Als sie öffneten und ihn sa-
hen, staunten sie. 17 Er gab ihnen mit der Hand ein Zeichen zu schweigen
und erzählte ihnen, wie der Herr ihn aus dem Gefängnis herausgeführt
hatte. (Apg 12,1–17)

Das Neue Testament entwickelt ein farbenreiches Bild der beiden führenden Repräsentanten des Frühchristentums, Petrus und Paulus. Es verwischt die Unterschiede zwischen ihnen nicht, sondern stellt sie offen heraus: Der eine stammt aus der galiläischen Provinz, der andere aus Tarsus, einer pulsierenden kleinasiatischen Stadt; der eine ist ein einfacher Fischer am See Gennesaret, der andere ein weltweit beachteter jüdischer Intellektueller. Petrus und Paulus verbinden aber nicht nur Gegensätze, es gibt auch Gemeinsamkeiten: Beide sind Juden, beide haben ursprünglich ein Handwerk erlernt und ausgeübt, beide haben ihre Vergangenheit; beide glauben an Jesus, den gekreuzigten und auferstandenen Sohn Gottes; beide sind zur Verkündigung des Evangeliums berufen; beide sind offen für die Mission auch unter den Nichtjuden; beide sind in Rom als Märtyrer gestorben. Es gibt sogar ein paar Facetten, die Petrus dem Paulus voraus hat: Petrus ist ein Mann der ersten Stunde und kam vielleicht sogar als Erstberufener in den Jüngerkreis Jesu. Er wird zum Menschenfischer berufen (Mk 1,16f.), als Paulus noch gar nichts von Jesus gehört hat. Jesus hat er dreimal verleugnet (Mk 14,66–72), aber Jesus hat ihm dreifach vergeben (Joh 21,15ff.). Petrus ist Erstzeuge des Auferstandenen (Mk 16,6f.; Lk 24,34; anders jedoch Joh 20,11ff.); zu Pfingsten tritt er als Sprecher der Urgemeinde auf. Lukas erzählt aus seinem Leben: wie er die Botschaft Jesu verkündet in Worten und Taten; wie er sich durch nichts und niemanden einschüchtern oder entmutigen lässt; wie er den ersten Nichtjuden, den gottesfürchtigen Hauptmann Kornelius, tauft (Apg 10) und diese Richtungsentscheidung gegen alle Bedenkenträger in der Urgemeinde verteidigt (Apg 11); wie er die Geschicke der jungen Kirche leitet und wichtige Beschlussfassungen auf Zukunft hin wenigstens auf den Weg bringt.

Das alles klingt nach einem Frontmann der jungen Kirche, der Petrus sicher war.[180] Trotzdem ist das nur die eine Seite der Medaille. Die andere Seite skizziert einen Apostelfürsten, der angefeindet, abgelehnt und sogar eingekerkert wird. Die Apostelgeschichte ist kein ideologisches Organ, das Widerstände und Rückschläge einfach ausblenden würde. Sie betreibt auch keinen investigativen Journalismus, stets darum bemüht, echte oder vermeintliche Skandale aufzudecken und ins Licht der Öffentlichkeit zu zerren. Lukas zeichnet ein ehrliches Bild. Er porträtiert einen überzeugten Glaubensboten, der mit seinem Leben einsteht für den Anspruch und die Wahrheit des Evangeliums. Er zeigt aber auch den flüchtenden Petrus, der weiß, was Todesangst bedeutet, und einen Weg des Umgangs mit ihr findet.

Verfolgte Glaubenszeugen

Die Apostelgeschichte lenkt im zwölften Kapitel die Aufmerksamkeit ihrer Leserinnen und Leser erneut auf das Thema Verfolgung. Jetzt ist es der politische Machthaber selbst, der Gewalt ausübt gegen die Gemeinschaft der Christen. Mit wenigen Worten nur und in knappen Zügen heißt es, dass „Herodes, der König, Hand anlegte, um einigen von der Gemeinde Böses anzutun“ (Apg 12,1). Bei diesem „König Herodes“ handelt es sich genau genommen um Herodes Agrippa I., der um 10 v. Ch. als Sohn des jüdischen Prinzen Aristobul und seiner Frau Berenike zur Welt kam.[181] Er war Enkel des Königs Herodes des Großen, der in der neutestamentlichen Weihnachtsgeschichte eine Rolle spielt. Aufgewachsen ist er in Rom und wurde dort zusammen mit dem späteren Kaiser Claudius erzogen. So konnte er frühzeitig Kontakte zum römischen Kaiserhof knüpfen. Alsbald pflegte er einen großzügigen und verschwenderischen Lebensstil, in dessen Folge er hohe Schulden anhäufte. Als seine Gläubiger sich nicht mehr beruhigen ließen, musste Herodes Agrippa Rom verlassen. 37 n. Ch. übernahm der Günstling des römischen Kaisers Caligula ein Fürstentum in seiner Heimat. Nach der Ermordung des römischen Kaisers unterstützte Herodes Agrippa die Erhebung des Claudius zum Kaiser, der ihn aus Dankbarkeit im Jahr 41 n. Ch. zum König von Judäa ernannte. Nach einer Phase der Leichtlebigkeit folgte eine Zeit des Bemühens, die Zuneigung seines Volkes durch einen vielfach zur Schau gestellten jüdischen Lebensstil zu erwerben. Wie so oft in der Geschichte bindet er durch die Verfolgung der christlichen Minderheit die Mehrheit der Bevölkerung an sich. Ansonsten fuhr er einen unauffälligen politischen Kurs zwischen Anbiederung an die römische Herrschaft und Förderung des jüdischen Nationalbewusstseins.[182]

Der König war das Gegenteil von einem gerechten Herrscher. Willkürliches Vorgehen prägt seine Regierungszeit. Aus billigem Machtinstinkt heraus lässt er keinen Geringeren als Jakobus, den aus Lk 5,10; 6,14; 8,51 und 9;28.54 bekannten Apostel Jesu, exekutieren (Apg 12,2). Dass er mit dem Schwert hingerichtet wird, zeigt, wie nach Jahren der Freundlichkeiten gegenüber Rom das Recht zur ordentlichen Vollstreckung von Todesstrafen plötzlich wieder beim jüdischen Herrscher lag. Offenbar wurden die Jerusalemer Christen als Verbrecher und Staatsfeinde betrachtet. Und es ist klar, dass sich ihre Repräsentanten in Lebensgefahr befinden. Bislang war das Verhältnis der Urgemeinde zum Großteil der jüdischen Bevölkerung gut. Einige wenige, allerdings heftige Konflikte, die durchaus ein tödliches Potenzial entfachen konnten (vgl. Apg 6), gingen in der Regel nur von Teilgruppen aus. Die Spirale der Gewalt verantwortet der Hohe Rat; das Volk tritt hingegen nur als von einigen Synagogengruppen getäuscht in den Blick (Apg 6,12). Jetzt aber ist der Bruch der Bevölkerungsmehrheit mit den Christen vorausgesetzt[183]: „Die Juden" erscheinen hier in bemerkenswerter Handlungseinheit mit einem – in seiner Hybris heidnisch eingefärbten – Tyrannen: Der Apostelmord ist ihnen „wohlgefällig" (Apg 12,3).

Diesem Volk zu Gefallen soll nun der Anführer der Urchristen zur Hinrichtung vorgeführt werden (Apg 12,4.11). Der Konflikt wird wiederum tödlich. Petrus droht dasselbe Schicksal wie dem Zebedäussohn Jakobus. Gleich nach dem Paschafest soll er in einem öffentlichen Schauprozess vorgeführt und abgeurteilt werden (Apg 12,4). Bis dahin wird er – wohl über mehrere Tage hinweg – rund um die Uhr streng bewacht, von vier Abteilungen zu je vier Soldaten, die je eine der vier Nachtwachen hindurch wach bleiben müssen.[184] Als Ort dieses Hochsicherheitsgefängnisses kommt am ehesten der königliche Palast in der Jerusalemer Altstadt infrage. Es ist alles andere als eine Randnotiz, wenn die Apostelgeschichte in diesem Zusammenhang festhält, dass die Christen der Jerusalemer Urgemeinde – um den Ernst der Lage wohl wissend – zusammenkamen, um für Petrus zu beten (Apg 12,5). Hier zeigt sich, was Hoffnung gegen jede Hoffnung ist. Hier zeigt sich auch, wie Gottvertrauen geht.

Die Flucht des Apostels

Herodes Agrippa, so gibt Apg 12,6 zu erkennen, hat bereits einen Termin festgesetzt, um dem Volk Petrus zur Hinrichtung vorzuführen. Aber der Plan des Königs scheitert. Obwohl Petrus „in jener Nacht" in Ketten lag und ordnungsgemäß scharf bewacht wurde (Apg 12,6), kommt er frei – nicht durch das Wirken von Freunden oder die Nachlässigkeit von Feinden, sondern durch das Wirken Gottes. Der Auftritt eines Engels zeigt dies an: Mauern und Wächter sind für ihn kein Hindernis. Er weckt den Apostel einigermaßen unsanft (Apg 12,7), löst ihm die Fesseln und öffnet das Verlies (Apg 12,7ff.). Sein helles Licht, das das Dunkel des Gefängnisses erstrahlen lässt (Apg 12,7), verweist auf eine Rettungsaktion, die in der Wirklichkeit des Himmels beschlossen wurde.

Petrus gehorcht dem Engel. Das Befreiungsgeschehen nimmt seinen Lauf. Der Apostel weiß nicht, ob es Wirklichkeit ist, was geschieht, oder nur ein Traum (Apg 12,9). „Meisterhaft wird hier der Übergang aus dem Schlaf in die Erfahrung des Wunders und aus diesem Erleben in den Alltag gezeichnet. Dass auf die Paschanacht angespielt wird, ist möglich."[185] Die beiden verlassen das Gefängnis, und „eine Gasse weiter" (Apg 12,10) – gewissermaßen hinter der nächsten Ecke – ist Petrus wieder allein. Jetzt kommt er zur Besinnung, er begreift, was geschehen ist (Apg 12,11f.). Vor allem weiß er, dass der Herr selbst ihn durch seinen Engel befreien ließ (Apg 12,11). Die Leserinnen und Leser der Apostelgeschichte wissen zudem, wie sehr Gott sich vom vertrauensvollen Gebet der

Christen anrühren lässt und zugleich die Geschicke der Kirche lenkt und leitet.

Petrus ist frei. Aber die Geschichte ist längst nicht zu Ende. Der Apostel sucht die Gemeinschaft der Glaubenden. Lukas erzählt alles ausführlich und notiert viele Details. Sogar den Namen einer Pförtnerin verrät er uns: Sie heißt Rhode (Apg 12,13). Das ist bemerkenswert, weil in den Schriften und Berichten der Antike Hausangestellte, Diener und Sklaven zumeist keine Rolle spielen und namenlos bleiben. Rhode ist ein griechischer Name. In seiner lateinischen Übersetzung ist er uns geläufiger: Rosa, das bedeutet „Rose", „Rosenstock", „Rosenstrauß".

Rhode arbeitet in einem großen und vornehmen Haushalt. Die Erwähnung des Außentores und die Tatsache, dass es dort Hausangestellte gibt, weisen in diese Richtung. Lukas sagt nicht ausdrücklich, ob Rhode Christin war oder ob nicht. Aber alles deutet darauf hin, dass sie sich zum Glauben an den Auferstandenen bekennt: Sie kennt die Stimme des Petrus und freut sich, als er vor der Tür steht, so ungemein, dass sie darüber vergisst, die Tür zu öffnen (Apg 12,14). Mit großer Wahrscheinlichkeit war auch die Dienstgeberin Rhodes, eine Frau namens Maria, Mutter des Johannes Markus (Apg 12,12), Christin: In ihrem Haus versammelt sich die junge christliche Gemeinde, nicht zuletzt, um für den in Todesgefahr gewähnten Petrus zu beten. Und Petrus würde sich nach seiner wundersamen Entlassung nicht als Erstes auf den Weg in ihr Haus machen, wenn er nicht Schwestern und Brüder im Glauben dort anzutreffen meinte. Rhode ist Dienerin in einem christlichen Haus, vielleicht sogar Sklavin. Das Christentum des Anfangs hatte weder Macht noch Möglichkeit, gesellschaftliche Realitäten zu verändern. Aber der Glaube an den Auferstandenen veränderte das Zusammenleben: Im Namen Jesu gab es keine Unterschiede mehr zwischen Freien und Sklaven, Herrschaft und Dienerschaft (vgl. Kol 3,11).

Was sich ereignet, wird ausgesprochen plastisch und lebensnah erzählt. Alle Protagonisten reagieren sehr menschlich: Die Dienerin Rhode hört jemanden an der Türe klopfen. Als sie hingeht, um nachzuschauen, wer vor der Tür steht, erkennt sie Petrus. Überraschung und Freude sind jedoch so groß, dass Rhode darüber den Kopf verliert und den Ersten der Apostel erst einmal unvermittelt draußen stehen lässt. Atemlos stürzt sie in die Versammlung der Christen und weiß das Unglaubliche zu berichten: „Petrus steht vor dem Tor" (Apg 12,14), der Apostel ist frei. – Kein Mensch will ihr glauben. Das kann doch nicht sein! Entweder ist diese Magd verrückt geworden, denkt man sich wohl, oder – weniger wahrscheinlich – ein Engel steht vor der Tür (Apg 12,15). Vorausgesetzt ist hier die biblische Vorstellung, dass jeder Mensch einen Schutzengel hat, der ihm als sein himmlischer Doppelgänger äußerlich sehr ähnelt (vgl. Ps 91,11; Tob 5,22; Mt 18,10; vgl. auch das nichtbiblische, aber zeitgenössische Buch des Hirten des Hermas [Herm vis V, 4,7]). So viel steht jetzt jedenfalls fest: Die Befreiung des Apostels ist nicht das Werk der christlichen Gemeinde.

Petrus muss weiterklopfen. Aber Rhode kann sich auf ihre Sinne und ihr Herz verlassen. Sie ist weder verrückt noch einfältig. Sie weiß, wen sie gesehen hat – also eilt sie zusammen mit den anderen zur Tür zurück und öffnet Petrus. Der Jubel kennt keine Grenzen. Alle geraten außer sich (vgl. Apg 2,7). Nun ist klar: Kein Mensch konnte Petrus befreien. Es war der Herr, der ihn aus der Gefangenschaft herausgeführt hatte (Apg 12,17). Gott selbst, das ist jetzt überdeutlich, steht an der Seite der Christen.

Der Apostel muss im allgemeinen Freudentaumel zunächst für Ruhe sorgen, um der Reihe nach erzählen zu können, wie er auf wundersame Weise aus dem Gefängnis befreit wurde. Und er möchte, dass dem Apostel Jakobus, dem Leiter der Jerusalemer Urgemeinde, Bericht erstattet wird. Danach verlässt Petrus langsam, aber sicher die Bühne der Apostelgeschichte. Nur von einer großen Vereinbarung mit Paulus wird noch die Rede sein (Apg 15). Der Bischof und Kirchenvater Eusebius von Cäsarea (264–339 n. Chr.) bewahrt in seiner Chronik eine alte Überlieferung auf, nach der sich Petrus auf den Weg nach Rom gemacht habe. Rhode hat Petrus vielleicht begleitet. Nach dem Bericht über die Ereignisse jener Nacht wird sie im Neuen Testament an keiner weiteren Stelle mehr erwähnt. So bleibt sie ein kleiner Mosaikstein im Bild der Geschichte Gottes mit den Menschen. Die Erinnerung an sie bringt das Wort des Propheten Joël zum Klingen, das Petrus in seiner Pfingstpredigt ganz zu Beginn zitiert hatte (Apg 2,18). Gott sagt: „Über Knechte und Mägde werde ich meinen Geist ausgießen in jenen Tagen, und sie werden Propheten sein." (vgl. Joël 3,2)

Das Ende des Tyrannen

Die Soldaten bemerken die Flucht ihres prominenten Gefangenen erst bei Anbruch des Tages. Sie geraten in Panik, weil sie wissen, was ihnen nun droht. Aber es hilft nichts: Der Kerker ist leer; die Wächter verwandeln sich ihrerseits in Gefangene: Erst werden sie vom Tyrannen verhört, danach zur Hinrichtung abgeführt. „Der Ortswechsel erfolgt rapide, wie um zu demonstrieren, dass ein Bauernopfer noch keine Rochade macht."[186]

Die Geschichte endet glücklich und tragisch zugleich. Der Fokus richtet sich wieder auf den Tyrannen (Apg 12,20ff.). Der hält sich zwischenzeitlich in Cäsarea auf. Die Rede ist von einem Wirtschaftskrieg zwischen Herodes und zwei syrischen Städten. Der König hatte wohl ein Handelsembargo über sie verhängt, woraufhin syrische Diplomaten versuchten, die Sperre mithilfe eines korrupten Beamten zu überwinden. Sie „baten um Frieden" – und dieser Friede sollte nun in festlicher Versammlung proklamiert werden. Flavius Josephus identifiziert diesen Tag, an dem Herodes Agrippa I. „in einem Gewand ganz aus Silber" vor seinem Volk erschien, mit dem zweiten Tag von Festspielen zu Ehren des römischen Kaisers im Jahr 44 n. Ch. Der Machthaber lässt sich als Gott verehren. Da trifft ihn der Schlag. Es ist der Schlag des Zornes Gottes (Apg 12,23).

Die Szene ist oft mit dem Bericht des Geschichtsschreibers Josephus (Ant. 19,343–352) verglichen worden. Die Unähnlichkeiten überwiegen zuletzt. Und doch wird einiges deutlich: Josephus beurteilt den Herrscher im Ganzen günstig; für die Apostelgeschichte sagt die Hybris des Tyrannen alles, was zu sagen ist. Bei Josephus stirbt Agrippa einsichtig, opernhaft den eigenen Tod erläuternd, nach mehrtägigem Leiden, vom jüdischen Volk betrauert, vom heidnischen verhöhnt (Ant. 19,349–359), bei Lukas ist das Ende dramatischer: Der falsche Machthaber fällt – plötzlich geschlagen, passiv, von Würmern zerfressen und unbeweint.[187]

Es ist ein Ende mit Schrecken. Aber auch des Schreckens Ende. Jedenfalls vorerst. Die werdende Kirche kann ihren Weg weitergehen. Manchmal ist es ein Triumphzug, manchmal eine Flucht. Dass es kein einsamer Weg ist, zeigt die Apostelgeschichte über alle ihre Kapitel hinweg. Die Geschichte von der Flucht Petri wirft ein Licht auf den entscheidenden Hintergrund. Selbst für den erzählfreudigen Lukas wirken die Akteure der Erzählung Apg 12 bunt zusammengewürfelt: ein Tyrann, zwei Apostel als Opfer, sechzehn – am Ende tote – Soldaten, eine friedfertige Betgemeinschaft, eine aufgeregte Magd; ein paar desillusionierte Urchristen; ein korrupter Kämmerling; viel Volk und ein Engel des Herrn. Gott selbst wird nicht direkt zur persona dramatis; ein eingebildeter Monarch indes beendet seine Dramenrolle unter dramatischen Umständen. Diese Geschichte kennt keine Handlungsträger im eigentlichen Sinn. Aber sämtliche Handlungen werden von Gott gelenkt und gehalten. Was die unterschiedlichen Szenen zusammenhält, ist diese unterschwellige Handlungsführung: Der Übergang in die neue Phase des werdenden Christentums wird in radikaler Gottverwiesenheit beschrieben – und damit als Kontinuum.[188]

XII.
„Es schwand schließlich die Hoffnung, dass wir gerettet würden“ (Apg 27,20)

Der Bootsflüchtling Paulus

Der letzte Besuch des Apostels Paulus bei der Jerusalemer Urgemeinde fiel wahrscheinlich in das Ende der Fünfzigerjahre.[189] Kurz vor dieser Reise schreibt Paulus den Christinnen und Christen von Rom (Röm 15,24–32):

> 2 Wenn ich einmal nach Spanien reise; auf dem Weg dorthin hoffe ich euch zu sehen und dann von euch für die Weiterreise ausgerüstet zu werden, nachdem ich mich einige Zeit an euch erfreut habe. 25 Doch jetzt gehe ich zuerst nach Jerusalem, um den Heiligen einen Dienst zu erweisen. 26 Denn Mazedonien und Achaia haben eine Sammlung beschlossen für die Armen unter den Heiligen in Jerusalem. 27 Sie haben das beschlossen, weil sie ihre Schuldner sind. Denn wenn die Heiden an ihren geistlichen Gütern Anteil erhalten haben, so sind sie auch verpflichtet, ihnen mit irdischen Gütern zu dienen. 28 Wenn ich diese Aufgabe erfüllt und ihnen den Ertrag der Sammlung ordnungsgemäß übergeben habe, will ich euch besuchen und dann nach Spanien weiterreisen. 29 Ich weiß aber, wenn ich zu euch komme, werde ich mit der Fülle des Segens Christi kommen. 30 Ich bitte euch, meine Brüder, im Namen Jesu Christi, unseres Herrn, und bei der Liebe des Geistes: Steht mir bei, und betet für mich zu Gott, 31 dass ich vor den Ungläubigen in Judäa gerettet werde, dass mein Dienst in Jerusalem von den Heiligen dankbar aufgenommen wird 32 und dass ich, wenn es Gottes Wille ist, voll Freude zu euch kommen kann, um mit euch eine Zeit der Ruhe zu verbringen. (Röm 5,24–32)

Das Kollekten-Projekt, von dem Paulus hier spricht, ist mehr als „nur" eine Charity-Aktion. Die Sammlung gehört zu den Vereinbarungen des sogenannten „Apostelkonzils" (49 n. Ch.), einer frühkirchlichen Übereinkunft, die es Paulus (und seinen Mitstreitern) gestattete, das Evangelium vom Leben nicht nur zu den Menschen in Israel zu tragen, sondern vielmehr zu allen Menschen auf der (damalig bekannten) ganzen Welt – unter Absehung von Auflagen wie zum Beispiel jüdischen Reinheits- oder Speisevorschriften. Dadurch entstand eine universale, weltweite Kirche – konzipiert und organisiert als eine Gemeinschaft von Glaubenden aus Judenchristen und Heidenchristen[190], aus Frauen und Männern also, die – ehe sie zum Glauben an den Messias Jesus gelangten – als Juden oder als Angehörige einer paganen Religion lebten. Sichtbares Zeichen dieser neuen weltkirchlichen Einheit sollte jene Kollekte für die Jerusalemer Urgemeinde sein, die Paulus organisierte, um entsprechend der Vereinbarungen des Apostelkonzils zum Ausdruck zu bringen, dass alles Trennende innerhalb der frühen Kirche nunmehr überwunden sei, wie es Gal 3,28 auf den Punkt bringt: „Es gibt jetzt nicht mehr Juden oder Griechen, Sklaven oder Freie, nicht Mann oder Frau – denn ihr alle seid eins in Christus Jesus!" So weit, so gut. Aber die Sorgen des Apostels quälen ihn. Zu wichtig ist ihm das Einheitszeichen der Kollektensammlung, als dass es ihm nicht den Schlaf rauben würde. Was, wenn es nicht gesetzt werden kann? Was, wenn die Annahme verweigert wird?

Jerusalemer Tumult

Paulus rechnet offenbar damit, dass sein Besuch in Jerusalem in der Katastrophe enden könnte. Er befürchtet Verfolgung durch die „Ungläubigen aus Judäa", aber doch auch Vorbehalte unter den Jerusalemer Christen, die die Kollekte möglicherweise in den Wind schlagen könnten, weil ihr Groll gegen Paulus zu groß ist. Im Hintergrund dieser Befürchtung stehen lange währende heftige Konflikte und Verletzungen, die aus dem frühchristlichen Ringen um das Für und Wider einer universalen Heidenmission, für die Paulus wie kein Zweiter stand, ausgelöst wurden. Lukas berichtet von all dem in seiner Apostelgeschichte wenig. Nicht einmal die Kollekte erwähnt er, allenfalls nebenbei. Stattdessen konzentriert er die Darstellung auf die ausgesprochen erfolgreiche Missionsdynamik des Paulus.

Das ist keine Übertreibung. Aber genauso wahr ist, dass die von Paulus geplante Übergabe der Kollekte in Jerusalem offenbar tatsächlich im Fiasko endete. Lukas berichtet von einem Aufruhr, an dem ganz Jerusalem beteiligt gewesen zu sein scheint. Der Apostel droht einer Lynchjustiz zum Opfer zu fallen. Es scheinen sich hier dieselben Leute zusammengerottet zu haben, die bereits Stephanus gewaltsam aus dem Weg geräumt hatten. Bezeichnenderweise ist es der alte Vorwurf, den sie jetzt gegen Paulus erheben: „Dieser Mensch hört nicht auf, gegen den Heiligsten Ort und gegen das Gesetz zu reden." (Apg 6,13) Der markante Ruf „Weg mit ihm!" weckt erneut die Erinnerung an den Leidensweg des gekreuzigten Jesus (vgl. Lk 23,18). Die Lage spitzt sich dramatisch zu. Paulus befindet sich in Lebensgefahr. Jetzt greift ein Vertreter der politischen Macht ein.

Es ist der römische Hauptmann Klaudius Lysias (Apg 23,26), der Paulus das Leben rettet. Er zählt zu einer Reihe von Persönlichkeiten, die Lukas in das Logbuch der jungen Kirche einträgt – nicht, weil sie sich stante pede für den Christusglauben entschieden hätten, sondern weil sie einfach in guter Weise mit Umsicht und Augenmaß ihren Job erledigt haben und so schließlich auch der Sache des Evangeliums dienten. Auf dem Tempelvorplatz befreit der Römer den Apostel aus den Klauen eines aufgebrachten Mobs (Apg 21,31ff.). Um die Lage zu beruhigen und deeskalierend zu wirken, erlaubt er es Paulus, zu der Menge zu sprechen. Aber das geht nach hinten los. Paulus muss in Sicherheitsgewahrsam genommen werden.

Normalerweise stünde jetzt durchaus zu erwarten, dem Gefangenen durch Folter ein Geständnis abzuringen (vgl. Apg 22,24–29). Menschenrechte wurden im Römischen Imperium nicht unbedingt groß und mit feiner Linie geschrieben. Die Sache hätte sich also schnell erledigen lassen. Doch Paulus besitzt das römische Bürgerrecht. Das verkompliziert die Lage. Es bleibt nun keine andere Möglichkeit, als den Streitfall in Übereinstimmung mit dem Hohen Rat zu klären (Apg 22,30), der in Jerusalem nicht nur geistliche, sondern auch lokalpolitische Macht ausübte. Eigentlich hätte sich der Fall ohne Gesichtsverlust für alle Seiten auf diese Weise gut lösen lassen. Doch weit gefehlt: Die Lage eskaliert erneut! Vor dem Hohen Rat kommt es zu einem heftigen Streit zwischen den einflussreichen Fraktionen der Sadduzäer und Pharisäer um Paulus. Erneut muss der Hauptmann eingreifen. Mit Gewalt holt er Paulus aus ihrer Mitte und gewährt ihm wiederum Schutzhaft (Apg 23,10).

Aus Sicherheitserwägungen, die – wie sich herausstellt – durchaus ihre Berechtigung haben (Apg 23,12–22), lässt der Hauptmann Paulus ins römische Hauptquartier nach Cäsarea maritima bringen, bewacht von mehr als zweihundert Soldaten (Apg 23,23f.). Der guten Ordnung halber wird darüber Protokoll geführt, das dem dortigen Oberbefehlshaber, dem römischen Statthalter Felix, zu Kenntnis gegeben wird (Apg 23,24–31).

Unfairer Prozess in Cäsarea

Es kommt zum Prozess. Das Schicksal des Apostels steht jedoch unter der Verheißung des auferstandenen Christus, dass er nicht nur in Jerusalem, nicht nur in Cäsarea, sondern auch in der Welthauptstadt Rom Zeugnis für das Evangelium ablegen werde (Apg 23,11). Es ist diese Zusage, die Paulus im Glauben erfasst und die ihm Standvermögen und Zuversicht verleiht, den fragwürdigen Prozess zu überstehen. Das Verfahren folgt den Vorgaben der römischen Prozessordnung.[191] Die Anklage umfasst zwei Sachverhalte, die Paulus zur Last gelegt werden: Rebellion und Sakrileg. Die Kombination ist nicht ungefährlich. Das Leben des Apostels liegt in der Hand seines Richters, und mehr noch in der Hand Gottes. Die Anklage, die der Hohepriester Hananias in Begleitung seines Anwalts vor dem römischen Statthalter gegen Paulus erhebt, zeigt die Absurdität des ganzen Verfahrens. Der Statthalter scheint das zu sehen (vgl. Apg 23,29). Trotzdem will er Paulus nicht einfach ziehen lassen. Offenbar geht es ihm um Geld. Hier will ein bestechlicher Richter zu seinem Recht kommen (Apg 24,26f.).[192] Außerdem ist er mit einer Jüdin verheiratet (Apg 24,24) und dürfte von daher kaum Interesse gehabt haben, es sich mit der Jerusalemer High Society zu verderben.

Paulus wäre nicht Paulus, würde er angesichts derartig mafiöser Strukturen, die sich ihm offenbaren, klein beigeben. Stattdessen legt er ein offenes Bekenntnis zum „Neuen Weg“ ab und weist zugleich alle Anschuldigungen zurück, die gegen ihn erhoben werden (vgl. Apg 24,10–21.25). Der Prozess verläuft aber nicht fair. Weil der römische Statthalter nicht nach Recht und Gesetz verfährt, sondern die Dinge absichtlich verschleppt, bleibt Paulus über zwei Jahre hinweg in Untersuchungshaft gefangen. Dann kommt es zu einem Wechsel an der Spitze der Statthalterschaft. Nachfolger des Felix wird Porcius Festus (Amtszeit ca. 60–62 n. Chr.). Flavius Josephus charakterisiert ihn als einen korrekten Beamten, der sich um Ruhe und Ordnung im Land bemühte (Bell II, 271–272[193]; Ant XX, 182–196[194]). Der Vorgänger überlässt dem Nachfolger auch seinen Untersuchungsgefangenen Paulus, weil er seinen Untertanen am Ende noch eine Freude bereiten will. Und Festus scheint aus politischem Kalkül heraus durchaus geneigt, das Spiel mit der Verzögerungstaktik mitzuspielen (Apg 25,9).

Aber es kommt anders. Nachdem er sich einer weiteren Ladung haltloser Vorwürfe vonseiten der Jerusalemer Gegner ausgesetzt sieht (Apg 25,7) und dann auch noch befürchten muss, ihnen ausgeliefert zu werden (Apg 25,9), rekurriert Paulus auf sein römisches Bürgerrecht und fordert, dass sein Fall vor dem Kaiser in Rom zur Verhandlung gebracht wird: „Ich lege Berufung beim Kaiser ein!“ (Apg 25,11) Dieses einzige Mal reagiert der römische Statthalter klar und entschlossen: „An den Kaiser hast du appelliert, zum Kaiser sollst du gehen!“ (Apg 25,12) Lukas versäumt es nicht, klarzustellen, dass auch das ein Verfahrensfehler ist: „Dieser Mann“, lässt er den jüdischen König Agrippa vor dem römischen Statthalter Festus bekennen, „könnte freigelassen werden!“ (Apg 26,32)

Bootsflüchtling

[20] Mehrere Tage hindurch zeigten sich weder Sonne noch Sterne, und der heftige Sturm hielt an. Schließlich schwand uns alle Hoffnung auf Rettung. [21] Niemand wollte mehr essen; da trat Paulus in ihre Mitte und sagte: Männer, man hätte auf mich hören und von Kreta nicht abfahren sol-

len, dann wären uns dieses Unglück und der Schaden erspart geblieben.
22 Doch jetzt ermahne ich euch: Verliert nicht den Mut! Niemand von euch
wird sein Leben verlieren, nur das Schiff wird untergehen. 23 Denn in die-
ser Nacht ist ein Engel des Gottes, dem ich gehöre und dem ich diene, zu
mir gekommen 24 und hat gesagt: Fürchte dich nicht, Paulus! Du musst
vor den Kaiser treten. Und Gott hat dir alle geschenkt, die mit dir fahren.
25 Habt also Mut, Männer! Denn ich vertraue auf Gott, dass es so kommen
wird, wie mir gesagt worden ist. 26 Wir müssen allerdings an einer Insel
stranden. 27 Als wir schon die vierzehnte Nacht auf der Adria trieben,
merkten die Matrosen um Mitternacht, dass sich ihnen Land näherte.
28 Sie warfen das Lot hinab und maßen zwanzig Faden; kurz danach lote-
ten sie nochmals und maßen fünfzehn Faden. 29 Aus Furcht, wir könnten
auf Klippen laufen, warfen sie vom Heck aus vier Anker und wünschten
den Tag herbei. 30 Als aber die Matrosen unter dem Vorwand, sie wollten
vom Bug aus Anker auswerfen, vom Schiff zu fliehen versuchten und das
Beiboot ins Meer hinunterließen, 31 sagte Paulus zum Hauptmann und
zu den Soldaten: Wenn sie nicht auf dem Schiff bleiben, könnt ihr nicht
gerettet werden. 32 Da kappten die Soldaten die Taue des Beibootes und
ließen es forttreiben. 33 Bis in die Morgendämmerung hinein ermunter-
te Paulus alle, etwas zu essen, und sagte: Heute ist schon der vierzehnte
Tag, dass ihr ausharrt, ohne auch nur die geringste Nahrung zu euch zu
nehmen. 34 Deshalb rate ich euch: Esst etwas; das ist gut für eure Rettung.
Denn keinem von euch wird auch nur ein Haar von seinem Kopf verlo-
rengehen. 35 Nach diesen Worten nahm er Brot, dankte Gott vor den Au-
gen aller, brach es und begann zu essen. 36 Da fassten alle Mut und aßen
ebenfalls. 37 Wir waren im Ganzen zweihundertsechsundsiebzig Men-
schen an Bord. 38 Nachdem sie sich satt gegessen hatten, warfen sie das
Getreide ins Meer, um das Schiff zu erleichtern. 39 Als es nun Tag wurde,
entdeckten die Matrosen eine Bucht mit flachem Strand; auf ihn wollten
sie, wenn möglich, das Schiff auflaufen lassen; das Land selbst war ihnen
unbekannt. 40 Sie machten die Anker los und ließen sie im Meer zurück.
Zugleich lösten sie die Haltetaue der Steuerruder, hissten das Vorsegel und
hielten mit dem Wind auf den Strand zu. 41 Als sie aber auf eine Sandbank
gerieten, strandeten sie mit dem Schiff; der Bug bohrte sich ein und saß
unbeweglich fest; das Heck aber begann in der Brandung zu zerbrechen.
42 Da beschlossen die Soldaten, die Gefangenen zu töten, damit keiner
schwimmend entkommen könne. 43 Der Hauptmann aber wollte Paulus
retten und hinderte sie an ihrem Vorhaben. Er befahl, dass zuerst alle, die

schwimmen konnten, über Bord springen und an Land gehen sollten, 44 dann die übrigen, teils auf Planken, teils auf anderen Schiffstrümmern. So kam es, dass alle ans Land gerettet wurden. **28** 1 Als wir gerettet waren, erfuhren wir, dass die Insel Malta heißt. 2 Die Einheimischen waren uns gegenüber ungewöhnlich freundlich; sie zündeten ein Feuer an und holten uns alle zu sich, weil es zu regnen begann und kalt war. 3 Als Paulus einen Haufen Reisig zusammenraffte und auf das Feuer legte, fuhr infolge der Hitze eine Viper heraus und biss sich an seiner Hand fest. 4 Als die Einheimischen das Tier an seiner Hand hängen sahen, sagten sie zueinander: Dieser Mensch ist gewiss ein Mörder; die Rachegöttin lässt ihn nicht leben, obwohl er dem Meer entkommen ist. 5 Er aber schleuderte das Tier ins Feuer und erlitt keinen Schaden. 6 Da erwarteten sie, er werde anschwellen oder plötzlich tot umfallen. Als sie aber eine Zeitlang gewartet hatten und sahen, dass ihm nichts Schlimmes geschah, änderten sie ihre Meinung und sagten, er sei ein Gott. 7 In jener Gegend lagen Landgüter, die dem Publius, dem Ersten der Insel, gehörten; er nahm uns auf und bewirtete uns drei Tage lang freundlich als seine Gäste. 8 Der Vater des Publius lag gerade mit Fieber und Ruhr im Bett. Paulus ging zu ihm hinein und betete; dann legte er ihm die Hände auf und heilte ihn. 9 Daraufhin kamen auch die anderen Kranken der Insel herbei und wurden geheilt. 10 Sie erwiesen uns viele Ehren, und bei der Abfahrt gaben sie uns alles mit, was wir brauchten. 11 Drei Monate später fuhren wir mit einem alexandrinischen Schiff ab, das auf der Insel überwintert hatte und die Dioskuren als Schiffszeichen trug. (Apg 27,20–28,11)

Der Apostel bleibt ein Gefangener des Römischen Imperiums. Als solcher ist er im Licht der lukanischen Darstellung ein Flüchtling – vor Lüge und Lynchjustiz, vor Korruption und Rechtsbeugung, vor politischer Intrige und religiösem Fanatismus. Am Tag der Abfahrt nach Italien wird Paulus zusammen mit einigen anderen Häftlingen einem römischen Hauptmann der kaiserlichen Kohorte namens Julius übergeben (Apg 27,1). Die Haftbedingungen sind eher locker (Apg 27,3). Die lange und beschwerliche Reise nach Rom soll üblicherweise per Schiff erfolgen. Der Seeweg ist nicht ohne Risiko, aber erheblich schneller als der Landweg. Mit nautischer Genauigkeit[195] hält Lukas die Fluchtroute des Apostels fest (Apg 27,2ff.): Sie führt die Gefangenen von Cäsarea aus nach Norden, über Sidon, östlich an Zypern vorbei, entlang der kleinasiatischen Küste. In Myra erfolgt ein Schiffswechsel. Spätestens jetzt ist klar, dass es sich bei dem Schiff, das die Gefangenen aufnimmt, nicht um einen römischen Militärtransporter handelt. Die Antike kennt aber auch keine Personenschiffe. Also ist davon auszugehen, dass sich die Passagiere nun auf einem Frachtschiff befinden.[196] Die Fahrt führt bei zunehmend ungünstigem Wetter bis zur Küste Kretas und wird trotz einer Warnung des Apostels fortgesetzt. Im Hintergrund der paulinischen Unwetterwarnung steht offenbar ein Wissen um die großen Gefahren des Mittelmeeres im Herbst (vgl. Billerbeck II 771f.). Was zählt das Wort eines Mannes, der als Gefangener der Willkür seiner Bewacher hilflos ausgeliefert ist? Nichts. Lukas notiert lapidar: „Der Hauptmann vertraute dem Steuermann und dem Kapitän mehr als den Worten des Paulus." (Apg 27,11) Die Menschenschlepper der Antike waren nicht weniger skrupellos als die heutigen.

Das Wetter verschlechtert sich weiter. Sogar ein Sturm bricht los. Lukas notiert, dass sich insgesamt 276 Menschen an Bord dieses Schiffes befanden (Apg 27,37). Die geraten nun in Seenot, ohne Rettungswesten – und ungefähr so wie die Menschen heute in den Flüchtlingsbooten vor den Küsten Nordafrikas, Italiens, Griechenlands und der Türkei. Am Ende ist das Schiff manövrierunfähig und treibt richtungslos über dem Mittelmeer. Apg 27,20 markiert den Tiefpunkt der Erzählung: Es scheint keine Hoffnung auf Überleben mehr zu geben. Doch just in dieser prekären Lage avanciert der Apostel vom verkannten Hinterbänkler zum Fels in der Brandung. Das ist kein Zufall. Wohl auch nicht die Folgeerscheinung panischer Adrenalinstöße. Im Hintergrund steht vielmehr Adonai. Er ist Herr der Geschichte – auch dieser Geschichte. Der Apostel weiß das. Darum kann er den havarierten Seefahrern Mut machen. Souverän überblickt er die Lage und gibt vernünftige Ratschläge.[197] Sogar einen Fluchtversuch der Besatzung mit dem Beiboot, der die Ausweglosigkeit der Situation veranschaulicht, vereitelt er. Anders als Kapitän und Matrosen hat Paulus das Schiff noch nicht aufgegeben! Auf der Scheitelwelle der Not ergreift Paulus stattdessen das Wort als der von Gott gesandte Apostel. Feierlich und eindrucksvoll „steht er in der Mitte“ (vgl. Apg 2,14; 17,22) und verheißt Rettung gegen alle Hoffnung. Paulus ist auch um das leibliche Wohl der Passagiere besorgt. Er fordert sie auf, etwas zu essen. Nachdem er abermalig von begründeter Hoffnung und zu erwartender Rettung spricht, setzt er ein eindrucksvolles Zeichen: Er nimmt Brot, spricht den Lobpreis und bricht das Brot. Die eucharistietheologische Konnotation des lukanischen Berichts sticht ins Auge (vgl. 1 Kor 11,23f.). Der Apostel zeigt, wie Rettung in der Bedrängnis zu denken ist, nämlich in der Erinnerung der machtvollen Möglichkeiten Jahwes, dessen menschenfreundliche Liebe sich unüberbietbar Bahn brach in der Lebenshingabe des gekreuzigten und auferweckten Kyrios Jesus, die Paulus hier eucharistisch vergegenwärtigt. Adonai ist ein geschichtsmächtiger Gott, nicht bloßes Theorem. Menschen dürfen mit ihm rechnen, sich seiner starken Hand anvertrauen. Das alles spricht Paulus an. Der Apostel wird zum Botschafter einer Hoffnung, die nicht ins Leere geht. Und so kommt es auch: Nach zwei Wochen hilflosen Treibens strandet das Schiff an der Küste Maltas.[198] Doch kurz vorher kommt es aber noch einmal zu einer gefährlichen Situation: Einige der Wachhabenden fürchten, die ihnen anbefohlenen Gefangenen könnten die Gunst der Stunde nutzen und schwimmend entkommen. Lieber wollen sie sie töten, als ihnen Fluchtmöglichkeiten zu bieten (Apg 27,42). Jetzt ist es der Hauptmann, der dies zu verhindern weiß. Er befiehlt, dass alle das Schiff verlassen. Zuerst sollen die Schwimmer von Bord gehen und an Land schwimmen. Danach erreichen die Nichtschwimmer geklammert an Brettern und Planken das rettende Land (Apg 27,43). Die Dramatik der Stunde ist mit Händen zu greifen. Aber jetzt ist die Not gelindert. Paulus hatte die Wahrheit gesagt: Alle werden gerettet.

Feuer der Gastfreundschaft

Die Schiffbrüchigen erfahren, dass sie sich auf einer Insel befinden. Im Hintergrund steht – das will Lukas wohl sagen – Gottes souveräner Rettungsplan. Sonst hätte Paulus nicht schon vorher prophezeien können: „Wir müssen auf einer Insel stranden!" (Apg 27,26) Die Insel heißt Melite (Apg 28,1). Sie wird zumeist mit dem südlich von Sizilien gelegenen heutigen Inselstaat Malta identifiziert. Dort zeigt man Besuchern noch immer gerne eine Paulus-Bucht mitsamt der inzwischen unter Wasser gelegenen Paulus-Bank, die man für die Stelle hält, an der das Flüchtlingsboot des Apostels einst strandete.[199] Unter topografischen Gesichtspunkten kommt eher die nur wenige Kilometer westlich davon entfernte Mellicha-Bucht als Ort der Ankunft des Apostels auf Malta in Betracht.[200] Letztlich entscheidend sind solche Fragen freilich nicht. Wichtig ist, dass die Gestrandeten gerettet sind. Dass sich Malta weit abseits der herkömmlichen Route alexandrinischer Getreidefrachter auf dem Weg nach Italien befindet, dokumentiert vor allem die Ausmaße dieser Flucht.

Die Inselbewohner werden als „ungewöhnlich menschenfreundlich" beschrieben (Apg 28,2). Viele Reaktionen wären schließlich denkbar gewesen: Nicht selten wurden Schiffbrüchige Opfer von Plünderern, bisweilen glaubte man, dass von ihnen eine Gefahr für die eigene Kultur und Zivilisation ausging. Also war man erfinderisch, wenn es darum ging, Fremde auszugrenzen und ihre Herkunftswege möglichst nachhaltig zu versperren. Die Malteser aber sind anders. Sie kümmern sich liebevoll um ihre Gäste, zünden ein Lagerfeuer für sie an und rufen sie zum Aufwärmen in ihre Häuser. Die Sprache des Herzens hilft, Verständigungsschwierigkeiten zu überwinden: Die Gastgeber sprechen einen punischen Dialekt, sie sind der griechischen und hebräischen Sprache im Wesentlichen nicht mächtig und können allenfalls einige Brocken Latein, weil es ein Römerlager auf der Insel gab. Ihre Menschenfreundlichkeit ist aber nicht Sache von Worten, sondern von Taten: Sie erweist sich in der Fürsorge, die die

Malteser den an ihre Küste verschlagenen hilfsbedürftigen Menschen zuteil werden lassen. Sie kümmern sich um das für den Moment Allernötigste.[201]

Doch auch die Flüchtlinge liegen nicht faul in der Hängematte herum. Sie lassen sich nicht einfach nur bedienen, sondern helfen mit, das neue Leben zu organisieren. Den Fokus lenkt Lukas auf Paulus. Er zeigt den Apostel, wie er sich am Sammeln von Reisig für das Lagerfeuer beteiligt (Apg 28,3). Auch jetzt gilt seine Sorge und Aufmerksamkeit den Gefährten, die längst unterschiedslos als solche gesehen werden. Als Paulus ein Reisigbündel auf das Feuer wirft, fährt eine durch die Hitze aufgeschreckte Schlange heraus und beißt dem Apostel in die Hand (Apg 28,3). Für die Malteser, die diesen Zwischenfall miterleben, scheint unmittelbar klar zu sein, dass es sich bei der Schlange um eine Giftschlange gehandelt haben muss. Wie kann dieser Schiffbrüchige so viel Pech auf einmal haben? Kaum ist er der Todesgefahr des Meeres entronnen, bringt ihn ein Schlangenbiss ums Leben! Eine Erklärung ist schnell gefunden: „Bestimmt ist dieser Mensch ein Mörder, denn obgleich der aus dem Meer gerettet wurde, lässt ihn die Dike nicht am Leben!" (Apg 28,4) Dike ist nach griechischer Mythologie in der Welt der Götter für ausgleichende Rache und höhere Gerechtigkeit zuständig.[202] Das Plausibilitätskonstrukt der Malteser fällt überraschend griechisch aus; vielleicht handelt es sich um eine lukanische Interpretation des Gedankens. Jedenfalls bleibt Paulus unbeschadet, er schüttelt das Tier vom Finger – und führt weiterhin ein vitales Leben. Zur Erklärung können unterschiedliche Ursachen herangezogen werden. Für Lukas ist die vornehmste die überzeugendste: Wiederum erwies sich an Paulus Gottes rettende Macht. Für die Malteser ist dieses Fazit nicht das nächstliegende. Sie halten Paulus für unsterblich und gelangen zu der Ansicht, dass er ein Gott sein muss (Apg 28,6). Lukas lässt das unkommentiert stehen. Nicht, weil er der Sache nach Zustimmung signalisiert, aber vielleicht, um – nicht ohne Sympathie – kulturelle Wetterscheiden nachzuzeichnen.

Drei Tage lang kommt Paulus als Gast auf einem der Landgüter des Publius unter. Lukas erwähnt, dass dieser der „Erste der

Insel" war (Apg 28,7), vielleicht der Bürgermeister. Die Menschen- und Gastfreundlichkeit der Malteser wird nun noch einmal am Beispiel dieses Mannes verdeutlicht: Großzügig gewährt Publius den Heimatlosen Unterkunft in seinem Haus. Publius verhält sich vorbildlich. Er scheint kein Christ zu sein, aber er hat etwas Wesentliches von der Botschaft Jesu verstanden. Karl Rahner würde ihn vielleicht einen „anonymen Christen" nennen – freilich ohne ihn zu vereinnahmen oder seiner Identität zu berauben.

Paulus kann den Vater des Publius von Krankheit heilen. Und weil sich das – wie in kleineren Sozialgefügen durchaus üblich – schnell herumspricht, kommen auch noch andere Kranke zu ihm und finden Linderung. Die Leute auf Malta erweisen Paulus und seinen Gefährten „viel Ehre" (Apg 28,10). Es ist die Ehre der Gastfreundschaft.

Am Ende eines dreimonatigen Aufenthaltes statten die Gastgeber die Reisenden mit allem nötigen Proviant aus. Paulus setzt seinen Weg nach Rom fort – mit der Gelassenheit eines Glaubenden, der aus der Gewissheit lebt, dass Adonai an seiner Seite steht. Und im dankbaren Wissen um Menschen, die dem Ruf nach Respekt und Menschenwürde für alle Zeiten ein leuchtendes Feuer entzündet haben.

Ausblick: „Vergesst die Gastfreundschaft nicht“ (Hebr 13,2)

Perspektiven der Menschlichkeit

Gastfreundschaft hatte in der antiken Welt nicht weniger als in Israel den Stellenwert einer heiligen Ordnung. Die junge christliche Kirche übernahm längst nicht alles, was sie an kulturellen und geistigen Werten vorfand. An dieser Stelle jedoch tat sie es fraglos. Gehörte es nicht zum Erfahrungsschatz jüdisch-christlicher Tradition, dass Abraham und Lot Engel beherbergten, ohne es zu wissen? Für Philo von Alexandrien war das der schlichteste Ausdruck jener Menschenfreundlichkeit, die Gott gefällt. Der Verfasser des neutestamentlichen Hebräerbriefes sieht das nicht anders und beschreibt die Haltung der Gastfreundschaft als eine, die dem Anspruch Gottes entspricht, wie Jesus ihn in Mt 25,40 zur Sprache bringt: „Was ihr getan habt einem von diesen meinen geringsten Brüdern, das habt ihr mir getan!"

Würde man versuchen, die biblische Botschaft griffig auf den Punkt zu bringen, müsste man darauf abheben, dass Adonai ein Freund des Lebens ist (vgl. Weish 11,26). Die Erzählungen des Alten und des Neuen Testaments bringen in der Vielzahl und Verschiedenheit ihrer Herkunft, ihrer Entstehungszeit, ihres kulturellen und religiösen Horizontes insgesamt zum Ausdruck, dass Jahwe sich am meisten als Er selbst erweist, wo er den Menschen in letzter Entschiedenheit als ein liebender Gott zugewandt ist. Geradezu programmatisch wird dieser Gedanke durch den Verfasser des Johannesevangeliums in Worte gefasst, wenn er in christologischer Konzentration Jesus im Kontext der Bildrede vom Guten Hirten ausrufen lässt: „Ich bin gekommen, damit sie das Leben haben und es in Fülle haben!" (Joh 10,10)

In seiner namentlichen Selbstoffenbarung vor Mose im brennenden, doch niemals verbrennenden Dornbusch proklamiert Adonai sein rettendes und befreiendes Handeln geradezu als Ausweis seiner selbst: *„Ich bin Jahwe, dein Gott, der dich aus Ägypten geführt hat, aus dem Sklavenhaus."* (Ex 20,2.3) Unter den biblischen Weisungen zu gerechtem und gelungenem Leben im Bunde mit diesem Gott gibt es nur wenige, die dem Schutzgebot der Tora gegenüber Fremden und Heimatlosen an Nachhaltigkeit gleichkommen. Menschen in Not gilt Gottes besonderes Augenmerk. Israel solidarisiert sich nicht zuletzt mit Flüchtlingen und Vertriebenen, war es doch einst selbst auf der Flucht und musste alles hinter sich lassen. Darum, so die Logik der biblischen Interpreten, ist Israel zuzumuten und zugleich abzuverlangen, dass es mit Fremden nach menschenwürdigen Maßstäben umgeht: *„Einen Fremden sollst du nicht ausbeuten. Ihr wisst doch, wie es einem Fremden zumute ist; denn ihr selbst seid in Ägypten Fremde gewesen."* (Ex 23,9) Mit der eigenen leidvollen Erfahrung von Not und Gefahr, Flucht und Hilfsbedürftigkeit im Hinterkopf will Gottes Volk auf alle Fremden im Land zugehen und erkennt darin die selbstlose Befolgung einer zentralen Weisung Jahwes.

So rücken also die Fremden – Menschen, die zu allen Zeiten von Missachtung und Lieblosigkeit, Übergriffen und Anschlägen bedroht waren – in die Mitte der Schutzbestimmungen der Heiligen Schrift: *„Wenn bei dir ein Fremder in eurem Land lebt, sollt ihr ihn nicht unterdrücken. Der Fremde, der sich bei euch aufhält, soll euch wie ein Einheimischer gelten, und du sollst ihn lieben wie dich selbst; denn ihr seid selbst Fremde in Ägypten gewesen. Ich bin der Herr, euer Gott."* (Lev 19, 33f.) Das Alte Testament spiegelt den Trend, das, was Israel als gottgeboten erkennt, auch rechtlich zu fixieren. Es soll nicht beim gut gemeinten, aber unverbindlichen Appell zur Menschenfreundlichkeit bleiben. Deshalb durchzieht die Schriften Israels sogar der Befehl, allen Fremden und Flüchtlingen mit Respekt, Offenheit und Hilfsbereitschaft zu begegnen. Man war sich wohl bewusst, dass Herzensangelegenheiten kaum durch Paragrafen zu verordnen sind. Aber die Rechtsordnung Israels ist mehr als nur Regelwerk. Als Bundesurkunde repräsentiert sie das Selbstverständnis des Gottesvolkes, das im Glauben an den einen und einzigen Gott gründet, und seine Ursprünglichkeit und Echtheit nicht zuletzt im Umgang mit den Fremden und Schwachen bewähren und messen lassen will. Gastfreundschaft und Integration werden so zur glaubenden Selbstverpflichtung Israels, die die eigene Identität bestärkt und Gott die Ehre gibt.

Der Gottessohn Jesus erhebt die Liebe zum Nächsten zum universal geltenden Menschheitsanspruch. Im Gleichnis vom barmherzigen Samariter (Lk 10,25–27) erklärt er, dass nicht nur derjenige, der einem selbst durch familiäre oder freundschaftliche Bindungen nahesteht, zu seinem Recht kommen soll. Vielmehr wird im Licht eines umfassenden Liebesgebotes auch der bisher fernstehende, mithin fremde Mensch zum Nächsten. Den klassischen Beleg für diese Grenzen sprengende Kraft der Gemeinschaft in Christus liefert Paulus in seinem Brief an die Christinnen und Christen Galatiens (Gal 3,28): *„Jetzt gibt es nicht mehr Juden und Griechen, nicht Sklaven und Freie, nicht Mann und Frau; denn ihr alle seid ‚Einer' in Christus Jesus."* Paulus eröffnet so eine Perspektive gelebten Glaubens: Es gibt natürliche Grenzen aufgrund von Geschlecht, Nation oder Religion. Manchmal sogar aufgrund politischer Überzeugung oder anderweitiger Bekenntnisse. Aber alle diese Grenzen werden in der Gemeinde Jesu relativiert durch die Gemeinschaft in Christus. Der Gedanke des Apostels findet ein Echo in der Pfingsterzählung des Lukas. Sie entfaltet und begründet unter Christinnen und Christen die Vision des Reiches Gottes, das alle nationalen Grenzen übersteigt. Gottes Geist ermöglicht es den unterschiedlichsten Völkern, die Botschaft vom Anbruch einer neuen Zeit in der jeweils eigenen Sprache zu vernehmen und so zu einer Einheit in Vielfalt zusammenzuwachsen (Apg 2,1–14). Weil Gott Menschen aller Völker in sein Reich ruft (Apg 10,34f.; Röm 2,10f.; Gal 2,6), kann von der Gemeinschaft derer, die Jesus als den Christus glauben, ein universales Signal ausgehen, das enges, national beschränktes Denken und Handeln in die Schranken weist. Mt 25,31–36 erinnert in der Besprechung des eschatologischen Gerichts, wie Jesus die Frage nach der Behandlung von Fremden und notleidenden Menschen schlussendlich zum entscheidenden Kriterium für das Heil des glaubenden Menschen erklärt.

Den ersten Christinnen und Christen ist die Situation des Fremdseins bekannt, verstehen und erleben sie sich doch auch selbst als Fremde in ihrer unchristlichen, oft sogar antichristlichen Nachbarschaft. Paulus interpretiert das christliche Leben als eine Existenz von Fremden, die fern der Heimat unterwegs sind – fern des Himmels und der endgültigen Gemeinschaft mit Gott (2 Kor 5,6). Der erste Petrusbrief spricht die Christen entsprechend als Fremde in den verschiedenen römischen Provinzen an (1 Petr 1,1) und als „Fremde und Gäste in dieser Welt“ (1 Petr 2,11). Das Leben in der christlichen Gemeinde wird vor diesem Hintergrund zum endzeitlichen Zeichen der Einheit aller Menschen. Die Offenheit der Christinnen und Christen des Anfangs den Fremden und Notleidenden gegenüber und die von ihnen praktizierte Gastfreundschaft waren ein Unterscheidungsmerkmal, das die frühchristlichen Gemeinschaften nicht selten von der üblichen Praxis ihrer Nachbarschaft abhob. Das entscheidende Stichwort lautete „Mission durch die Faszination gelebten Glaubens“ und die Bereitschaft, wo nötig um der Authentizität des eigenen Bekenntnisses willen mit gesellschaftlichen Normen und Konventionen zu brechen.

Die biblischen Erzählungen kreisen, wie gezeigt wurde, in immer neuen Anläufen um dieses alte Menschheitsthema. Gerade so erweisen sie sich als lebens- und realitätsnah, doch sicher auch als desillusioniert und nüchtern. Den Notleidenden geben sie das Versprechen, dass Gott felsenfest an ihrer Seite steht und ihre Lebensbahnen entsprechend leitet. Das freilich ist eine Zusage des Glaubens, die das Dunkel, die Not, sogar die Abgründe menschlichen Lebens nicht umgeht, sondern auf Hoffnung hin durchdringt und verändert. Die Hilfeleistenden wollen diese Geschichten ermutigen, sich von der Freude der Botschaft vom Leben getragen zu wissen, auch dann noch, wenn alles unüberschaubar und schwer wird. Den Gottsuchern aber dienen diese biblischen Texte als sicherer Kompass, der einen Weg erschließt vom Ich zum Du – und gerade so zu jenem Schöpfer-Gott, dessen größte Gabe das Geschenk des Lebens ist.

Anmerkungen

1 Das vermutet zum Beispiel der britische Ägyptologe D. Rohl in seiner Studie Legend. The Genesis of Civilisation, London 1998. Skeptisch bleibt hingegen M. Dietrich, Das biblische Paradies und der babylonische Tempelgarten. Überlegungen zur Lage des Gartens Eden, in: B. Janowski, B. Ego (Hgg.), Das biblische Weltbild und seine altorientalischen Kontexte (Forschungen zum Alten Testament 32), Tübingen 2001, 281–324. Seiner Einschätzung nach könnte Eden aus einer mesopotamischen Vorlage der Genesis herrühren und auf den Tempelgarten Eridu zurückgehen.

2 J. Scharbert, Art. Paradies, in: J. Bauer (Hg.), Bibeltheologisches Wörterbuch, Bd. 2, (911–917), 912.

3 Die Exegese diskutiert die Frage nach etwaigen Vorlagen und einer ursprünglicheren Fassung des Zweiten Schöpfungsberichtes. Vgl. C. Westermann, Genesis 1–11. Biblischer Kommentar (AT I/1), Neukirchen-Vluyn 1974, 262.317; E. Haag, Der Mensch am Anfang. Die alttestamentliche Paradiesvorstellung nach Gen 2–3 (Trierer Theologische Studien 24), Trier 1970, 39.

4 M. Buber, Bilder von Gut und Böse, in: Ders., Werke in 3 Bänden. 1. Bd.: Schriften zur Philosophie, München 1962, (605–650) 612–614.

5 E. Drewermann, Strukturen des Bösen. Band 1: Die jahwistische Urgeschichte in exegetischer Sicht, Paderborn 1988, 106f.

6 So grundlegend G. von Rad, Das erste Buch Mose. Genesis, Göttingen [8]1967, 67.

7 M. Buber, Die fünf Bücher der Weisung (Bd. 1), Köln 1954, 14.

8 Vgl. E. Drewermann, Strukturen des Bösen 23.

9 Vgl. H. Krauss, M. Küchler, Erzählungen der Bibel. Das Buch Genesis in literarischer Perspektive. Die biblische Urgeschichte, Fribourg 2003, 82.

10 E. Drewermann, Strukturen des Bösen 56.

11 Vgl. P. Morant, Die Anfänge der Menschheit. Eine Auslegung der ersten elf Genesis-Kapitel, Luzern [2]1962, 171.

12 Vgl. C. Westermann, Genesis 345.

13 E. Drewermann, Strukturen des Bösen 80.
14 M. Buber, Der Weg des Menschen nach der chassidischen Lehre, in: Werke Bd. 3, (713–738) 716.
15 E. Drewermann, Strukturen des Bösen 82.
16 Vgl. O. H. Steck, Die Paradieserzählung. Eine Auslegung von Genesis 2,4b–3,24 (Biblische Studien 60), Neukirchen-Vluyn 1970, 79.
17 So H. Gunkel, Genesis. Eingeleitet von W. Baumgartner, Göttingen [8]1969, 23.
18 G. v. Rad, Erstes Buch Mose 79.
19 M. Buber, Bilder von Gut und Böse, in: Werke I 616.
20 Ebd. 617.
21 B. Wellmann, Von einem Schöpfergott, dem alles leidtut, in: Bibel heute 170 (2/2007), (6–9), 6.
22 E. Wiesel, Noach oder Ein neuer Anfang. Biblische Portraits (Titel der Originalausgabe: Sages and Dreamers. Portraits and Legends from the Jewish Tradition, New York 1991), Freiburg 1994, 9.
23 E. Wiesel, Noach 9f.
24 P. Deselaers, Lebensweisheit aus der Bibel. Biblische Frauen und Männer – Inspiration für heute, Freiburg 2002, 13.
25 B. Wellmann, Schöpfergott 9.
26 B. Wellmann, Zwischen Gewalttat und Gottesbund: Die Erde vor und nach der Flut, in: Bibel heute (10–12), 10.
27 J. Ebach, Noah. Die Geschichte eines Überlebenden (Biblische Gestalten 3), Leipzig 2001, 56.
28 E. Wiesel, Noah 17.
29 E. Wiesel, Noah 21.
30 J. Ebach, Noah 64.
31 Vgl. dazu B. Jacob, Das erste Buch der Tora, Stuttgart 2000, 187–194.
32 E. Wiesel, Noach 12.
33 Vgl. dazu H.J. Zobel, Art. Teva, in: ThWAT VIII (1995) 541–543.
34 Vgl. E. Zenger, Gottes Bogen in den Wolken, Stuttgart [2]1987, 181ff.
35 P. Deselaers, Lebensweisheit 14.
36 So z. B. B. Jacob, Tora 199.
37 J. Ebach, Noah 88.
38 P. Deselaers, Lebensweisheit 17.
39 Vgl. U. Rüterswörden, Der Bogen in Gen 9, in: Ders., Dominium terrae (BZAW 215), Berlin 1993, 131–154; E. Zenger, Bogen 124–131.
40 Vgl. A. Lienkamp, Klimawandel und Gerechtigkeit. Eine Ethik der Nachhaltigkeit in christlicher Perspektive, Paderborn 2009, 171–263.
41 So M. Heimbach-Steins, Grenzverläufe gesellschaftlicher Gerechtigkeit. Migration – Zugehörigkeit – Beteiligung, Paderborn 2016, 63.

42 E. Wiesel, Noach 30f.
43 P. Deselaers, D. Sattler, Gottes Wege gehen. Die Botschaft von Abraham und Sara, Freiburg 2007, 16.
44 Vgl. P. Deselaers, D. Sattler, Gottes Wege gehen 14.
45 P. Köster, Urgestalten und Ursymbole des Glaubens. Die Väter- und Müttergeschichten aus dem Buch Genesis und die Erzählungen der Exodustradition Israels, St. Ottilien ^{2}2005, 17.
46 P. Deselaers, Lebensweisheit 29
47 C. Westermann, Genesis I/2 171.
48 P. Deselaers, Lebensweisheit 30.
49 L. Ruppert, Genesis. Ein kritischer und theologischer Kommentar. 2. Teilband: Gen 11,27–25,18, 110.
50 L. Ruppert, Genesis 110.
51 Vgl. P. Köster, Urgestalten 20.
52 L. Ruppert, Genesis 119.
53 L. Ruppert, Genesis 119.
54 Vgl. H. Gunkel, Genesis 166.
55 Vgl. L. Ruppert, Genesis 120.
56 Zu den archäologischen Funden zählen das Relief von Beni Hassan (vgl. A. Parrot, Abraham et son temps [CAB 14], Neuchâtel 1962, 73) und die Grabinschrift für General Her-em-heb (ANET^{3} 250f., hier: 251), vgl. L. Ruppert, Genesis 137.
57 H. Holzinger, Genesis (KHC I), Freiburg 1898, 139.
58 O. Proksch, Kommentar zur Genesis (KAT I), Leipzig ^{3}1924, 101.
59 Lothar Ruppert, Geistliche Schriftlesung. Das Buch Genesis 6/1, Düsseldorf 1976, 147.
60 P. Deselaers, Lebensweisheit 33.
61 P. Köster, Urgestalten 28.
62 P. Köster, Urgestalten 28.
63 P. Deselaers, Lebensweisheit 36.
64 P. Deselaers, Lebensweisheit 37.
65 P. Köster, Urgestalten 37.
66 P. Köster, Urgestalten 45.
67 P. Deselaers, Lebensweisheit 39.
68 P. Deselaers, Lebensweisheit 39.
69 P. Deselaers, Lebensweisheit 40.
70 Vgl. dazu P. Roth, Abrahams Erbarmen, in: Diakonia 47 (2016) 45–49.
71 P. Deselaers, Lebensweisheit 44.
72 R. Klein, Jakob. Wie Gott auf krummen Linien gerade schreibt, Leipzig 2007, 10.
73 P. Köster, Urgestalten 81.

74 E.A. Speiser, I Know Not the Day of my Death, in: JBL 74 (1955), 252–256, zitiert von R. Klein, Jakob 40.
75 R. Klein, Jakob 47.
76 J.E. Anderson, Jacob and the Divine Trickster. A Theology of Deception and YHWH's Fidelity to the Ancestral Promise in the Jacob Cycle (SIPHRUT 5), Winona Lake 2011, 87.
77 P. Köster, Urgestalten 95.
78 D Bauer, Die „krummen Touren" Jakobs. Eine nicht ganz alltägliche Geschichte, in: Bibel heute 115 (3/1993), 54–55, 54.
79 E. Blum, Komposition 164ff.
80 C. Westermann, Genesis I/2, 566.
81 R. Klein, Jakob 67.
82 Vgl. dazu ebd. 68f.
83 R. Klein, Jakob 73.
84 Vgl. nur den Titel der Studie von J.E. Anderson, Jacob and the Divine Trickster, 2011.
85 R. Klein, Jakob 73
86 Vgl. J.E. Anderson, Jacob 130.
87 Vgl. P. Deselaers, Lebensweisheit 49.
88 P. Köster, Urgestalten 131 zitiert G. von Rad.
89 Zur Problematik des Begriffs im Blick auf die Josefsgeschichte vgl. R. Lux, Josef. Der Auserwählte unter seinen Brüdern, Leipzig 2001, 66f.
90 P. Köster, Urgestalten 135.
91 R. Lux, Josef 85.
92 R. Lux, Josef 86.
93 P. Deselaers, „Fruchtbar im Lande meines Elends. Vom Konflikt zur Versöhnung wachsen: Josef und seine Brüder", in: Bibel heute 133 (1/1998), (124–127), 125.
94 Ob der tatsächlich Hofzeremoniar war, ist in der Forschung umstritten. Die Diskussion ist lang, aber wenig ergiebig, vgl. dazu M. Görg, Der Amtstitel des Potifar, BN 53 (1990), 12–14. Der Name Potifar („Der, den Pharao gegeben hat") lässt jedenfalls vermuten, dass dieser Mann sich in einer gewissen Nähe zum ägyptischen Hof bewegte.
95 Vgl. dazu B.U. Schipper, Israel und Ägypten in der Königszeit. Die kulturellen Kontakte von Salomo bis zum Fall Jerusalems, Freiburg 1999.
96 J. Ebach, Josef und Josef. Literarische und hermeneutische Reflexionen zu Verbindungen zwischen Genesis 37–50 und Matthäus 1–2, Stuttgart 2009, 97.
97 P. Deselaers, Lebensweisheit 61.
98 Vgl. M. Heimbach-Steins, Grenzverläufe Gesellschaftlicher Gerechtigkeit. Migration – Zugehörigkeit – Beteiligung, Paderborn 2016, 64f.

99 K. Galling, Textbuch zur Geschichte Israels, Tübingen [3]1979, 35f.
100 Vgl. Ch. Dohmen, Mose. Der Mann, der zum Buch wurde, Leipzig [2]2013, 88.
101 Vgl. ebd. 89.
102 P. Köster, Urgestalten 166.
103 Ch. Dohmen, Mose 93.
104 G. Fischer, Gottes Offenbarung am Dornbusch und die Berufung des Mose (Ex 3–4), in: Bibel und Kirche 62 (4/2007), (227–231), 227.
105 Ebd.
106 Ebd.
107 P. Deselaers, Lebensweisheit 65.
108 Vgl. Ch. Dohmen, Mose 98.
109 G. Fischer, Gottes Offenbarung 230.
110 Ch. Dohmen, Mose 99.
111 Ch. Dohmen, Mose 99–103.
112 P. Deselaers, Lebensweisheit 64f.
113 P. Köster, Urgestalten 178f.
114 H. Utzschneider, Gottes langer Atem. Erzählung, Fakt und Fiktion in Ex 1–14 (15), in: BiKi 62 (4/2007), (215–220), 217; vgl. auch Ch. Dohmen, Moses 114f.
115 Ebd.
116 P. Köster, Urgestalten 190.
117 Ebd. 193
118 R. Maritain, Die großen Freundschaften. Begegnungen mit Henri Bergson, Léon Bloy, Jacques Maritain, Pierre van der Meer de Walcheren, Charles Péguy, Ernest Psichari, Georges Roualt, Pierre Termier und anderen Zeugen des Glaubens, Heidelberg 1954, 9ff.
119 Ch. Dohmen, Exodus 1–18 (HThKAT), Freiburg 2015, 304.
120 J. Bours, Der Gott, der mein Hirte war, mein Leben lang, Freiburg 1977, 82.
121 H. Utzschneider, Gottes langer Atem 218.
122 P. Köster, Urgestalten 203.
123 Ch. Dohmen, Leben im Aufbruch. Exodus. Einem zentralen biblischen Motiv auf der Spur, in: Bibel und Kirche 62 (4/2007), (206–209), 206.
124 Vgl. dazu G. Steins, „Fremde sind wir …“. Zur Wahrnehmung des Fremdseins und zur Sorge um die Fremden in alttestamentlicher Perspektive, in: JCSW 35 (133–150) 139–146.
125 Adler oder Geier? Zur Diskussion vgl. Ch. Dohmen, Exodus 19–40 (HThKAT), Freiburg i. Br. 2004, 57f.
126 E. Zenger, Das Buch Ruth (Zürcher Bibelkommentare AT 8), Zürich [2]1992, 121.

127 Zu Moab vgl. auch J. Hausmann, Rut. Miteinander auf dem Weg, Leipzig 2005, 52–56.
128 E. Zenger, Ruth 121.
129 E. Zenger, Ruth 122.
130 E. Zenger, Ruth 123.
131 J. Hausmann, Rut 16.
132 F. Backhaus, Einmal Bethlehem – Moab und zurück, in: Bibel heute 194 (8–9), 9.
133 P. Deselaers, Lebensweisheit 77.
134 Anders G. Theuer, Bibel heute 1994 (12–13); I. Fischer, Gottesstreiterinnen, Stuttgart 1995, 184. Ähnlich, aber insgesamt offener J. Hausmann, Rut 22.
135 E. Zenger, Ruth 67.
136 G. Theuer, Ein Vorschlag zur Güte, in: Bibel heute 194 (12–13), 13.
137 Ebd.
138 E. Wiesel, Noah oder Ein neuer Anfang 64.
139 B. Eltrop im Vorwort zu Bibel heute 194 (2/2013): Das Buch Rut.
140 E. Zenger, Ruth 123.
141 E. Wiesel, Noah oder Ein neuer Anfang 60.
142 So S. Schroer, Th. Staubli im Vorwort zu BiKi 51 (1/1996).
143 Vgl. P. Deselaers, Lebensweisheit 91; vgl. dazu W. Dietrich, David. Der Herrscher mit der Harfe, Leipzig 2006, 283–296.
144 Die Wirkungsgeschichte dieser berühmten biblischen Episode in Kunst und Kultur beleuchtet W. Dietrich, David 213–223.
145 H. Kraus, M. Küchler, Saul. Der tragische König (Erzählungen der Bibel), Fribourg-Stuttgart 2010, 159.
146 P. Deselaers, Lebensweisheit 92.
147 H. Krauss, M. Küchler, Saul 169.
148 H. Krauss, M. Küchler, Saul 179.
149 Ebd. 180.
150 Ebd. 185.
151 S. Schroer, Th. Staubli, Saul, David und Jonatan – eine Dreiecksgeschichte?, in: BiKi 51 (1/1996), (15–22) 18f.
152 Vgl. dazu W. Dietrich, David 135–139.
153 P. Deselaers, Lebensweisheit 92.
154 Ebd. 93.
155 Vgl. dazu U. Luz, Das Matthäusevangelium (EKK I) 182f.
156 Vgl. dazu J. Ratzinger, Benedikt XVI., Jesus von Nazareth. Prolog: Die Kindheitsgeschichten, Freiburg 2012, 58f.
157 Vgl. Ch. Dohmen, Das Immanuelzeichen. Ein jesuanisches Drohwort und seine interalttestamentliche Rezeption, in: Biblica 68 (1987), 305–329.

158 Vgl. H. Frankemölle, Matthäus-Kommentar, Bd. 1, Düsseldorf 1994, 170.

159 So auch W. Bösen, In Bethlehem geboren. Die Kindheitsgeschichten der Evangelien, Freiburg 1999, 95.

160 Vgl. J. Ratzinger, Jesus 125f.

161 Hintergründe beschreibt Josefus Flavius, Ant. XVII 11,1; Bel. II 6,3.

162 Vgl. W. Bösen, In Bethlehem geboren 101.

163 Grundlegend herausgearbeitet wurde dieses Charakteristikum prophetischer Sendung von O.H. Steck, Israel und das gewaltsame Geschick der Propheten. Untersuchungen zur Überlieferung des deuteronomistischen Geschichtsbildes im Alten Testament, Spätjudentum und Urchristentum (WMANT 23), Neukirchen-Vluyn 1967.

164 Zur Diskussion vgl. R. Pesch, Die Apostelgeschichte (EKK V/I), Neukirchen-Vluyn [3]2005, 236f.

165 H. Strack/P. Billerbeck, Kommentar zum Neuen Testament aus Talmud und Midrasch. Band 2: Das Evangelium nach Markus, Lukas und Johannes und die Apostelgeschichte, München 1922, 663.

166 1 Makk 15,23 gibt einen Hinweis auf die Ausbreitung des Judentums im Westen Ägyptens bis nach Zyrene hin (vgl. auch 2 Makk 2,23).

167 Vermutlich jüdische Heimkehrer aus Alexandria, vgl. R. Pesch, Apostelgeschichte 237.

168 Vgl. D.-A. Koch, Geschichte des Urchristentums, Göttingen 2013, 174–178.

169 Vgl. dazu G. Theißen, Die Religion der ersten Christen. Eine Theorie des Urchristentums, Gütersloh [2]2001, 162.

170 U. Wilckens, Theologie des Neuen Testaments, Bd. 1: Geschichte der urchristlichen Theologie, Teilbd. 2: Jesu Tod und Auferstehung und die Entstehung der Kirche aus Juden und Heiden, Neukirchen-Vluyn [2]2007, 234, hält es historisch für wahrscheinlich, dass sich aus der Gerichtssituation ein Tumult mit Lynchjustiz entwickelt haben könnte.

171 E. Drewermann, Die Apostelgeschichte. Wege zur Menschlichkeit, Ostfildern 2011, 328.

172 Zur Exegese vgl. W. Eckey, Die Apostelgeschichte. Der Weg des Evangeliums von Jerusalem nach Rom, Teilband 1: Apg 1,1–15,35, Neukirchen-Vluyn 22011, 228–240.

173 Vgl. U. Wilckens, Theologie 235.

174 Ebd. 233f.

175 E. Drewermann, Apostelgeschichte 331.

176 L. Ettmayer, Kirche als Sammlung Israels, in: ZThK 100 (1978), (127–139), 136.

177 Vgl. dazu W. Eckey, Apostelgeschichte 247–249.

178 Vgl. D.-A. Koch, Geschichte des Urchristentums 177f.

179 Vgl. G. Theißen, Religion 229.

180 Vgl. dazu P. Dschulnigg, Petrus im Neuen Testament, Stuttgart 1996; J. Becker, Simon Petrus im Urchristentum, Neukirchen-Vluyn 2009, 15–35.

181 Zum historischen Hintergrund von Apg 12 vgl. J. Wilker, Für Rom und Jerusalem. Die herodianische Dynastie im 1. Jahrhundert n. Chr. (Studien zur Alten Geschichte 5), Frankfurt a. M. 2007, 164–178. Zur traditionsgeschichtlichen Analyse: W. Radl, Befreiung aus dem Gefängnis. Die Darstellung eines biblischen Grundthemas in Apg 12, BZ 27 (1983) 81–96.

182 Vgl. G. Theißen, Die Verfolgung unter Agrippa I. und die Autoritätsstruktur der Jerusalemer Gemeinde. Eine Untersuchung zu Apg 12,1–4 und Mk 10,35–45, in: Das Urchristentum in seiner literarischen Geschichte. FS Jürgen Becker (BZNW 100), Berlin 1999, (263–289), 273–280. Zum Regierungsstil Agrippas I. vgl. D.R. Schwartz, Agrippa I. The Last King of Judaea (TSAJ 23), Tübingen 1990; N. Kokkinos, The Herodian Dynasty. Origins, Role in Society and Eclipse (JSPE.S 30), Sheffield 1998, 271–304.

183 Vgl. K. Backhaus, Die Erfindung der Kirchengeschichte. Zur historiographischen Funktion von Apg 12, in: Zeitschrift für die Neutestamentliche Wissenschaft (ZNW) 103 (2/2012), (157–176) 159.

184 R. Pesch, Die Apostelgeschichte (EKK V/1), Neukirchen-Vluyn 1986, 364.

185 R. Pesch, Apostelgeschichte 365.

186 K. Backhaus, Erfindung der Kirchengeschichte 167.

187 Ebd. 168.

188 K. Backhaus, Erfindung der Kirchengeschichte 161.

189 Vgl. Th. Söding, Zur Chronologie der paulinischen Briefe. Ein Diskussionsvorschlag, in: Ders., Das Wort vom Kreuz (WUNT 93), Tübingen 1997, (3–30) 30.

190 Vgl. dazu Ders., Ekklesia und Koinonia. Grundbegriffe paulinischer Ekklesiologie, in: Catholica 57 (2/2003) 107–123, bes. 113f.

191 Vgl. dazu Th. Mommsen, Römisches Strafrecht (Systematisches Handbuch der Deutschen Rechtswissenschaft I/4), Aalen 1960.

192 Der römische Geschichtsschreiber Flavius Josephus bestätigt dies: Ant XX,163; vgl. Josephus, Jüdische Altertümer, Band 2 (übersetzt von H. Clementz), Wiesbaden o. J., 661.

193 Josephus, De Bello Judaico, Band 1 (übersetzt von H. Clementz), Wiesbaden o. J., 234f.

194 Josephus, Altertümer 664ff.

195 Vgl. M. Reiser, Von Caesarea nach Malta. Literarischer Charakter und historische Glaubwürdigkeit von Apg 27, in: F.W. Horn (Hrsg.), Das Ende des Paulus. Historische, theologische und literaturgeschichtliche Aspekte (BTNW 106), Berlin/New York 2001, (49–73) 72f.

196 W. Eckey, Apostelgeschichte Bd. 2, 663.
197 E. Reinmuth, Paulus. Gott neu denken, Leipzig 2004, 62.
198 Ebd.
199 Vgl. W. Bieder, Art. Malta, in: BHH Bd. 2 (1964), (1132–1133), 1132f.
200 Vgl. W. Eckey, Apostelgeschichte Bd. 2 688.
201 Ebd. 689.
202 Vgl. Hesidod, Theogonie. Werke und Tage. Griechisch und Deutsch (übersetzt von M. Schirnding), München 1991, (221–223), 99.

Literatur

J. E. Anderson, Jacob and the Divine Trickster. A Theology of Deception and YHWH's Fidelity to the Ancestral Promise in the Jacob Cycle (SIPHRUT 5), Winona Lake 2011

F. Backhaus, Einmal Bethlehem – Moab und zurück, in: Bibel heute 194 (2/2013), 8–9

K. Backhaus, Die Erfindung der Kirchengeschichte. Zur historiographischen Funktion von Apg 12, in: Zeitschrift für die Neutestamentliche Wissenschaft (ZNW) 103 (2/2012), 157–176

D. Bauer, Die „krummen Touren" Jakobs. Eine nicht ganz alltägliche Geschichte, in: Bibel heute 115 (3/1993), 54–55

J. Becker, Simon Petrus im Urchristentum, Neukirchen-Vluyn 2009

W. Bieder, Art. Malta, in: BHH Bd. 2 (1964), 1132–1133

W. Bösen, In Bethlehem geboren. Die Kindheitsgeschichten der Evangelien, Freiburg 1999

J. Bours, Der Gott, der mein Hirte war, mein Leben lang, Freiburg 1977

M. Buber, Bilder von Gut und Böse, in: Ders., Werke in 3 Bänden. 1. Bd.: Schriften zur Philosophie, München 1962, 605–650

Ders., Die fünf Bücher der Weisung (Bd. 1), Köln 1954

Ders., Der Weg des Menschen nach der chassidischen Lehre, in: Werke in 3 Bänden. 3. Bd.: Schriften zum Chassidismus, München 1963, 713–738

P. Deselaers, D. Sattler, Gottes Wege gehen. Die Botschaft von Abraham und Sara, Freiburg 2007

P. Deselaers, „Fruchtbar im Lande meines Elends. Vom Konflikt zur Versöhnung wachsen: Josef und seine Brüder", in: Bibel heute 133(1/1998), 124–127

Ders., Lebensweisheit aus der Bibel. Biblische Frauen und Männer – Inspiration für heute, Freiburg 2002
M. Dietrich, Das biblische Paradies und der babylonische Tempelgarten. Überlegungen zur Lage des Gartens Eden, in: B. Janowski, B. Ego (Hgg.), Das biblische Weltbild und seine altorientalischen Kontexte (Forschungen zum Alten Testament 32), Tübingen 2001, 281–324
W. Dietrich, David. Der Herrscher mit der Harfe, Leipzig 2006
Ch. Dohmen, Exodus 1–18 (HThKAT), Freiburg 2015
Ders., Exodus 19–40 (HThKAT), Freiburg 2004
Ders., Das Immanuelzeichen. Ein jesuanisches Drohwort und seine interalttestamentliche Rezeption, in: Biblica 68 (1987), 305–329
Ders., Leben im Aufbruch. Exodus. Einem zentralen biblischen Motiv auf der Spur, in: Bibel und Kirche 62 (4/2007), 206–209
Ders., Mose. Der Mann, der zum Buch wurde, Leipzig ^{2}2013
E. Drewermann, Die Apostelgeschichte. Wege zur Menschlichkeit, Ostfildern 2011
Ders., Strukturen des Bösen. Band 1: Die jahwistische Urgeschichte in exegetischer Sicht, Paderborn 1988
P. Dschulnigg, Petrus im Neuen Testament, Stuttgart 1996
J. Ebach, Noah. Die Geschichte eines Überlebenden (Biblische Gestalten 3), Leipzig 2001
Ders., Josef und Josef. Literarische und hermeneutische Reflexionen zu Verbindungen zwischen Genesis 37–50 und Matthäus 1–2, Stuttgart 2009
W. Eckey, Die Apostelgeschichte. Der Weg des Evangeliums von Jerusalem nach Rom, Teilband 1: Apg 1,1 – 15,35, Neukirchen-Vluyn ^{2}2011
B. Eltrop, Vorwort zu Bibel heute 194 (2/2013): Das Buch Rut
L. Ettmayer, Kirche als Sammlung Israels, in: ZThK 100 (1978), 127–139
G. Fischer, Gottes Offenbarung am Dornbusch und die Berufung des Mose (Ex 3–4), in: Bibel und Kirche 62 (4/2007), 227–231
I. Fischer, Gottesstreiterinnen, Stuttgart 1995

Flavius Josephus, Jüdische Altertümer (übersetzt von H. Clementz), Wiesbaden o. J.
Ders., De Bello Judaico (übersetzt von H. Clementz), Wiesbaden o. J.
H. Frankemölle, Matthäus-Kommentar, Bd. 1, Düsseldorf 1994
M. Görg, Der Amtstitel des Potifar, BN 53 (1990), 12–14
H. Gunkel, Genesis. Eingeleitet von W. Baumgartner, Göttingen ^{8}1969
E. Haag, Der Mensch am Anfang. Die alttestamentliche Paradiesvorstellung nach Gn 2–3 (Trierer Theologische Studien 24), Trier 1970
J. Hausmann, Rut. Miteinander auf dem Weg, Leipzig 2005
M. Heimbach-Steins, Grenzverläufe gesellschaftlicher Gerechtigkeit. Migration – Zugehörigkeit – Beteiligung, Paderborn 2016
Hesiod, Theogonie. Werke und Tage. Griechisch und Deutsch (übersetzt von M. Schirnding), München 1991
H. Holzinger, Genesis (KHC I), Freiburg 1898
B. Jacob, Das erste Buch der Tora, Stuttgart 2000
G. von Rad, Das erste Buch Mose. Genesis, Göttingen ^{8}1967
R. Klein, Jakob. Wie Gott auf krummen Linien gerade schreibt, Leipzig 2007
D.-A. Koch, Geschichte des Urchristentums, Göttingen 2013
N. Kokkinos, The Herodian Dynasty. Origins, Role in Society and Eclipse (JSPE.S 30), Sheffield 1998
P. Köster, Urgestalten und Ursymbole des Glaubens. Die Väter- und Müttergeschichten aus dem Buch Genesis und die Erzählungen der Exodustradition Israels, St. Ottilien ^{2}2005
H. Krauss, M. Küchler, Erzählungen der Bibel. Das Buch Genesis in literarischer Perspektive. Die biblische Urgeschichte, Fribourg 2003
Dies., Saul. Der tragische König (Erzählungen der Bibel), Fribourg-Stuttgart 2010
A. Lienkamp, Klimawandel und Gerechtigkeit. Eine Ethik der Nachhaltigkeit in christlicher Perspektive, Paderborn 2009
R. Lux, Josef. Der Auserwählte unter seinen Brüdern, Leipzig 2001

U. Luz, Das Matthäusevangelium (EKK I), Neukirchen-Vluyn ^{5}2002
R. Maritain, Die großen Freundschaften. Begegnungen mit Henri Bergson, Léon Bloy, Jacques Maritain, Pierre van der Meer de Walcheren, Charles Péguy, Ernest Psichari, Georges Roualt, Pierre Termier und anderen Zeugen des Glaubens, Heidelberg 1954.
Th. Mommsen, Römisches Strafrecht (Systematisches Handbuch der Deutschen Rechtswissenschaft I/4), Aalen 1960
P. Morant, Die Anfänge der Menschheit. Eine Auslegung der ersten elf Genesis-Kapitel, Luzern ^{2}1962
A. Parrot, Abraham et son temps (CAB 14), Neuchatel 1962
R. Pesch, Die Apostelgeschichte (EKK V/1), Neukirchen-Vluyn 1986
R. Pesch, Die Apostelgeschichte (EKK V/I), Neukirchen-Vluyn ^{3}2005
O. Proksch, Kommentar zur Genesis (KAT I), Leipzig ^{3}1924
W. Radl, Befreiung aus dem Gefängnis. Die Darstellung eines biblischen Grundthemas in Apg 12, BZ 27 (1983) 81–96
J. Ratzinger, Benedikt XVI., Jesus von Nazareth. Prolog: Die Kindheitsgeschichten, Freiburg 2012
E. Reinmuth, Paulus. Gott neu denken, Leipzig 2004
M. Reiser, Von Caesarea nach Malta. Literarischer Charakter und historische Glaubwürdigkeit von Act 27, in: F.W. Horn (Hrsg.), Das Ende des Paulus. Historische, theologische und literaturgeschichtliche Aspekte (BTNW 106), Berlin/New York 2001, 49–73
D. Rohl in seiner Studie Legend. The Genesis of Civilisation, London 1998
P. Roth, Abrahams Erbarmen, in: Diakonia 47 (2016), 45–49
L. Ruppert, Genesis. Ein kritischer und theologischer Kommentar. 2. Teilband: Gen 11,27 – 25,18, Würzburg 2002
Ders., Geistliche Schriftlesung . Das Buch Genesis 6/1, Düsseldorf 1976
U. Rüterswörden, Der Bogen in Gen 9, in: Ders., Dominium terrae (BZAW 215), Berlin 1993, 131–154
J. Scharbert, Art. Paradies, in: J. Bauer (Hg.), Bibeltheologisches Wörterbuch, Bd. 2, 911–917

B.U. Schipper, Israel und Ägypten in der Königszeit. Die kulturellen Kontakte von Salomo bis zum Fall Jerusalems, Freiburg 1999
S. Schroer, Th. Staubli, Vorwort zu BiKi 51 (1/1996)
Dies., Saul, David und Jonatan – eine Dreiecksgeschichte?, in: BiKi 51 (1/1996), 15–22
D.R. Schwartz, Agrippa I. The Last King of Judaea (TSAJ 23), Tübingen 1990
Th. Söding, Zur Chronologie der paulinischen Briefe. Ein Diskussionsvorschlag, in: Ders., Das Wort vom Kreuz (WUNT 93), Tübingen 1997, (3–30)
Ders., Ekklesia und Koinonia. Grundbegriffe paulinischer Ekklesiologie, in: Catholica 57 (2/2003) 107–123
E.A. Speiser, I Know Not the Day of my Death, in: JBL 74 (1955), 252–256
O.H. Steck, Israel und das gewaltsame Geschick der Propheten. Untersuchungen zur Überlieferung des deuteronomistischen Geschichtsbildes im Alten Testament, Spätjudentum und Urchristentum (WMANT 23), Neukirchen-Vluyn 1967
Ders., Die Paradieserzählung. Eine Auslegung von Genesis 2,4b – 3,24 (Biblische Studien 60), Neukirchen-Vluyn 1970
G. Steins, „Fremde sind wir …". Zur Wahrnehmung des Fremdseins und zur Sorge um die Fremden in alttestamentlicher Perspektive, in: JCSW 35, 133–150
H. Strack/ P. Billerbeck, Kommentar zum Neuen Testament aus Talmud und Midrasch. Band 2: Das Evangelium nach Markus, Lukas und Johannes und die Apostelgeschichte, München 1922
G. Theißen, Die Religion der ersten Christen. Eine Theorie des Urchristentums, Gütersloh ²2001
Ders., Die Verfolgung unter Agrippa I. und die Autoritätsstruktur der Jerusalemer Gemeinde. Eine Untersuchung zu Act 12,1–4 und Mk 10,35–45, in: Das Urchristentum in seiner literarischen Geschichte. FS Jürgen Becker (BZNW 100), Berlin 1999, 263–289
G. Theuer, Ein Vorschlag zur Güte, in: Bibel heute 194 (2/2013), 12–13

H. Utzschneider, Gottes langer Atem. Erzählung, Fakt und Fiktion in Ex 1–14 (15), in: BiKi 62 (4/2007), 215–220
B. Wellmann, Von einem Schöpfergott, dem alles leid tut, in: Bibel heute 170 (2/2007), 6–9
Ders., Zwischen Gewalttat und Gottesbund: Die Erde vor und nach der Flut, in: ebd. 10–12
C. Westermann, Genesis 1–11. Biblischer Kommentar (AT I/1), Neukirchen-Vluyn 1974
E. Wiesel, Noach oder Ein neuer Anfang. Biblische Portraits (Titel der Originalausgabe: Sages and Dreamers. Portraits and Legends from the Jewish Tradition, New York 1991), Freiburg 1994
U. Wilckens, Theologie des Neuen Testaments, Bd. 1: Geschichte der urchristlichen Theologie, Teilbd. 2: Jesu Tod und Auferstehung und die Entstehung der Kirche aus Juden und Heiden, Neukirchen-Vluyn ²2007
J. Wilker, Für Rom und Jerusalem. Die herodianische Dynastie im 1. Jahrhundert n. Chr. (Studien zur Alten Geschichte 5), Frankfurt a. M. 2007
E. Zenger, Das Buch Ruth (Zürcher Bibelkommentare AT 8), Zürich ²1992
Ders., Gottes Bogen in den Wolken, Stuttgart ²1987
H.J. Zobel, Art. Teva, in: ThWAT VIII (1995) 541–543

Abkürzungen

Chrys., hom. in Gen
Johannes Chrysostomus, Predigt zum Buch Genesis

Flavius Josephus
Ant Antiquitates Iudaicae: Jüdische Altertümer
Bell De bello Iudaico: Über den jüdischen Krieg

GenApoc
Genesis-Apokryphon

Hermvis V
Das Buch „Der Hirte des Hermas", 5. Vision

Hier., quaest. Hebr. in Gen
Hieronymus, Quaestiones Hebraicae in Gen: Hebräische Fragen zur Genesis

Jub
Das Buch der Jubiläen

Sanh
Sanhedrin (Traktat aus Mischna/Talmud)